性為什麼存在？

BEEN THERE DONE THAT: A Rousing History of Sex

Rachal Feltman

那些性事的奇怪冷知識，比你想像還要獵奇得多

瑞秋・費爾特曼　著
林安琪　——　譯

晨星出版

推薦序

　　性，這個跨越時空、橫貫文化與物種的主題，一直以來都是人類至整個自然界的核心本能之一。

　　無論我們是否承認，繁衍的衝動、追求性的愉悅和快感，早已刻劃在我們的基因之中，驅動著我們去探索、去體驗。在這無窮盡的性科學中，那些乍看之下「不正常」的事情，其實是合理又「正常」的。性本身並無問題，真正有問題的常常來自於我們的想法和社會的枷鎖。

　　讀到某些章節時，你可能會不禁停下手中的書，輕撫額頭，心中念著：「WTF，我到底看了O小？」曾經呈現在卡通中可愛無比的動物（例如：鴨子、河馬、企鵝等），透過本書，長大的你將重新認識牠們在真實世界中的18禁性行為，這些童年的純真幻想將崩壞和重建，讓我們重新思考卡通中的動物，演示的擬「人」化親密行為，是否過於刻意又不真實呢？

　　在《性為什麼存在？》這本書中，作者瑞秋・費爾特曼（Rachel Feltman）引領我們踏上一段充滿驚奇、令人目瞪口呆的旅程。從人類的性行為文化，再到動物界的獨特繁衍方式，作者以幽默地的敘述風格，將那些古今中外的性文化和生物現象娓娓道來。不僅只是在陳述歷史或科學事實，更是讓我們重新檢視那些社會架構下，對性

的刻板印象和禁忌。當你翻開這本書，不用擔心是本充滿學理、枯燥乏味的知識書籍，因為每一頁都可能帶給你全新的視角，每一個歷史上的小故事，或者是物種「特別」的性行為方式，都會讓你驚奇萬分，閱讀的同時也會在心中不斷思考著：我們所謂的「正常」和「不正常」究竟該如何定義呢？

　　性本身就是一場多樣性的盛宴，這本書帶著我們穿越時間和物種的界限，重新審視我們自身的本能與慾望。

　　如果你曾經在性方面感到困惑，或是覺得自己的性偏好、性傾向與眾不同，請放心，這本書將為你帶來極大的安慰與啟發。我喜歡性科學，因為科學的事實讓我們在無盡迷茫的世界中，重新發現自我，找到救贖，找到屬於自己的位置。

茉莉小學堂

護理師 / 性科普創作者

2024.08.27

Contents 目錄

推薦序　　　　　　　　　　　　　002

引言　　　　　　　　　　　　　　006
所有奇怪都是正常的，所有正常都是奇怪的

第一章　　　　　　　　　　　　　012
性到底是什麼？

第二章　　　　　　　　　　　　　023
異性戀本位主義有多正常？

第三章　　　　　　　　　　　　　054
到底有多少種性別？

第四章　　　　　　　　　　　　　073
我們是怎麼「做」的？

第五章　　　　　　　　　　　　　094
自慰是怎麼一回事？

第六章　　　　　　　　　　　　　113
為什麼我們如此害怕性傳播感染？

第七章　　　　　　　　　　　144
　　嬰兒是怎麼形成的？

第八章　　　　　　　　　　　164
　　我們一直都有使用避孕措施嗎？

第九章　　　　　　　　　　　190
　　為什麼身體總是不配合色色的慾望？

第十章　　　　　　　　　　　207
　　到底什麼是「色情作品」？

第十一章　　　　　　　　　　223
　　為什麼很多人喜歡「不正常」的性行為？

結論　　　　　　　　　　　　252
　　只要沒有人受傷，一切都沒問題

致謝　　　　　　　　　　　　256

延伸閱讀　　　　　　　　　　258

參考文獻　　　　　　　　　　261

引言
所有奇怪都是正常的，
所有正常都是奇怪的

這是一本關於性的書，關於各式各樣的性事：人與人之間的性行為（這些人可能有各種不明的性別認同）；一群母猩猩的群交；泥土中的單細胞生物在遠古世紀進行的淫蕩性交；你跟你的手之間的性愛。各式各樣的「性」。

但我想先將主題迴轉到鴨子的螺旋陰莖上。

在精心撰寫這本書的過程中，我得知雄性鳥類中只有3％長有陰莖。其實我不應該對這個資訊感到意外，畢竟大家有多常在路上看到鳥的勃起？應該是不常看到吧？至少我希望不常啦。除此之外，我覺得自己應該要知道這個冷知識，畢竟我是一本科學雜誌的主編，而且一天到晚都在收集有關性的奇怪冷知識，好像收集性知識是我的工作似的（可惜不是）。雖說如此，這個資訊還是令我感到驚訝。

重點來了：陰莖不是理所當然的存在。鳥類、爬行動物、兩棲動物、產卵哺乳動物和部分魚類都沒有使用人類傳統上認定的生殖器，而是用了一種可進可出、多功能萬用的管道：「泄殖腔」。

長有泄殖腔的動物會用泄殖腔來進行幾乎所有類型的攝入和排出，進食和呼吸為例外，雖然有些海龜在情緒激動時，的確會透過這個「瑞士萬用刀屁眼」吸氣（泄殖腔的別稱，因其多功能的特性被比擬為瑞士萬用刀）。雞也會從泄殖腔下蛋，撒尿、大便、下蛋，全都是透過這條管道。很抱歉我毀了你的煎蛋早餐，但這世界本來就是建立

在糞便和血液之上，每個人最終都不得不接受這一點。雖然我們心裡可能感覺骯髒，但泄殖腔確實是一個非常高效的孔口。

多功能孔洞的存在對我來說並不是什麼新鮮事。儘管如此，我還是不自覺地隱約認爲雄性的泄殖腔內藏著某種陽具：某種平時捲起來備用、在性交時才會出現的器官。[1] 我好像一直以爲會有個器官展開後就可充當陰莖。讀者們注意了！這個器官並不存在。

事實上，生物學家小心地將公鳥的「器具」從舒適的泄殖腔中誘導出來後，發現這個器具看起來就像是一隻微小的幼蟲。這些極小的附器（appendage）不比剪下的指甲碎片大，有光亮的表面，看起來像半生不熟、黏糊糊的虛弱胚胎，只有噴出精液的作用。傳遞精液的機制是一種沒用到陰莖的「泄殖腔親親」，鳥兒們就只是將各自的身體部位……碰在一起而已。[2] 有時整個過程只持續幾分之一秒，而且沒有施加任何推力。這樣的器具根本不可能像人類陰莖一樣插入任何東西。

不知道爲什麼，我從來沒有想到，並非所有雄性鳥類的萬用泄殖腔中都藏有尺寸相當大的陰莖（當然這裡指的尺寸是和嬌小的鳥類身體比較）。

這一定都是鴨子的錯。

鳥類動物中只有 3% 具有陰莖，而鴨子就是其中之一，其他具有陰莖的鳥類還包含鵝和天鵝，以及鴕鳥和鴯鶓等許多不會飛的鳥類。不過鴨子不但擁有陰莖，牠們的陰莖可說是駭人聽聞，就好像有人把男性生殖器的概念丟進了地獄的深淵，並產生出了更爲恐怖的器官。公的鴨子擁有裝載彈簧的巨大螺旋狀器官，長得很醜，有時還有倒刺。在某些情況下，鴨子的生殖器可以伸展到跟身體一樣長[3]，其陰莖的長相令人驚心動魄，一旦看到就會產生巨大的震撼，無法從記憶中刪除。

鴨子可怕的陰莖長度背後有著有趣的演化歷史。其實呢，採一夫一妻制的鳥類往往具有比較短的陰莖，當然前提是這個鳥類有陰莖的話（大多數鳥類沒有，但我是想表明天鵝的陰莖非常非常小）。相較之下，鴨子在交配這點上表現最差勁了，他們經常「強迫交配」（用人類的話來說就是強姦），這可能導致鴨子演化出如此巨大陰莖[4]，也是這些陰莖像彈簧一樣緊緊捲曲，有時還有倒刺的原因。

母鴨子則演化出了自己的技巧，能夠幫助她們決定哪隻公鴨子可以成為她孩子的父親[5]。母鴨子的陰道基本上是一個鬧鬼的遊樂園，那裡面就像溫徹斯特神祕屋一樣，充滿了螺旋、轉角、死路、各種蜿蜒的死巷。真的沒在開玩笑。

如果母鴨子不排斥性交並配合公鴨子——嗯，可以說是「積極性同意」（enthusiastic consent）嗎？——公鴨子就可以很容易將陰莖插入實際的陰道管中，成功使母鴨受精。但如果母鴨子掙扎，公鴨子就有可能最終掉進這個「生物學的陷阱門」，然後將精液射進一個通往死路的空皮袋裡。強迫交配仍然很常見，這個策略肯定可以增加懷孕數量，但母鴨子生理上的奇趣機制讓她們有機會可以掌握主導權。

在二〇〇七年，帕特里夏・布倫南（Patricia L. R. Brennan）領導的一項研究提出一個理論：鴨子演化過程就像是在比性交軍事競賽。雌性的陰道變得越來越奇形怪狀，而雄性的陰莖則變得更大、更扭曲以試圖應對奇怪的陰道。現在那些以研究鴨子陰莖維生的學者普遍都接受了這個理論[6]。

人們很容易忽略或忘記一個事實：鴨子的生殖器之所以奇怪，並非只是因為雄偉的大小和具有侵略性的氛圍。97%的鳥類在沒有陰莖的情況下也過得好好的，鴨子陰莖光是存在就顯得很奇怪了。科學

家現在相信，所有泄殖腔動物的共同祖先都擁有陰莖，但顯然大多數後代發現這個額外附器越來越沒用。某些鴨子的祖先卻充分展現出了有害態度（toxic attitude），勇敢地朝著演化的反方向出發。牠們大概會在更衣室裡嘲笑其他越來越沒有陰莖的表親，同時自己的生殖器官轉變得越來越恐怖駭人。

與充滿戲劇張力的鴨子性愛相比，黏答答的「泄殖腔親親」似乎有點令人失望，相較之下，巨大可怕的陰莖一定可以獲得更高的點閱率。我想我因此不自覺地內化了鳥類必須有陰莖的假設——無論這些陰莖有多小。我下意識認為陰莖定義了性別，即使在動物世界也是如此。

當談到人類的性傾向時，這個假設並沒有那麼不同。

我們大多數人在不同年齡和不同程度上都被教導陰莖進入陰道就是「性交」。也許其他地方會有一些改革派進步人士的抵制，但卻無法改變強勢資訊的力量。我們理性上「知道」各式各樣的人都可以用各式各樣的方式做愛；但廣告、媒體、教科書和宗教團體一再告訴我們，性事的預先設定就是一個有陰莖的男人躺在有陰道的女人身上，畫面中通常蓋著床單，而且床單似乎總是很巧妙地遮住了男生的屁股。

至於我們這些偏好多元化定義的人（無論是要定義性行為還是參與性行為的人）都在不斷地對抗這種長期存在的現狀。其實所謂的常態並非正常。總而言之，性的世界與我們人類認定的「正常」幾乎沒有關係。事實上，動物界和整個人類歷史充滿了反陰莖革命的場景。

這裡並不是說我們應該要完全重塑人類社會，以反映大多數鳥類無雞雞的交配行為。但仔細看看演化史、其他動物、人類自己的過去以及世界各地的不同文化，總而言之，你會發現「性」比你想像的要奇怪得多。

而且「奇怪」可能就是性的本質。性是一種繁殖和社交聯繫的手段，富有彈性、適應性強、可以用各種手段達成、可以DIY、完全開源，性使我們所知的世界保持運轉，它並不關心你的陰莖的命運。我們都知道，沒有滅絕的恐龍變成了鳥類，而有陰莖的鳥類大多數情況下變成了沒有陰莖的鳥類。如果幾百萬年後人類仍然存在，誰敢說我們不會走上和鳥類朋友一樣的路？

不好意思，我並不是想要威脅你的生殖器在演化路上的未來。我想說的是現在正常的情況並不是從古至今都是正常的，也不會永遠不變。從肉慾行為的生物學現實到普遍接受的求愛方法，性的世界最為動態多變，是一個閃爍多彩、不斷變動的光譜。

在深入討論之前，這裡有一個簡單的免責聲明：我不會想要真的囊括所有歷史，就只為了把你從頭（雞巴誕生之際）帶到尾（TikTok演算法花了4個小時就判斷出我是一個雙性戀順女性，對性別認同有些無感，而且嫁給了一個頭髮鬆軟的好男人）。這兩件事情中間的歷史實在是太多了。

我也不是歷史學家，更不是專攻性史或酷兒（queer）研究的學者。我更像是一個擅長尋找有趣生冷知識的人，不過是以專業人士的身分。

比我更聰明、更有趣的人寫了很多書，詳細地描述了性史的部分內容。你可以查閱這些書，深入了解同性間的吸引如何影響第二次世界大戰中的軍隊，或者酷兒電影如何反應了一九六〇年代的法國，又或者桃莉·巴頓（Dolly Parton）如何成為同志族群的偶像。你可以閱讀演化生物學家的書籍，鉅細靡遺地去了解大自然如何發明（鴨子和其他動物）陰莖的最佳猜測和最新理論。你也可以閱讀性健康專家撰寫的書籍，了解陰道全面護理和保養的歷史。還有一系列的書都在

講述男人為了要有更強大的勃起，將猴子睪丸移植到身上的做法。

但這本書不是那種詳盡類型的書。我打算將整個性愛的歷史塞進大約 300 頁的書裡。但是你可能會問「為什麼要這樣做呢」？

我寫這本書是因為希望自己十年前就有讀過這樣的內容。我私底下和工作上都投入了大量的精力來理解「性」，而且應該比大多數人有更多的時間和資源。但我仍然覺得還有非常多性相關的煩惱和焦慮需要解開，到現在也還在探索和調整自己與身體和性的關係。我寫這本書是因為希望你能快速了解我當時花了太長時間才了解的事情：當今主流對性的定義有嚴重缺陷，並且有可能對我們造成傷害。事實上，人類、鳥類、尼安德塔人（Neanderthals）或黏液黴菌都可以依照他們想要的方式去定義「性」。

你要知道：

現在你所有能想像到的「性」，人類都做過了。動物也做過了，並且仍在這樣做。我向你保證，全世界都已經做過了。而且你也可以做！

在我成為一個快樂健康的人的旅程中，我確信「了解一些背景知識，以及當今社會是如何對『性』抱有亂七八糟的規範和價值觀」是非常重要的第一步，所以在此謙卑地向你呈上一些開胃小菜，這只不過是「性表達、酷兒文化以及性慾狂熱」的豐富歷史中的一小角。

性一直都是奇怪的。性一直都是正常的。唯一改變的是我們談論性的方式。

從鴨子陰莖、無尾熊感染披衣菌（chlamydia）、同性戀牛仔到灌洗陰道（douching），我們將揭開高中生物和歷史課本中所有錯誤的內容，還有更重要的：課本根本沒有提到的所有內容。抓好你的泄殖腔，我們準備出發！

引言：所有奇怪都是正常的，所有正常都是奇怪的　　011

第一章
性到底是什麼？

♥ ────────────────────────────────

遠古的老司機北梭魚（bonefish）可以讓我們一窺古早時期的激情性愛。

──────────────────────────────── ♥

以下是本課程希望教導你的 5 個重點：

① 人類最早的祖先可能非常酷兒，而且很多早期美國牛仔都是同性戀。

② 人類一直都想要用各種方式性交，即使不是以生育為目的，他們甚至願意將鱷魚糞便塞進屁眼裡。

③ 你有什麼奇怪的性癖呢？講吧！沒關係的，真的啦！我保證不會笑。你的性癖可能根本沒那麼奇特。也不是要貶低你的獨特性，我相信你像是片獨一無二的雪花，是一位不受拘束的叛逆浪子，但是相信我，人類總是可以比奇怪更奇怪。

④ 自一八〇〇年代以來，甚至從更早的時候開始，人類社會就一直在密謀讓人覺得自己過度自慰。

⑤ 有一些性傳染對健康有益，而大多數有害的性傳染可能沒有你所想的那麼糟糕。

除了深入討論上述主題，我們還會探索更多更多內容，例如：貞操帶的故事、歐洲歷史上為數驚人的祕密性愛博物館、淫蕩色情的長頸鹿互相撒尿求歡以及可郵購的鐳塞劑（radium suppository），但在那之前，我們需要回答一個很小很小的問題：到底什麼是性？為了回答這個問題，我們需要追溯到幾十億年前。

在性行為出現之前有一段時間，地球剛誕生，所有生物都進行無性繁殖：個體不用尋找性伴侶，而是透過複製自己來延續物種[1]，這個方式很簡單、很有效率。每個物種的成員都有能力自己繁衍後代，而且不需要任何其他同類的幫助。生活歸根究底就是吃、避免被吃，以及偶爾把自己一分為二來複製貼上DNA。有一些原核生物學會了互相交換DNA，這有助於物種以新的方式適應環境及結合基因，但是它們也只是使用附近可以取得的基因來產出後代，並沒有跟另一個細胞的接觸或交配。

根據目前對化石紀錄的了解，大約十億到二十億年前，第一個真核生物決定要來胡鬧一番，讓事情變得更加混亂[2]。我們的這個共同祖先很可能是單細胞原生生物，保留了自我複製細胞能力——某種程度上啦。我們體內每次產生新細胞時，都是在進行無性繁殖，意思是每人於每秒都「生育」了近40億次，但我們也開始生產出「生殖細胞」，又稱配子（gamete）。[3] 順帶一提：讓情況更複雜的是有些研究人員認為，這個真核生物的最近共同祖先（LECA, last eukaryotic common ancestor）實際上並不是一個單一細胞，包含了製造真核生物所需的所有遺傳特徵，而是一群不同的單細胞生物體，只是互相交換了剛好正確的基因，在剛好正確的時間製作出了細胞建造細胞核所需的所有蛋白質。[4]

幸運的是，對於我們和這本篇幅較短的書來說，不需要知道哪種情況才是正確的，反正我們知道真核生物……就是出現了。回到生殖細胞的主題上，配子和二倍體細胞（diploid cells）不同，二倍體細胞包含生物體的全部遺傳密碼，而配子是單倍體，代表它們只攜帶一半遺傳資訊，需要與其他單倍體細胞結合來組成一套功能齊全的染色體。

Bangiomorpha pubescens 是已知在地球上第一個出現「性成熟」（sexual maturity）的生物，目前被認為是確定有性成熟能力的最古老化石生物。[5] 據推測，其標本的年齡略超過十億年，使 Bangiomorpha pubescens 成為最古老的化石生物，看起來是單一、複雜的有機體，而不是單細胞細菌群落。

Bangiomorpha pubescens 與早期生物不同，其孢子呈現出三種明顯的形態，代表它有可以用於無性繁殖的細胞，但也有類似於現在紅毛菜屬（Bangio）用於性繁殖的「雄性」和「雌性」細胞。真核生物就是細胞內有內膜系統的生物，其胞器（organelles）由膜包覆，而所有現存的真核生物在它們祖先的歷史中，都曾有過性行為，即使是當今只會進行無性繁殖的少數真核生物也是如此。現在只能無性繁殖的真核生物可能來自使用過兩種繁殖方式的譜系（lineage），然後又恢復了原樣。（有點像鯨魚和海豚是從海洋中出現的動物，演化成哺乳動物，然後由於未知的原因迅速演化回到海洋）。

但這並不是我們通常在講的「性行為」。植物的有性生殖通常是藉由風來傳授花粉。最早出現有性繁殖的祖先可能只是在細胞層面上彼此接觸融合。那我們到底是什麼時候開始……你懂的……「插進去」的呢？

插入式性交最古老的證據是個化石殘骸，大約有 3.85 億年的歷史。這個化石的名字取得很妙，叫「小肢魚」（Microbrachius dicki，學名從英文看有「超小雞雞」的意思）。我知道！也太壞了吧！但不管你信不信，小肢魚這尖酸刻薄的名稱是在十九世紀的時候，命名來自於麵包師出身的蘇格蘭植物學家羅伯特・迪克（Robert Dick）。[6] 迪克先生肯定沒想到他從岩石中鑿出的古代甲殼魚是個性革命家。直到二〇一四年，一項研究才證實這些遺骸展示了目前已知最早的體內受精和交配的例子。這發現揭示了一些迷人的交配精彩起源。小肢魚 8 公分長的身體有一個「骨瘦如柴的 L 形生殖器肢體」，稱為鰭足（clasper），雄性小肢魚用鰭足來將精子轉移給雌性。雌性小肢魚也不甘示弱，演化出了「成對的小骨頭，將雄性器官鎖定在適當的位置」。

　　但人類所知的第一個性行為仍然不是我們想像中真的性行為。鰭足是互相扣鎖的骨頭，古生物學家表示從鰭足的位置來看，活潑的小肢魚可能是並排游動來交配的。有一位主要研究員在二〇一四年表示「這些魚手臂相扣，看起來更像是在跳廣場舞，而不是在交配。」[7]

　　我不敢代表所有人，但我想說我們已經走了一段很長的演化之路，從在海裡跳廣場舞到我們現在稱為「性交」的一系列驚心動魄、高潮迭起的活動，這段旅程充滿了令人震驚、不安和滑稽的一波三折。小肢魚只是性交的入門；一旦人類站上舞台，我們開始學會從性中獲得樂趣。

　　「性是如何開始的」已經講得夠多了。至於「為什麼我們開始從事性行為」，答案可能不如想像的那麼簡單。

第一章：性到底是什麼？　015

充其量只是一個令人困惑的策略

查爾斯・達爾文（Charles Darwin）在一八六二年寫道：「我們根本完全不知道性行為的最終目的；不知道為什麼新生命一定由兩種性元素的結合產生⋯⋯整個主題都還在一片漆黑的謎團裡。」

我們在之後有了更多的研究和發現，但仍然是拿著手電筒，在漆黑的謎團裡跌跌撞撞。「為什麼我們從事性行為」這個問題，乍看之下感覺會有一個簡單的答案，但研究人員至今仍在爭論這個巨大的難題。

一篇題為〈兩性融合優勢的假設分類〉（Classification of Hypotheses on the Advantage of Amphimixis）的學術論文聽起來可能不怎麼有趣，但我保證值得花點時間閱讀。[8]「兩性融合」（amphimixis）是有性生殖的一個奇特學術術語（奇特到我其實是在剛剛 5 分鐘前才學到這個詞），這項研究發表於一九九三年，因為有關「性演化目的」的理論實在太多了，以至於需要特別整理分類。即使在三十多年前，對「性為何存在」的主要猜測也有數十種之多。

直至今日，「性」依然是一個謎。

性交之所以會席捲世界有一個簡單的解釋，就是它造就了遺傳多樣性，如果你的老師有討論到這個主題，你可能會在學校裡學到這個。透過父母雙方各自一半的 DNA 創造出後代，每次配對都會產生無數潛在的遺傳變異，進行有性繁殖的物種可以迅速繁衍出許多獨特的個體。遺傳多樣性當然是有益的，如果出現問題，例如：饑荒、病原或任何其他不可避免的災難，有更多類型的個體參與，就會增加那個物種存活下來的機會。但如果整個物種都是從共同祖先複製貼上

DNA，而那個共同祖先恰好沒有抵禦新型瘟疫的抵抗力，那麼整個物種都完蛋了。[9]

這就是香蕉的遭遇，中美洲種植者曾經依靠大麥克香蕉（Gros Michel）的無性繁殖能力，幫助他們在水果店擺滿相同的複製水果。然後，在一八〇〇年代末，一種名為尖孢鐮刀菌古巴專化型(Fusarium oxysporum f.sp. cubense）的真菌植物病原體登場了。[10] 大麥克香蕉非常容易受到鐮菌枯萎（fusarium wilt）的影響，而且因為全世界（至少在大規模農業裡）供應的都是同一種香蕉的複製體，在這場毀滅性的災難下，沒有香蕉個體具備有用的遺傳特性可以生存下來。到了一九五〇年，商店裡出售的大多數香蕉都是香芽蕉（Cavendish banana）複製出來的，種植者在抗凋萎病菌（Fusarium）的品種中，找到了味道最接近大麥克香蕉的香芽蕉。可以預見的是，現在隨時都可能發生災難——凋萎病菌已經突變，現在香芽蕉也可能感染了。哎呀，糟糕！

但話又說回來，有性生殖可能不像你想的那樣是絕對優越。

想想我們要用多少精力投入性行為，性行為需要兩個人找到對方並進行某種資訊交換，這代表並非你的所有基因都會傳給下一代。事實上，每次性接觸都有可能讓你最好的基因被隨意地遺棄，而且藉由性傳播，則會讓你容易感染疾病和其他問題的染色體。如果你在基因組的關鍵部位上獲得了錯誤的 DNA 組合，那麼就算你祖先的基因超強，很能抵抗某種環境的風險，也都無關緊要了。

而且無性繁殖的物種也不是百分百一定只受限於原始祖先的遺傳物質。突變隨時都可能發生，其中一些突變有助於生存，而且因為突

變方壽命相對較長，這些突變得以傳承，進而在各個無性繁殖系群（clonal lineage）之間產生微妙的差異。

演化生物學家目前的最佳猜測是，有性生殖只是一種更有效處理「好突變」和「壞突變」的方法。[11] 也就是說，**性行為可以更容易消除遺傳缺陷，而避免失去物種的整個系群**（例如：一個個體即使在某特定環境中具有較為不理想的基因，它的後代還是可能從另一個父母那裡獲得更有利的基因。）此外，在無性系群中，有益的突變會一一出現，但只有當生物碰巧相遇並交換訊息時才能轉移（例如：細菌透過與其接觸到的其他細菌交換 DNA 來學習如何防禦抗生素）。相較之下，有性生殖則可以輕易創造出擁有「整個物種中所有最新、最好的 DNA 片段」的後代。這指的是各種不同的有益突變不太可能在曾經是單一複製物種（single, cloned species）的成員之間造成競爭。

我們在兼性生物（facultative organisms）中看到了證據，可以支持其中一個或兩個假設。有些生物（主要是植物，但也有一些動物）可以根據需要在無性繁殖和有性繁殖之間切換。這些生物的許多個體會從事「取決於環境的性行為」（condition-dependent sex），也就是說他們的繁殖方法會根據特定環境條件而變化。一般來說，當周圍的世界發生危險的變化，這些生物似乎很容易將性開關切換到「開啟」狀態。例如，體積微小的甲殼動物大型溞（Daphnia magna）更有可能在食物稀缺或溫度極端變化時嘿咻嘿咻。[12] 但當條件良好時，這些浮游生物只會生產所謂的「雌性」，並透過自我複製進行繁殖。同樣地，囓齒動物的寄生蟲「鼠擬圓蟲」（Strongyloides ratti）在面對寄主的強烈免疫反應時會切換為有性繁殖策略。[13]

一般而言，有性生殖似乎是一條捷徑，可以幫助物種繁衍茁壯的多樣化。「紅皇后」假說（The "Red Queen" hypothesis）命名於路易斯・卡羅（Lewis Carroll）所著的《愛麗絲鏡中奇遇》（Through the Looking-Glass），故事中愛麗絲意識到她光是為了「保持在同一個地方」，必須竭盡可能地快跑。「紅皇后假說」主張地球上的生命競爭是如此激烈，導致生物體需要腳踩在演化的油門上，就只是為了有存活的機會。換句話說，如果某物種預設採用無性繁殖，它的基因就可能會錯過一個機會，這個機會本來可以在面對未知的未來威脅時保持物種生存。

　　但上述強調的例子也讓人想知道，為什麼我們以及許多其他真核生物（除了細菌和古細菌之外的所有生物）終日為性繁殖所困。如果我們的基因很頑強且配偶很難獲得，為什麼我們沒有選擇在緊要關頭的時候可以自己懷孕呢？有些鯊魚似乎就是這種情況，當公鯊魚稀少且條件舒適時，母鯊魚能夠進行無性「處女分娩」（更準確地稱為單性生殖，parthenogenesis）。[14] 如果魚能把命運掌握在自己手中，為什麼人類不能做同樣的事情呢？即使我們更加接近理解性行為最初發生的原因，但為什麼性行為一旦演化後，就會成為物種獨有的繁殖策略，原因仍然不明朗。

　　這樣做有個非常令人費解的問題，雖然不是百分百會發生，但通常一個物種會分裂成不同的性別，只有其中一些有能力創造新的後代。理論上，只要有一個雌雄同體的表型（phenotype）就可以容易地包含雙性。那為什麼要浪費精力養雄性呢？

男人為什麼存在？

「男性為何存在」的問題是一個已經被長期探討且相當被認真的研究領域。不過，我承認聽起來更像是厭男份子（misandrist）在推特上的胡鬧發文。

其實，我在二○一五年寫了一篇討論此難題的研究，以〈科學家考究男人為何存在〉（Scientists Examine Why Men Even Exist）為標題發表，我非常清楚知道自己在做什麼。[15] 我收到的推文回應不是很好，但研究卻很有價值，是東英吉利大學（University of East Anglia）的生物學家花了 6 到 7 年的時間，觀察 2 組大約 50 代的甲蟲，以嘗試弄清楚性選擇（sexual selection）是否可能是這一切的關鍵。

讓我們簡單複習一下達爾文的理論。* 當他忙完跟自己表姊生小孩後，達爾文提出一個叫做「性選擇」的概念，可能是成功繁殖的關鍵。他更為知名的天擇演化論（theory of natural selection，又譯「自然選擇演化論」）主張只有基因最適合的個體才能存活夠長的時間來繁殖，並使他們的 DNA 更有可能世代相傳。但是性選擇理論補充：某些特質之所以主宰基因庫（gene pool），並非是因為其本身的優勢，而是由於個體對性伴侶挑剔的能力。性不僅讓你有更多機會創造有利於自己物種的基因組合；也代表你必須「夠格」（看你怎麼定義）才有資格繁衍。沒有什麼偷偷摸摸的捷徑可以給你走喔！

---

* 不說玩笑話了，有關表親之間繁殖的研究顯示，雖然從遺傳多樣性的角度來看並不理想，但也不是世界上最糟糕的事情。不過隨著家族血統越來越頻繁地回歸家族內，情況就會越來越糟。在基因知識較少的時代，許多王室家族近親繁殖的結果就可以證明。家譜每一次縱橫交集，你所擁有的共享基因和獨特基因（unique genes）庫會越來越小。所以，如果你可以控制自己的衝動，最好不要逾越這條界線。

由於公甲蟲無法在找不到伴時自己生育孩子，而且他們也和養育後代的任務沒什麼關係，因此二〇一五年研究中的研究人員希望了解性選擇帶來的好處是否足以證明其存在的合理性。他們在其中一組別除了「選擇」的因素，將受試者一公一母隨機配對，然後讓另一組的母甲蟲加入性別比例越來越極端的群體中，讓每隻母甲蟲對上大量的公甲蟲，實驗最後有 10 隻母甲蟲共有 90 個潛在伴侶可以選。

　　大約十年後，研究人員讓這些甲蟲和兄弟姐妹近親繁殖來測試兩組的基因韌性（genetic resilience）。無論來自哪個實驗譜系，強迫甲蟲兄弟姐妹交配都會放大它們在世世代代中出現的任何基因突變（朋友們，這就是為什麼我們不該和近親生孩子的原因，看看哈普斯堡家族〔the Habsburgs〕的下巴就知道了，雖然達爾文顯然沒收到通知）。在性選擇較少或不可能的群體中，後代在第 10 個近親繁殖週期開始迅速死亡。不過祖先可以性選擇的組別在兄弟姊妹亂倫中存活了 20 代。性選擇似乎讓他們在困難的情況下有較多存活機會。

　　這提醒我們不要在家庭聚會上尋找一起生小孩的對象，但這項研究也提供了雖然少量但頗有說服力的證據，證明了「選擇」對於增強有性生殖的效益上十分重要。因此，「選擇」也許可以解釋為什麼雄性的演化似乎都只是為了「被選為配偶」。

　　從二〇一五年的研究來看，雄性似乎可以充當演化的實驗場，讓一些危險的基因和行為有機會在物種中保留下來並展現其價值。而必須要有一定數量的雌性擁有特定的 DNA，讓她們可以安全地成長成熟、進行性行為、生育和照顧後代。長遠來看，雌性生育後代的任務是一項艱苦的工作，而且因為工作艱辛，她們可無法承受擇偶上

的「選擇自由」，畢竟我們可不希望基因庫中充斥大量可能有益，也可能有害的突變。因此，從生物學角度來說，另一種性別的存在為這些無法孕育後代的個體提供了一個機會，讓他們可以快速存活、早日死亡。例如，公甲蟲不用活得很久，就可能有幸提供他的一些有益基因，就算他的其他突變更有害，結果也不至於太嚴重。

儘管目前我們對男性存在的疑問多於答案，但有一件事是明確的：「雄性」和「雌性」生物把害羞部位蹭來蹭去的「標準」性行為只是一種繁殖方式。性行為可能會以多種不同的方式進行，而且在很多情況下都是如此。

第二章
異性戀本位主義有多正常？

我們將在本章了解到阿嬤和同志叔叔（gay uncles）對物種的生存至關重要；探討古代世界各地男人「一點都不甲」的歷史；學習美洲野牛（American bison）是如何變得那麼雙性戀的，最後思考「酷兒」是否是一切的起源。

請想像一下美國西部的畫面——那片廣大的荒野。視野所及之處都展示著拓荒的使命和殖民主義。平原上有牛、還有種著……玉米？（我不知道，我又不是牛仔專家。）一球風滾草滾了過去；有人在用約德爾唱腔調（yodeling）唱歌；一個男人吐菸草汁到你的鞋子上……之類的情景。

一群粗獷粗暴的牛仔望著一群野牛。畢竟，現在是一八八〇年代，野牛(就是普通的平原野牛，學名 Bison bison)被獵殺至近乎滅絕。[1]現在野牛可說是美國國牛，但在那個年代的牛仔來說，體型龐大的野牛就只是可以換錢的肉牛。野牛氣數將盡、時日不多了，這些雄偉的野獸是否知道等待牠們的命運呢？

這時可能又有人吐菸草汁到你的鞋子上；空氣中瀰漫著緊張氣息；有人舉槍瞄準……。

然後停頓了一下，他放下了槍，你聽到了尷尬的笑聲，牛仔之間交換了心照不宣的眼神，因為其中一頭野牛顯然正在發情。但對象不是母牛，這頭野牛打算嘗試跨騎（mounting）另一頭公牛。野牛不只跟蘋果派一樣「美國」，還跟彩色的五月柱（maypole）一樣「彎」。不管你信不信，這些牛仔自己可能也不太「直」。

比利時研究人員在二○○六年回顧了關於美洲野牛同性親密行為的大量現有研究，指出在過去的幾十年裡，「經常觀察到公野牛中有同性騎乘行為」。[2] 此外，研究人員發現一些數據甚至顯示某特定年齡層的公牛只會同性跨騎。不同研究對於這種行為的普遍原因有不同的理論：有些研究認為同性跨騎是一種遊戲，或建立地位的一種方式，另一些研究則認為這僅僅是因為牠們很少有性行為的機會。但不容置疑的是，這種結合行為實際存在──所有研究都顯示此現象相當普遍。

而且不僅是野生野牛。公的家牛也相當常相互跨騎，頻繁到出現了新詞來指那些被跨騎的牛：buller。根據二○○六年的同一篇論文，bullers 一詞專門特指「短期內受到多個同類重複跨騎的公牛」，這些牛通常對其所在的群體不熟悉，或是在社會中有較低的地位，雌激素和睪固酮水平往往較高。可能是因為飼料中添加生長激素（加上過度擁擠）導致了這個現象在此時期的美國更常出現。當 bullers 可不是件有趣的事：重複跨騎可能會導致被跨的牛臀部發炎、感到疲憊和壓力、脫髮，甚至骨折。但至少在野牛的世界中，雄性跨騎似乎不會造嚴重的大危害。

在二○○六年，研究人員從比利時的一個大型農場收集數據，那裡有 100 多頭完全自由放養的進口美洲野牛。研究人員指出，雄性同性跨騎騎乘確實很常見，但幾乎沒有發現任何證據表明這個行為是

在建立動物社會中的主導地位。相反地,他們得出的結論是,這可能是一種遊戲,或是繁殖的練習。

然而,事實證明女同性戀野牛更是神祕。

首先,母野牛的同性性交發生頻率比想像中的高。研究人員指出大多數關於野牛同性戀的大型研究,都認為母牛的同性跨騎只會發生在非常特定情況,至少有一項研究將母牛完全排除在研究之外,但其實公野牛跟母野牛的同性性交一樣普遍。研究的作者指出:「雖然並非所有母野牛都被觀察到有同性性交行為,但這種互動似乎是相當正常的母野牛行為。」作者試圖揣摩出此行為的目的,因此觀測了同性跨騎行為對野牛的社會地位、生育能力等有何影響。然而,他們發現這些因素之間幾乎沒有影響。儘管研究人員無法解釋此現象背後是否有什麼原因,但我們知道母野牛同性跨騎的頻率和公野牛一樣多。

至於那些對著野牛和 bullers 咯咯笑的男人們,他們其中有些人也有在尋求同性間的親密行為。鄉村樂音樂家奧維爾·佩克(Orville Peck)和饒舌歌手納斯小子(Lil Nas X)把「同性戀牛仔」的概念提升為一種藝術形式,但在那之前,同性戀牛仔早就存在了。

提到大西部粗獷男人間的同性親密行為,歷史學家撰寫相關文章時,一直都會小心翼翼地迴避與「異性戀美國理想」相矛盾的言論,尤其是距今十多年之前對這個主題進行評論的歷史學家們。華盛頓州立大學歷史教授彼得·波格(Peter Boag)在二〇〇五年於美國雜誌 True West Magazine 上發表了一篇題為〈荒野中的同性戀者〉(Homos on the Range)的文章:「了解同性戀的歷史很重要,在十九世紀的大部分時間裡,社會並沒有真正將人們定義為同性戀或異性戀;

直到二十世紀，這些身分才眞正具體化。」[3] 舉例來說，在缺少女性的社會中，男性經常會進行同性間的性行爲，但這些行爲當時並不被視爲「同性戀」，因爲「同性戀」的概念之後才會出現。然而，根據同一篇文章，儘管這些牛仔可能不是「同性戀」，但會透過共同的符碼來表示他們對性對象的偏好，例如：藉由透漏對華特‧惠特曼（Walt Whitman）作品的欣賞，來和別人暗示自己的同性戀傾向。這聽起來更像是一種間接的搭訕，你不覺得嗎？

即使都在二〇〇五年了，上述文章的作者還是很快地指出他們不一定同性戀，例如說一張照片顯示有滿屋子的男牛仔和彼此慢舞，但是不一定是同性戀啦，是因爲周圍沒有女人，所有男人們才⋯⋯呃⋯⋯必須一同慢舞。雖然歷史學家如此避諱地評論，但可以肯定的是，不管是在過去還是未來，有同性性行爲的牛仔就是同性戀。在邊疆的特殊環境中，人們似乎可以隨心所欲地生活。波格教授指出，美國西部廣闊的空間和「管好自家事」的態度其實似乎吸引了一群「非常規性別／性傾向」的人，甚至其中有些人不會躲藏自己性少數的身分，過著相當開放的生活，至少相對於當時美國東海岸而言。

如果連美國野牛和牛仔都那麼酷兒，那麼歷史、文化、科學和世界中還有什麼是和我們所知的不同呢？我們知道男性和女性之間會有性行爲，但親愛的讀者，其他各式各樣的組合也存在著，而且一直以來都是如此。

我在網路上看到一個很喜歡的白痴笑話：

「喔你是要我挑個地方吃晚餐嗎？抱歉沒辦法，我是雙性戀 switch*，我從來沒在挑的。」[4]

這個笑話之所以好笑，是因為某種意義上它說的也沒錯，但當然也是因為不正確：酷兒——包括我自己——成長過程中不得不對自己的性表現做出各種決定。雖然身為酷兒就像呼吸一樣自然（本書很快就會介紹其中的科學），但我們世界的框架卻被異性戀生活方式所制定。身為酷兒（這裡指的是任何非異性戀的性別認同）通常意味著在打從出生時就有了為我們制定的藍圖，而我們要在這個藍圖上創造出獨特不受約束的傑作。

許多人潛意識上（或是非常有意識地）認為，任何非異性戀和非順性別者都不符合常規。即使你並不會妨礙 LGBTQIA+ 的存在和幸福，甚至自己穿過一、兩件很有同志風格的服裝，你可能還是會認為同性戀的存在有點矛盾。畢竟，我們根本的生物本能是傳遞基因，並讓基因持續流傳生存。一個只尋找同性伴侶的人最終不會生出孩子（至少在沒有醫療干預的情況下是不可能的，而且此種醫療干預在人類歷史的大部分時間都是不存在的，也不會使用代孕或精子捐贈）。那麼，為什麼人類這個物種會演化成如此？有時候會出現完全只對同性有興趣的個體呢？

---

* 根據《牛津英語詞典》，「雙性戀」（bisexual）一詞於一九〇六年首次指稱「對男性和女性都受吸引」之意，出自於奧托．魏寧格（Otto Weininger）的《性與性格》（Sex and Character）。在此之前，bisexual 被用來指稱同時具有男性和女性特徵的生物或物體。到了二〇二〇年，韋氏字典（Merriam-Webster）更新了其定義，擺脫了性別二元論的束縛；現在「雙性戀」的官方定義是「受兩種以上性別所吸引的人」，或者是「對和自己同性的人感興趣,同時也受其他性別或無性別的人所吸引。」「switch」則是指身一種完全不同類型的人，他們根據自己的心情和環境，在扮演支配（dominant）或服從（submissive）的性角色中轉換。筆者我呢，就像是 UNO 遊戲卡中的萬用牌（wild card），而世界充滿著各種可能的「性」，就像北歐自助餐的大雜燴。這大多時候都讓我感到焦慮。

第二章：異性戀本位主義有多正常？　027

我的一位大學教授曾經為了讓我們這些沒有小孩的年輕人感到慌張，直言不諱地說：「人類在生孩子之前在生物學上就是毫無意義。」好喔，給我等一下，我們需要停下來討論一下，因為這個想法⋯⋯很噁欸，對不對？很不 OK 喔。

　　我們知道，做人不只是繁衍後代、傳播基因。我們活著、愛著、笑著，還會拍 TikTok 影片、寫詩寫歌；我們感受情緒、也讓他人感受情緒；我們互相照顧，但也犯下致命的錯誤，發動了戰爭也追求著和平，我們還創造出肯德基雙層炸雞堡（KFC Double Down）這種邪門歪道的食物。這就是人類與其他動物（至少是大多數動物）的區別。地球上有那麼多人，所以其中有些人完全放棄繁衍的生物本能也相當合理。我們不是培養皿中的細菌，也不是窩裡的兔子。人類已經演化至此，散播基因不一定是生命最終極的目的。儘管如此，我們必須承認，如果祖先沒有在演化過程中追求以繁衍為目的性行為，今天人類就不會存在。

　　但最近有一個有關性演化的新奇學派，似乎簡潔地解釋了性傾向和生物學明顯矛盾的悖論。根據這種新興學派的思路，酷兒之所以沒有從基因庫中被剔除，是因為酷兒其實是預先設定。至少，部分遙遠而古老的祖先可能就是這種情況。

　　這個觀點的微妙轉變，也許可以解釋動物的「怪異性行為」，無論是指野牛還是牛仔。耶魯大學專門研究生態學和演化論的研究人員在二〇一九年的研究中指出，完全的同性戀被框入標準範式（paradigm）時，會付出很高昂的代價。（意思是指同性戀會降低繁殖和傳播基因的可能性，不是研究人員都有恐同症。）

然而，酷兒現象確實持續存在。所以也許其演化代價並不如看起來那麼高；也許同性戀實際上在演化中並不奇怪；也許只是人類對「演化」本身有所不解。耶魯大學的研究人員的提問有了小小的改變：不要再問為什麼動物「會進行同性性行為」，反而應該要倒過來問為什麼牠們「不這麼做」。

該論文的主要作者、耶魯大學林學院的林業和環境研究博士生朱莉亞・蒙克（Julia Monk）在二〇一九年於《科技新時代》（Popular Science）指出：「如果某特徵在不同動物物種中廣泛存在，那我們通常至少會考慮一個假設，即該特徵從一開始就存在。」[5]

我們太常預設最早「進行性行為以繁衍後代」的祖先一定沒有進行過同性性交，但其實這個預設並沒有被證實過。事實上，假設最古老的祖先不管對方是誰，不分青紅皂白地性交，這樣的假設同樣合理，甚至是更合理。

想像一下動物界的原始祖先，一個不會移動的多細胞生物。這個多細胞生物有性繁殖，但尚未發展出明確的兩性異形（dimorphism），也就是其中一種性別可以很容易與另一種性別區分開來。兩性異形已經太複雜了，更不用說像求偶儀式那種東西了。多細胞生物和鳥類不同，牠們不會展示羽毛並互相跳舞以討好對方，該物種的成員都只是在遠古爛泥中試圖和任何遇到的同伴交配。在這種情況下，任何「挑剔」都會使個體的基因遺傳陷入危險之中。

研究人員表示二元本質主義（binary essentialism）衍生出了「同性性行為是新興才出現的現象，與異性性行為截然不同」的觀念，這樣的觀念不但會阻礙社會的解放和平等，也阻礙了科學的發展。」

不過請注意，這裡提到的新觀念「現今動物的演化過程是由雙性通吃的生物開始的」也只是一個假設，而且目前還無法證實這個版本的演化歷史。

讓我們繼續進行這個思想實驗吧。現在我們不再猜想同性戀如何在基因庫中存活下來的，而是思考新的問題：特定的性傾向從何時成為常態？想像一下早期的一些生物開始形成明顯的性別差異，使交配的行為更有可能導致繁殖。既然繁殖是最終目標，那個體就會希望自己和交配的對象有超過 5 成的機會可以匹配並繁衍出後代。到了這個演化階段，「對異性個體的生理特徵感到吸引」會使你的基因更有可能擴散，而不是使用先前胡亂找對象交配的方法。

但關鍵是：如果人類是從完全的泛性戀*開始的，那新興的異性戀適應性變化（heterosexual adaptation）應該不會突然出現於全世界。有些個體不會特別只受異性吸引或排斥同性吸引，仍然能夠成功地傳遞自己的基因。有些個體渴望不以生育為目的的性行為，對於他們來說，只要物種有一代又一代地生育出足夠數量的嬰兒，同性戀的存在應該就不是高昂的代價才對。[6]

讓我停下來澄清一件事：我不是異性戀，而這不需要生物學來合理化。即使異性戀以外的人沒有任何生物學上的意義；就算酷兒真的是以前不存在、現在才出現的新概念，我們受誰吸引仍然跟任何人的意見毫無關係。我們不需要演化論中的優勢來作為酷兒存在的理由；

---

* 韋氏字典對「泛性戀」（pansexual）的定義如下：性吸引或愛慕吸引（sexual or romantic attraction）不限於特定性別認同或性傾向。許多人用泛性戀的身分認同來表示不受二元性別的束縛。對於「泛」或「雙」的認定涉及許多爭論和個人偏好問題，如果你不想要的話，可以不用特別深究兩者區別。

酷兒真實存在，就代表他們應該存在。不過，對於人類性遺傳的主題，社會上廣泛接受的描述還是有漏洞值得一探究竟。「人類的遠古祖先是否以意料之外的方式進行性行為？」這個問題早該探討了。不幸的是，人類所知的科學史上有許多研究人員，將自己的生活形態和社會規範強加於自然世界。你將在本書學到：**那些無數個被視為理所當然的常規範式，在很久以前就應該受到質疑**。其中一個例子就是「異性戀是一種必要且古老的演化策略，所以同性戀的存在令人困惑」的假設。

不過呢，不以生育為目的性行為可不只是不負責任的行為！其實科學界已經發現幾種「同性戀幫助物種繁榮」的方式。

你的同志叔叔也是如此

你可能有聽過「祖母假說」（grandmother hypothesis），甚至聽到都爛掉了，但這個假說實在是太令人興奮了，值得一再重複。在話題轉向同性戀之前，似乎需要先了解一下我們的阿嬤。

研究人員想用祖母假說來解釋人類女性停經後壽命的延續。[7] 大多數有性繁殖的動物，一旦過了生育年齡，生命差不多就結束了。但是，擁有子宮的人類有一種令人費解的特色，即在生育能力完全停止後仍能存活很長時間，通常是在 40 到 50 歲之間。

祖母假說認為，人類（還有虎鯨，奇怪的是母虎鯨和人類一樣，停止擁有生育能力後會繼續存活）在生命中擁有一段不繁殖的時期可能會有一些好處。更年期後的生活可能有助於保護遺傳譜系，更年期不事生產，就可以有時間和資源來幫忙照顧和撫養孩子。因此，「當阿嬤」可以增加自身基因在人類（或虎鯨）後代流傳下去的可能性。

人類和虎鯨的祖母拯救自己的物種存亡已經很厲害了，但與該假設相關的另一個假設，同樣解釋了為什麼生物學上看似不必要的東西，實際上可能是相當必要的。如果沒有了祖母，人類可能不復存在，同樣地，如果沒有了酷兒，人類也可能遭受苦難。

　　演化心理學家於二〇一〇年提出了親屬選擇假說（the kin selection hypothesis），有時通俗地稱為同志叔叔假說（the gay uncle hypothesis）。該假說認為，沒有自己孩子的人可以替他們的侄子、侄女提供額外的關注。[8]這個假說出自於一項對薩摩亞（Samoa）文化中的「fa'afafine」進行的研究結果。「fa'afafine」這個性別群體出生時生理上是男性，但他們屬於第三性別，通常與男性組成伴侶關係。在這種情況下，酷兒作為親屬對於物種演化的好處是顯而易見的。fa'afafine 生活於薩摩亞社群，那裡的家庭關係緊密、地理位置相近，他們往往會為撫養兄弟姐妹的孩子貢獻時間、金錢和精力。

　　在世界上其他地方，有酷兒阿姨、叔叔或「叔姨」的姪子、姪女比較看不到這些好處。因為工業化和城市擴張，大家庭越來越少緊密聯繫，無論是在物理層面上的居住地，或情感方面上的聯繫。現在阿姨、叔叔在你生日時送大把現金就是最慷慨的表現了，然而，在古代情況有所不同：在異性關係中，「生孩子」幾乎無法避免，而且對於維持村莊的運轉來說也非常重要，人們必須獵食和尋找足夠的食物來養育孩子。研究人員認為，當時的世界應該更像那些以 fa'afafine 為特色的地區，有阿姨或叔叔來照顧你、不讓你挨餓，而不是像我們現今在城市的居住模式。這些阿姨、叔叔不會有自己的小孩要照顧，所以間接地給姪子、姪女帶來優勢。如果親屬選擇假說是正確的話，那麼家族中有一些酷兒成員會讓家族更容易興盛，從而使基因更廣泛地傳播。

先不管你那個沒小孩的兄弟姊妹，會不會真的讓你更有可能成功撫養更多小孩，這個假說也許解釋了一個尚未明確的問題：預設性傾向是遺傳而來的情況下，為什麼有些人生為酷兒？儘管性傾向不太可能僅由一個或少數幾個基因決定，但 DNA 確實是這個複雜問題中的一部分（除了基因外，性傾向也受到環境、文化影響、荷爾蒙等等因素的影響，因為人類是如此複雜多樣）。不過如果真的有種遺傳標記（genetic marker）可能會讓人生來就充滿基情，那多虧有樂於助人的同性戀叔叔，這些遺傳標記更有可能存留在基因庫中。

（注意：就算同志叔叔假說提到的概念真實存在，並且對我們的物種造成了影響，不代表你的同志叔叔就一定是樂於幫助人的好人。另一方面來說，你如果就是那個同性戀叔叔，你也可以選擇要不要使用「同志叔叔之力」，去幫助侄子侄女或其他孩子成為「更多產的繁殖者」。）

我覺得另一個特別有趣的概念是「同性吸引」對其他哺乳動物的好處。例如，在許多靈長類動物中，願意與同性成員滾床單，可以有效地促進社交互動。[9] 你可能還記得野牛（甚至是牛仔）出於社交理由進行同性間的性行為。具有靈活性傾向的個體可以藉由做愛來安撫潛在的敵人或平息爭端，並與社區成員建立聯繫。研究人員將同性性吸引視為一種有助於社交的社會適應，他們認為，隨著動物演化形成群體，那些願意利用性與同儕建立連結的個體會獲得顯著的好處。

如果性向流動（sexual fluidity）對物種有利，那麼某些個體一定會落入僅受同性吸引的那一端，正如有些人注定會成為無趣沒特色的異性戀一樣（誤）。

上述介紹的所有假設，可能在某種程度上都是正確的，也有可能全都是錯的。儘管多年來許多遺傳學家堅持不懈地努力研究，性傾向仍無法透過簡單的遺傳模式來解釋。有時候，特定家庭中的成員較容易有特定性傾向，但越來越明顯的是，我們愛的對象（以及想發生性關係的對象）跟複雜的環境、遺傳和文化因素有關。無論如何，酷兒一直存在於我們的 DNA，還有另一個更明顯的原因：同性戀者在整個演化史中一直存在，其中一些人還生過孩子，甚至有些人是和其他同性戀者生小孩！我們必須記住，在人類的歷史中，很多時候我們想做的事，往往與實際所做的事不同。

　　例如，回顧古希臘文化就可以清楚看出男同性戀浪漫愛情的正常化並沒有阻止人們繁殖。事實上，斯巴達社會認為，你和男性朋友的感情一定會比你對女性配偶的感情更深刻（因為斯巴達人要服兵役，你和男性朋友一起度過了非常長的時間，可能發生過性關係，也可能沒有）。這個預先實際上會讓那些對異性完全性趣的男性，更有可能「從事生產」並和女伴生出更多嬰兒士兵。一般來說，古希臘異性婚姻的預先設定明顯是一種責任，本來就是對象是誰無所謂，所以男同性戀看著新娘覺得性致缺缺時，也不會因而感到自我存在危機。

　　較為近代的西方文化顯然污名化了酷兒族群，因此許多人對外隱藏了性傾向，甚至是對自己也是如此。然而重要的是，許多同志族群的成員生下了子女，因為社會告訴他們這是必須的，這一點可以從我們在本章一開始嘗試解釋的「悖論」假設中得到證明。

　　換句話說，我們可能不需要絞盡腦汁去弄清楚酷兒傾向的基因是如何存活下來的。如果我們參考動物界的跡象，可以知道這些基因已經存在很久了。

動物同志大遊行

都要談論的是同性戀動物了（包括我自己），你一定在想什麼時候才要講到知名的同性戀企鵝。牠們這不就來了嗎？很抱歉拖了這麼多頁才終於講到同性戀企鵝。

英國自然史博物館鳥類館長道格拉斯・羅素（Douglas Russell）在二〇一二年遇到了一件奇妙的事情，他發現了一份一百年前的文件，詳細描述了南極洲阿德利企鵝（Adélie penguin）不知羞恥的性行為：這份文件是由英國南極探險隊的一名官員喬治・默裏・萊維克博士（Dr. George Murray Levick）撰寫，後來文件似乎也是被他自己遺棄。[10] 萊維克博士在一九一〇年十月看到年輕的公企鵝試圖與死去的母企鵝屍體交配；看到牠們騷擾幼鳥；看到牠們互相發生性關係。博物館的人員顯然覺得這些行為非常令人震驚，因此他們只發表了大量筆記的一小部分，而萊維克博士對企鵝性生活的大部分觀察紀錄，都被丟在博物館檔案中收集灰塵。（不過這裡替萊維克說個話，這位博物學家其實有把他的筆記印刷成一本單獨的書，供私下流通發行，可以想像這帶來了一些聳人聽聞的愉快色情學術研究。）

可是這一切行為其實都不足為奇。本書將在後面的章節中提到，有些物種的年輕雄性都有一個很糟糕的習慣，就是會攻擊（侵犯）任何可以攻擊的物體。回到二〇一二年，這時候的科學家已經花了幾十年的時間，來詳細描述那些廣受研究的鳥類的各種性行為。羅素館長在二〇一二年告訴記者，阿德利企鵝每年只會見面幾週，為了充分利用急迫短暫的繁殖季節，比較年輕沒經驗的公企鵝會對「不適當的

線索」做出反應，例如：死亡（屍體不會掙扎，所以牠們就把死亡當成是性服從）。

雖然對於二十一世紀的鳥類學家來說，這篇二十世紀寫的論文沒有什麼新消息，但萊維克當時顯然是嚇死了。他甚至用暗語寫下了一些他目睹的內容，也就是刻意使用希臘字母來替換掉英文字母（Roman alphabet），不過羅素館長和他的團隊發現筆記的編碼很混亂且沒有規律。萊維克的觀察非常詳細，但更多地是把企鵝擬人化，而不是試圖進行分析。[11] 實際上，萊維克似乎過於急於唾棄這些「流氓」企鵝的「罪惡」行為，而不去探究爲何這些年輕的公企鵝會這樣行事。他幽默地做了個結論：「這些企鵝似乎沒有底線，沒有什麼罪行是做不出來的。」

在萊維克有關動物的出版著作中，他很調皮地提及了審查刪修掉的所有實際資料：「這本書不應記錄下牠們犯下的罪行，但確實有趣的是，當大自然希望這些鳥兒做事時，牠們就像人類一樣，在閒散懶惰中墮落了。」

暴力戀屍癖衝擊了萊維克的感情，這也許可以理解，但值得注意的是，博物館人員也趁這個機會刪除了對同性性行爲和一般混交（promiscuity）的觀察。人類有機會可以一睹自然世界，但博物館工作人員（以及歷代自然史的無數仲裁者）有意識或無意識地將當時的一夫一妻的性習俗投射到動物身上。萊維克的上級長官將企鵝性行爲中非常正常的方面，視爲不值得一提的異常，並給企鵝塑造了維持很久的形象：穿著燕尾服的小紳士、以異性戀夫妻的形式四處走動閒蕩。

這不僅對企鵝造成傷害，正如我們在整本書中看到的，這種投射對所有人都有害。

當然，我們現在知道各式各樣的企鵝可以形成非常健康的同性戀關係。二〇〇四年，紐約中央公園動物園（Central Park Zoo）的頰帶企鵝羅伊（Roy）和塞隆（Silo）從領養的雞蛋中，孵出並養育了一隻幼鳥[12]，牠們也因此聲名大噪。世界各地的其他動物園也注意到，雄性同性伴侶經常築巢，並嘗試孵化石頭。如果有被遺棄的蛋可以扶養，牠們會很樂意共同承擔起父親的責任。但我們要小心，不要和萊維克的編輯一樣，將我們自己對「同性企鵝婚姻」的想像投射到一群鳥身上。並沒有人看過野外的同性伴侶表現出相同程度的家庭生活，所以我們不知道同性伴侶在大自然環境中是否常見。不過可以確定的是，它確實發生了。

如果你從這本書中沒有學到任何其他東西，請至少記得你可以想像到的某種性行為或性慾（甚至是你想像不到的）都在某個地方、某個時刻發生過，至少發生過一次，更有可能發生了很多很多次。

英國自然史博物館館員將「性向流動」和「射精到冰凍屍體裡」分到相同的類別，也難怪動物界的同性親密行為常常像是新發現的現象。但這一現象並非新鮮事。同性戀動物比崎嶇的美國平原更為古老多了。

擦破幾根雞雞

我猜你對同性戀昆蟲不會有特別強烈的想法。人類很喜歡擬人化動物，但昆蟲卻是地球上為數不多的例外，除了像是蜜蜂或是螞蟻這種社會性昆蟲（social critters）之外。床蝨有「創傷性授精」的行為（即公蟲必須刺入腹腔以注入精液），但床蝨完全不挑授精的對象，所以稱其是「同性戀」不太可能拿來作為支持同性關係的論點，也不會

讓酷兒們對自己的性傾向更有自信。動物界中有許多所謂的「雙性戀」昆蟲，牠們的同性性互動基本上只是笨拙的結果。

所以，同性戀蟲子一點也不精采有趣。雖說如此，這些昆蟲在理解性的歷史上占有重要的地位。

一八九六年，法國頂尖昆蟲學家亨利・加多・德・克維爾（Henri Gadeau de Kerville）發表了一篇關於歐洲鰓金龜的文章，這本來應該是篇普通的文章。（順帶一提，歐洲鰓金龜學名為 Melolontha melolontha，其實就是普通的金龜子 cockchafer。筆者撰寫本文時，維基百科非常仔細地指出，「cockchafer」中的「cock」是指十七世紀晚期「cock」一詞的字義，本應表示「大小」或「活力」，雖然現在有「雞雞」的意思；而「chafer」是對一種植食性甲蟲的通用名稱，源自一個古英語詞語，意思是「咀嚼者」（gnawer）。[13] 所以現在這種蟲的名字看起來就是「雞雞咀嚼者」，你想笑的話不用忍，聽起來就是一個非常酸的老式侮辱。）

加多・德・克維爾發現了雄性歐洲鰓金龜之間的同性性行為，但這並不是什麼新鮮事。幾十年來，昆蟲學家一直在記錄這種交尾（並為其尋找藉口）。通常一開始會是科學家錯誤地假設，配對伴侶中的其中一方個體是雌雄同體：即使個體有雄性的觸角，仍同時具有雌性生殖器。或者，這些科學家會得出這樣的結論：負責插入的公蟲被慾望蒙蔽了雙眼，因此霸王硬上弓，而被插入的雄性伴侶顯然不情願，只是被動地接受交配。

但加多・德・克維爾的立場是，某種程度的「雞姦」（pederasty，古希臘術語，用於指成年男子和十幾歲男孩之間的關係）在野生甲蟲

中是自然的，有時甚至是雙方都渴望發生──他還畫了詳盡插圖，畫了同性戀蟲蟲交尾的樣子。

這個論點其實導致了巨大的混亂。一方面，加多・德・克維爾的立場似乎合理化了同性戀傾向的自然存在；另一方面，他的同儕急於證明甲蟲只在⋯⋯非常疲倦和困惑的時候，才會有同性戀的行為。但現代研究表明，比普通金龜子更有趣的動物身上，也持續存在著同性間性吸引力和性行為。

互相依偎的可愛蝙蝠

蝙蝠就很會玩。科學家已經記錄到了至少 22 種蝙蝠的同性親密行為。[14] 發生的行為和場景會因蝙蝠類型而異，例如：有些可能只會在圈養環境中，出現公對公的跨騎行為，可能是因為環境中缺少母蝙蝠；但對其他有些蝙蝠來說，同性親密行為在野外自然中很常見，例如：小棕蝠（Myotis lucifugus）在部分時間確實是用傳統方式的交配方式進行，但牠們也有一個「被動」交配階段，公蝙蝠會繼續跨騎因氣溫下降而處於休眠和困倦狀態的伴侶。在此期間，較為清醒活耀的公蝙蝠會陷入一種不分青皂白的瘋狂雙性戀狀態。據估計，這些交配行為中超過三分之一是同性配對。[15]

小笠原狐蝠（Pteropus pselaphon）也值得一提，公的小笠原狐蝠在野外會頻繁、刻意地互舔生殖器。在交配季節，成年同性的小笠原狐蝠會聚集在一起取暖、保護彼此、還有⋯⋯互相口交。除了互舔異性的生殖器之外，研究人員還觀察到頻繁的公對公舔舐行為，他們猜測這個行為可能在交配季節中，有助於防止擠在一起的公蝙蝠打架。

鵝很酷兒

理財專員可能會說，金融界中所謂的「黑天鵝事件」（Black Swan Event）實在太罕見，無法預測或做好準備，而這樣的事件會極大地影響市場和其他社會體系。在現實生活中，許多黑天鵝所做的事都和同性戀有關。

早期歐洲人認為黑天鵝是一種千載難逢的稀少禽類，這是合理的。黑天鵝原產於澳洲，歐洲人直到一六〇〇年代才看到牠們，但現今在紐西蘭、日本、中國、英國和美國都有引入。黑天鵝很漂亮：全身黑色，有紅色的喙，展翅時會出現一閃一閃的白色飛羽，而且牠們也相當酷兒。

萊昂內爾・韋恩・布雷思韋特（Lionel Wayne Braithwaite）在一九八一年寫了有關黑天鵝（Cygnus atratus）的報告，其中引言提到了牠們在野外經常出現「鳥類界的同性婚姻」。[16] 雖然許多公黑天鵝會與母黑天鵝配對，但不論是野生的還是被圈養的天鵝，有時公鵝會與公鵝形成穩定的伴侶關係。布雷思韋特表示，這些充滿陽剛氣息的家庭單位呈現出「強大威武的組合」。這些公天鵝可能會與母天鵝有「短暫的接觸」，然後就把女生踢出去，自己孵化她產下的蛋，或者乾脆去霸占另一對異性伴侶產下的窩跟蛋。

鳥類的同性關係甚至可以跨物種發生。根據二〇一八年英國廣播公司 BBC 發布的新聞，一隻母黑天鵝亨利埃塔（Henrietta）在一九九〇年飛進小鎮並受了傷，而深受當地居民喜愛的紐西蘭鵝湯瑪斯（Thomas）和亨利埃塔成為了伴侶。[17] 大約十八年後，BBC 報導

亨利埃塔認識了另一隻母的黑天鵝，這隻「第三者」開始常常跟這對情侶一起出現。後來第三者母黑天鵝下了蛋——下了亨利埃塔的蛋。原來亨利埃塔其實應該是亨利，「她」一直都是公的，只是大家都沒發現。一夕之間，和亨利交往近二十年的湯瑪斯變成了同志界的偶像。

可以理解的是，湯瑪斯對於自己處於一個不平衡的三角戀中不太高興，所以一開始對這位新來的女性朋友表現得咄咄逼人。但當蛋孵化後，湯瑪斯就承擔起了照顧者的角色，隨著時間的流逝，他幫忙照顧了亨利的 68 個孩子。

至少對於這兩隻黑天鵝來說，除了異性和同性配對之外，這種「三鳥行」安排似乎也非常自然正常。黑天鵝有時會形成長期穩定的三人組合，由兩隻公鵝照顧母黑天鵝的蛋，也不會上完床就把她踢出去。三隻鳥都會參與交配，但只有一隻公天鵝會騎上母天鵝，而另一隻公天鵝則會保護性地繞著巢走動。孵化出的小天鵝幾個月大後，公天鵝們就會接管照顧巢穴，而母天鵝就可以繼續生產更多後代。布雷思韋特在一九八一年的文章中稱這個系統「穩定、頻繁出現且屢次成功」。

我聽到你這時插嘴說道：「好吧，動物會不分對象地發情，還會互相合作生育後代，但是但是但是但是……，動物的行爲不一定可以說明人類的性少數族群。」

的確！性別錯亂的小公牛跟同性戀人類當然是不同的東西（雖然我很想在同志大遊行上看到牛，感覺很有趣，而且很有那種鄉村氛圍）。演化論中有證據證明「異性戀」比較像是一種心態，並非動物

第二章：異性戀本位主義有多正常？

的預先設定，但就算你想忽視這個證據，「非異性戀」已經存在許久，這是一個不可否認的事實。

在大多數國家和文化中，我們正在進入（或已經進入）對性的特別開放的時代。然而，在人類悠久的歷史上，從來都沒有全體人口都是單純異性戀的情況。作爲一個物種，我們絕對已經「去過那兒，做過那件事」了。

看起來像希臘語寫的天書

你可能已經知道古希臘男人有很多同性戀性行爲。但古希臘的同性戀……至少可以說是很複雜。首先，同性戀在古希臘並不存在。

也就是說，當時社會並不像今天這樣，認爲人會被任何特定性別所吸引。古希臘人是根據一個人扮演主動還是被動的性角色（用現代的說法，就是攻和受）來劃定伴侶中的角色界限。[18]

因此，雖然許多地位高的古希臘男人，在現代會被認爲是同性戀，但他們不會這樣稱呼自己。[19] 同樣地，他們也不會認爲成年男性和未成年男童間的雞姦有任何不妥，這在當時是常見的性行爲，但現在的我們可以看出權力不對等，和未成年人性交是個很大的問題。[20]

所以古希臘的「少年愛」是怎麼回事呢？男生到了 15 到 18 歲，就會被認爲足夠成熟，可以接受年長男人的追求。但是這些男生還是被鼓勵要表現得欲擒故縱，這樣他們才能弄清楚年長男性追求者的意圖。這是因爲這段關係需要雙方的深度參與，也要互惠互利，所以隨便搭訕少年並隨意上床，是一種可恥的行爲。在當時的社會風氣之下，只有少年愛關係裡的年輕男性「扮演被動的性角色」才是正

常的。對於年長的男方來說,「和男性的性行為中扮演主動積極的性角色」和「與女性發生性關係」一樣常規普通。但是,如果是兩個成年男子想要發生性關係,扮演被動角色的男方就會受人嘲笑。

對阿,有夠莫名其妙。連古希臘人自己當時似乎也很困惑。柏拉圖有一個著名的論點,他認為「壓迫同性戀」就等同於野蠻主義和專制主義,但又主張同性戀並非自然。[21] 只要是年長且扮演主動的角色,社會就會接受你和未成年男性發生關係;但如果你是個成年的「受」,就算兩個人都是成年人,社會反而比較不接受。也許你會說「這男子氣概也太有害了吧(toxic masculinity),這什麼鬼?!」我同意。

我在這裡想提出的論點(希望不用講大家就都知道)並不是要把古希臘的未成年雞姦行為,作為同性戀一直是主流的證據。現代保守派人士經常將男性同性戀與戀童癖混為一談,毫無根據且令人噁心。古希臘並不是一個我們應該仿效的模式。

提及古希臘文化是為了讓你了解:社會的是非觀念經常沒有明確的理由或基礎,而且事後看來常常會發現這些觀念很有問題。我們必須要特別了解社會或文化中,有哪些事物或行為被認為是正常合適的,而我們使用的語言措辭也很重要。否則就會出現這種變態文化:大多數男人喜歡與其他男人發生性關係,但他們都「不是同性戀」,而10幾歲的男孩則陷入性虐待的循環中。我認為這是一個很好的教訓,希望我們不要讓三十世紀的未來歷史學家,看到我們這個世代的性生活就皺緊眉頭。

至於古希臘的女同性戀呢?她們比較神祕,我們所知道的不多,但抒情詩人莎芙(Sappho)的著名詩歌,以及其他證據都告訴我們她

第二章:異性戀本位主義有多正常?　043

們至少存在過。其中一首保留較爲完整的詩歌，描述了作者看到她的女性情人和一位男子在一起，因而感受到的嫉妒和渴望。

  他坐在你對面
  與神同等地位

  面對面，足夠近
  可以啜飲你聲音的甜蜜
  ……
  令我心神激動的
  是你的笑聲，晶瑩剔透。
  當我看到你，那一瞬，
  我的聲音消失了。
  ……
  舌頭凍僵了。炙熱。
  是纖細的火焰在肌膚中。
  盲目暈眩，目瞪口呆，**轟轟雷聲**
  在耳邊響起。
  ……
  冒著汗顫抖。冷冽。
  是皮膚上的冷顫
  我如枯草般蒼白
  離死亡只有一吋之遙。*

既然男人都忙著與年幼少年進行「一點都不甲」的性行為，因此女同性戀之間的渴望（以及性行為，雖然沒有相關紀錄，但希望當時有相當數量的女同性行為，要不然莎芙有點可憐。）不受人們的關注，這也並不奇怪。

　　古羅馬對酷兒也有著同樣複雜和令人不安的看法，古羅馬社會普遍只接受奴隸扮演被動的角色。雖然當時的社會有著如此迂腐的風氣，但在古希臘和古羅馬文化中，男性之間的情誼是極為神聖的，所以希望找適齡伴侶和平等關係的男同性戀者，也可以低調地混入其中。

　　這種情況在西元六世紀時有所改變，此時基督教在西歐盛行。東羅馬帝國的查士丁尼大帝，以「避免觸犯上帝怒火」之類的理由，制定了一項政策，被判決同性戀罪的人將受到閹割，甚至是死刑處決。

　　古希臘和古羅馬遠遠不是酷兒族群所希望的平等天堂。不過，雖然以現代人的眼光來看難以理解，古希臘羅馬文化對同性吸引的立場，展示了文化多麼隨意任性地塑造著所謂的「正常」和「不正常」。

　　舉例來說，就算是當下這個時代也經常聽到有人抱怨，說年輕人描述自己性別認同的方式過於複雜，像是一份難以理解的法律條款。「我們究竟應該分類多少性別與性傾向？」、「現在到底要發明多少個性別，我們來不及幫每個新性別套上刻板印象啦！」、「想當年我們那個時候，男人就是男人，然後女人就是要受苦，一直以來都應是如此。」雖然以前人們沒有像今天這樣豐富的詞彙，來描述各種性傾

---

* 請注意，這首古詩因時代久遠，其完整詩詞已不復存在。這首詩有很多翻譯版本，我選擇採用了安東尼．克萊恩（Anthony Kline）二〇〇五年的英譯版，因為這個版本的結尾感覺很像是美國歌手蜜絲琪（Mitski）的歌詞。

第二章：異性戀本位主義有多正常？　045

向和性別認同，但不同尋常的親密行為自古以來就一直存在，包含非異性戀或是非生殖目的的性行為。

斷袖與對食

從前從前，一個美麗的年輕人在愛人的長袍上睡著了。但袖子被壓住的人可不能就躺著不動：畢竟他可是漢哀帝，是中國的皇帝，有職責在身要處理。漢哀帝不想打擾董賢的安詳睡眠，所以乾脆割斷袖子再離開，以免打擾他的愛人。[22] 漢哀帝於西元前七至一年間統治漢朝，有一位妻子，但並沒有隱瞞他與董賢的關係。董賢身居高位，且他的家庭成員都得到皇帝的經濟支援。

但漢哀帝和董賢的故事並沒有美好的結局。沒有子嗣的漢哀帝想在過世時將王位傳給董賢，但王室成員在皇帝死後迅速採取行動並奪取了權力。據說董賢不久後就自殺了。

王室家族之所以拒絕冊封董賢，應該不是因為他們有恐同症，這單純只是一場王朝權力遊戲。根據學者布雷特・辛斯（Bret Hinsch）的說法，在漢哀帝之前，有連續9任的漢朝皇帝都有從宮廷侍臣中挑選男寵，男性之間的愛在宮廷中被視為一件美好的事情。另一方面來說，中國古代有關女同性戀的資料要少得多，但一些專家認為，有關「對食」的紀載指的是宮廷中女性的「舔陰」（cunnilingus）。

對於同性性行為的普遍接受，到了宋代（西元九六〇年）才遇到了困難，當時譴責同性戀的印度佛教經典開始流行。在十三世紀，成吉思汗宣布兩個男人之間的雞姦（sodomy）為非法行為。不過到了

十六世紀，還是有不只一位葡萄牙探險家，提及並批評中國男性之間盛行的同性性行為。顯然，成吉思汗對酷兒族群的打擊，無法消除幾個世紀以來社會對雙性戀態度的支持。

同志的驕傲與偏見

一八〇〇年代初的英國並不是當同性戀的好地方。從一五三三年開始，英國各地的同性戀者都面臨著死刑的威脅。[23]直到十九世紀，這項判決才從死刑改為監禁。這個威脅也蔓延到了英國的殖民地國家。在某些地方，至今仍然存在對於同性戀的刑罰。

甚至到了一八八五年，英國的《刑法修正案》（the Criminal Law Amendment Act）明確規定，英國境內的男同性戀行為，即使是私下進行，都將受到懲罰。該法律的措辭模糊不明確，以至於被戲稱為「勒索執照」（Blackmailer's Charter）。在此之前的幾個世紀以來，在英國身為同性戀，頂多只要保持低調以避免麻煩，但不至於犯法。

範例個案：英格蘭地主安妮・李斯特（Anne Lister），在電視節目《紳士傑克》（Gentleman Jack）中被描繪為「第一位現代女同性戀者」，她以暗語寫下了無數的風流性事和浪漫經歷。[24]不過雖然李斯特把日記加密，但她不但追到了另一位女繼承人還娶了她，所以李斯特的性傾向被當成是一個「祕密」也是挺神奇的，某種層面來說也是反映了社會風氣。李斯特在一八三四年談到安・沃克（Ann Walker）時寫道：「她會給我戒指，我也會給她一枚，象徵我們的結合。」雖然當時她們沒辦法合法結婚，但根據李斯特的日記和信件，她們倆認為一起參加

古德姆門聖三一堂（Holy Trinity Church）的復活節聖餐，就代表上帝見證了她們的伴侶關係。

我們很難知道李斯特之所以可以有「祕密」性行為，是不是因為有錢人不會管其他有錢人在做什麼，只要他們不要太張揚就好。但她能在眾目睽睽之下躲起來，無疑也是因為英國對女同性戀的普遍漠視。有關同性性行為的法律並沒有提及女性，因為當權的男性認為同性戀女性極為罕見。英國國會在一九二一年有考慮在既有法律中，加入反女同性戀的條文，但下議院和上議院認為，將女同性戀列入法律，只會讓更多女性了解女同性戀的概念，反而會鼓勵她們去探索女同關係（可見議會成員和妻女的感情一定「好的很」呢）。

儘管幾個世紀以來一直存在刑法和譴責，但我們有理由相信，並非所有普通公民都對同性戀持負面看法。牛津大學的歷史學家在二〇二〇年發現了一本一八一〇年的日記，中產階級農民馬修・湯姆林森（Matthew Tomlinson）講述了他對男同性戀不斷改變的討論及想法。[25] 當時有一起法庭案件醜聞，一名海軍外科醫生被發現從事同性戀行為並被判處絞刑。湯姆林森認為，如果同性戀是個人做出的選擇，那就是一種罪過。如果真是如此，那麼諸如閹割之類的懲罰，可能可以拯救罪人的靈魂。但湯姆林森也列出了他從和別人交談中收集到的事實，並似乎從中得出了這個結論：同性戀的傾向可能在年幼時期就發展而來，而不是從人性墮落中產生；如果男同性戀者有這樣的「傾向性」（inclination）和「癖性」（propensity），那麼同性戀「就必須被視是自然的」。他想知道，如果神創造了同性戀者，那政府有什麼權利來懲罰或試圖改變他們呢？

湯姆林森一個人勢單力薄，但他對這個主題真心感到好奇，再加上他似乎有和圈內人討論，這不禁讓歷史學家好奇一般大眾是如何看待酷兒的。反思歷史的所有時代（不只是珍·奧斯丁筆下的英國），我們應該牢記這點：在政府迫害同性戀的眾多例子中，不是所有異性戀民眾都同意政府的態度跟做法。

波士頓婚姻

維多利亞時代的女人會建立親密的女性友誼，在某些朋友圈裡，她們經常牽手、依偎和親吻。要記得那時候可沒有所謂的「女同性戀」，而且人們普遍期望女性保持貞潔，遠離骯髒齷齪的性行為。當然這些關係中，有許多真的只是純友誼。女性朋友間常常有很親密的肢體接觸，也難怪酷兒女性總是常開玩笑說自己意識不到對方在調情。但是早在十九世紀末，人們就開始意識到「純潔無瑕」的女人……其實會做愛。(登愣！)

「波士頓婚姻」一詞來自於亨利·詹姆士（Henry James）於一八八六年出版的《波士頓人》（The Bostonians）。就像書中的人物一樣，住在波士頓市的女性選擇不與男性為伴，而是和女性同居，[26]有些人甚至交換了戒指和誓言。雖然有些波士頓同居女性確實只是非常要好的朋友，但詹姆士從一對幾乎不可否認地相愛的伴侶身上汲取了靈感。女作家安妮·亞當斯·菲爾茲（Annie Adams Fields）與出版社男編輯詹姆斯·湯姆斯·費爾茲（James T. Fields）結婚了二十多年，但在詹姆斯去世後，安妮和女詩人莎拉·奧內·朱維特（Sarah

Orne Jewett）在一起。接下來的三十年裡，她們作為伴侶一起生活、旅行和舉辦沙龍活動（salon）。如果你懷疑她們之間的感情不是愛情，請看一下莎拉寫的這首詩，可能是寫給安妮也可能是寫給另一個「女性友人」：

親愛的，你還記得嗎
一年前的今天
我們向彼此交託自己

在你離開之前
在愉快的夏日結束之前
一起在海邊度過的時光，你還記得嗎？
……
當時我們都不知道，親愛的
這一年將帶來什麼！
當時的我沒想到，那些悲慘的早晨裡
我會吻著我的戒指
魂牽夢縈、思念成疾
苦苦思念那位給我戒指的女孩？
……
我們沒有後悔過，親愛的
我們如此相愛——
不願收回承諾

一年前的承諾──

⋯⋯

所以，再次，親愛的

讓我將自己奉獻給你

比一年前更慎重的思緒

同樣深沉真實的愛。

現代有些異性戀女性，和其他的異性戀女性一起長期生活，她們只是純友誼，但也會用「波士頓婚姻」一詞形容自己。[27]我覺得這沒什麼問題。在維多利亞時代，有些獨立女性的性向因其住房選擇而受質疑，但其實她們和室友沒有發生性關係，只是厭倦男人占據她們的資產還毀掉她們的生活罷了。

但別忘了那個時代的女同性戀！因為她們的努力，現在的你才可以這麼容易就和「異性戀伴侶」一起簽下房貸。

歡迎來到德國威瑪

在納粹掌權之前，德國的酷兒群體蓬勃發展。[28]雖然自一八七一年以來，男性之間的性行為一直是非法的，但同性戀文化在二十世紀初仍然蓬勃發展。在一九二〇年代，德國柏林大約有100家同性戀酒吧和咖啡館，Gay 吧和 T 吧都有。性學研究所（Institut für Sexualwissenschaft）於一九一九年在柏林成立，是全世界第一個專門研究性的機構。該中心的創始人馬格努斯·赫希菲爾德（Magnus

Hirschfeld）是一位德國猶太人，他是早期捍衛酷兒和跨性別者權利的先驅。[29] 然而，即使在他支持的性少數社群內，赫希菲爾德也沒有受到所有人的愛戴；有些男同性戀者反對他對陰柔男性、跨性別者和女性主義者的支持。不僅如此，赫希菲爾德也將面臨反猶太主義的興起，將他支持的自由主義解讀成反雅利安主義。

但是柏林確實一個洋溢酷兒文化的城市，有些歷史學家說在一九二九年有個同性戀合法化的法案即將舉行投票，但後來股市崩盤導致國家陷入混亂，並為阿道夫・希特勒（Adolf Hitler）的崛起準備了舞台[30]。不出所料，納粹摧毀了性學研究所，赫希菲爾德逃離了德國。威瑪共和國（the Weimar Republic）時期的酷兒文化蓬勃興盛，但其中許多人在納粹大屠殺期間被監禁或殺害。歷史並不總是像我們希望的那樣線性發生。請你千萬不要聽信任何人說：酷兒的存在是年輕人發明的，是近年來才出現的現象。

異性戀的未來會怎樣？

回顧一下我們目前學到的知識。首先，許多人被教導「異性之間的性行為」是預設常態，但它從來都不是。的確，異性戀在人類中佔大多數，這可能和物種的演化方式有關，或是遠古的動物祖先為了基因多樣化而採的策略。但是異性性行為很有可能從來都不是一個全員適用的性偏好（sexual preference）。

實際上我們的遺傳祖先可能主要採泛性或雙性的性行為，但在演化過程中採納了異性戀的方式。自然會為酷兒群體留有一席之地。從演化的角度來說，「酷兒」就像是均衡健康飲食的一部分。

但如果有時候你覺得這個世界變得越來越 gay，也不能怪你。

一場二〇二〇年進行的蓋洛普民意調查（Gallup poll）發現：

美國 Z 世代的成年人（即在二〇二〇年，年紀界於 18 到 23 歲的人）中有六分之一的人認為自己不是異性戀[31]，幾乎占了 16%；就在五年前，Y 世代（millennials，又稱千禧世代）才以 7% 的比例，被稱為有史以來最多 LGBTQ 的世代。[32] 在二〇二〇年的這場調查中，約有 5.6% 的美國成年人自稱是「字母幫派」的一員（LGBTQIA+），只比二〇一七年的調查數據上升了一個多百分點；而在 Z 世代成年人中，有超過十分之一的人自我認同為雙性戀。

數量真驚人……這可不是小事。我們也要考慮到雙性戀者（尤其是男雙性戀）通常比較少出櫃或公開表現出酷兒的身分，我們不禁好奇有多少雙性戀者，在蓋洛普民意調查中猶豫掙扎後選擇了異性戀的身分。

然而，我們無從得知這個現象是因為現在真的比五十年前有更多的酷兒，還是因為現在的酷兒可能更傾向於認識並表達自己的傾向。有鑑於人類歷史上對於性行為、性傾向和性別角色的期望和規定如此多樣豐富，我將票投給後者！無論酷兒是否能公開表示或表現出自己的身分，也許……眾多物種裡有很大部分一直挺「酷兒」的。

當然，酷兒不只和「性傾向」有關。用現代的說法，酷兒也涉及「生理性別」和「心理性別認同」。但別擔心：我們也可以打破這個二元論。

第三章
到底有多少種性別？

黏菌、獅虎和會唱歌的鳥將幫助我們了解生物性別的複雜性。

如果《海底總動員》符合科學的話，首先角色要先變性。所有小丑魚生來都是雄性，但其中有些魚有幸變成雌性。欸讀者們，我不是在仇男啊，在小丑魚的世界裡當女生是件好事，因為女孩主掌著一切。伊利諾大學（University of Illinois）二〇一九年的一項研究發現，兩隻公小丑魚單獨放在一起時，牠們會打架，而獲勝的魚會發育成雌性，這樣這對小丑魚就可以交配了。[1]

一般來說，一母一公的小丑魚會在帶刺的海葵內同居以尋求保護——牠們對海葵的刺絲胞有免疫力，就像《海底總動員》裡演的一樣。如果其他母小丑魚出現的話，體型最大的母魚會戰鬥並驅趕其他母魚。任何加入隊伍的其他公魚都會只是閒逛游蕩，而不會嘗試交配。另外，公魚還會等待領頭的母魚死亡，這樣牠們就有變性的機會（母魚負責保護海葵的所有工作，避免海葵被外來掠食者侵害，所以母魚死亡是有可能的）。如果附近只有一隻母小丑魚，她的伴侶在她死後就會改變性別，並和附近第二大的公魚同居。

根據二〇一九年伊利諾大學的研究，性別轉變的過程從大腦開始。

兩個性別的小丑魚在視前區（preoptic area，調節性器官的區域）具有顯著差異。一旦公魚確立了統治地位，它就開始變得「像女生一樣」（寫作「女生」，讀作「大姊大」！）。在接下來的數週至數月，公魚的視前區會逐漸發生變化；六個月後，雖然尚未發育出母魚的性器官，但這隻「公魚」的大腦會變得和可生育的母魚一樣，性器官則是需要數月或數年的時間才能發育出來。

所以，沒錯。如果《海底總動員》有依據正確的生物學，尼莫的爸爸馬林會立即改掉膽小的個性，成為 # 女強人，並完成完整的性別轉變。不幸的是，除非有另一條公小丑魚，在尼莫成熟之前碰巧在海葵附近徘徊，否則生物的自然法則會規定尼莫不僅要保持雄性身分，而且會跟他的「媽媽」交配。總而言之，迪士尼編劇決定在電影上做出偏離科學的決策也算是情有可原。別擔心，小丑魚可遠遠不是唯一會讓「性二元論」害臊臉紅的生物。

各種點點、黏黏的生物

二〇一九年，我在 Twitter 上發現了一些可疑的內容，是一篇路透社的文章，講述了巴黎一家動物園所謂的「神祕新居民」：這一團變形生物擁有 720 種性別；同時表現出真菌和動物的特徵。我當時在《科技新時代》上寫道：「我不理解，因為這團東西一點也不神祕。照片清楚顯示那就是種黏菌（slime mold），甚至照片下面的文字說明都指出這是多頭絨泡黏菌（Physarum polycephalum），根本不是什麼新黏菌。實際上，多頭絨泡黏菌是所有黏菌中最普通的。」[2] 我可

是為各種性複雜的變形生物發聲的死忠代言人，看到那篇文章感到特別被冒犯。

這裡就不讓你們看有關黏菌的整篇論文了。簡單來說，多頭絨泡黏菌其實不是真菌，而是原生生物，不過牠們和原生生物界中的其他成員幾乎沒有什麼共同點（原生生物通常都有種「各種分類不了的怪東西」的感覺）。嚴格上來說，黏菌是單細胞生物，但牠們可以交配，並形成稱作「癒原蟲」（plasmodium）的同步菌落，所有的細胞核都會和諧地泡在一個巨大的細胞內基質中，如果被切開來，這些基質會重新聚集在一起。這些多頭絨泡黏菌可以同步移動、狩獵和覓食，癒原蟲沒有中樞神經系統，但似乎能夠學習並調整自己的行為以適應環境。

牠們也有數百種性別。

生理性別（sex）本質上來說只是一個分類，決定了你如何為物種的繁殖過程做出貢獻。對於像黏菌這樣簡單的生物體來說，「性別」指的是黏菌製造出的細胞類型，這些細胞的目的是和其他細胞結合形成合子（zygote）。黏菌將繁殖孢子釋放到空氣中時，會發出具有三個可變基因的性細胞。但對於這些黏糊糊的小傢伙來說，只擁有三種性別就太嫩了：三個基因中的每一個基因都有一大堆略微不同的變體，而且每個成熟的黏菌個體攜帶的三個基因又會有兩個版本。黏菌沒有所謂的「異性」，每個個體都可以與 700 多個除了自身以外的性別結合，真難以置信！

不過和裂褶菌（Splitgill mushroom）相比，黏菌根本不算什麼。裂褶菌是一種會侵蝕腐爛木材的黴菌。這些黴菌在控制其配子的 DNA 中具有許多潛在變異點，因此牠們有超過 23,000 種不同的性別。[3]

自由的鳥兒

雞是個簡單的生物，對吧？不，並不是。就性發育（sexual development）而言，雞是個非常複雜的生物。你肯定不知道你看過的每隻母雞都處於邊緣狀態。她藏著一個祕密：可以變成男性的能力。

雞之所以能產下這麼多的蛋，全靠一個有功能的卵巢（確切地說是左邊的卵巢）。在雞的胚胎發育過程中，它的性器官充滿可能性，有可能會成長為任何一種類型的性腺（gonads），這在動物界中很常見。不知道為什麼，在母雞被孵化之前，通常只有左邊那個性腺會長成卵巢。右邊的性腺往往處在模稜兩可的狀態，在未來可以啟動這個性腺的「多重結局冒險」。

如果某種疾病或創傷損害了可靠的左卵巢，右卵巢就會醒過來，但不一定是作為產卵的備用卵巢。性腺受損可能導致雌激素下降，以及雄激素上升，這可能會觸發右側性腺發育成卵睪（ovotestis）。卵睪是一個雌雄同體的器官，但在這情況下，它的作用就像睪丸，而這隻雞的雄激素水平會上升。[4]

在這個過程中，母雞的外表和行為將越來越像公雞；下巴下方會長出肉垂，小小的頭上會長出雞冠，還會開始昂首闊步、大驚小怪地啼叫，她也會停止下蛋。

似乎只有出生的時候是母雞，才有可能出現這種現象，並且不太可能真的產出精子當爸爸。有些養雞專家有聽說過，母雞轉性後有產出精子，或者公雞變成母雞還下了蛋的情況。[5] 不知道為什麼這些奇怪的事件還沒被好好研究，所以這種轉變機制的速度以及其生殖影響尚未明朗。

活著、笑著、戴著假陰莖

　　如果鬣狗不是性向流動的動物，那它八成連動物都不是了。我們都知道你只想聽我講鬣狗的假陰莖，這裡的重點比較是「性發育比學校教的更爲複雜」，而不是「哇靠，鬣狗有夠 gay 的，讚喔。」應該啦，我也不知道，我又不是你爸，你想要的話也可以不同意我的觀點。寫書已經很難了，更何況我還要從大自然中泥土、骨頭和令人費解的生殖器裡，描繪出一系列的主題。

　　我們有理由相信，人類有很長一段時間都以爲鬣狗是雌雄同體，也就是同時具有男性和女性的身體特徵，甚至能夠隨意變換性別。西元前六世紀的《伊索寓言》（Aesop's Fables）中就有兩則故事，以鬣狗每年的性別變化作爲情節。第一個故事中，有隻沒禮貌的公鬣狗騷擾了一隻母鬣狗，她因此警告他，到了明年她就會和他交換位置，到時候就輪到他受欺侮了。在另一則故事中，公狐狸拒絕了母鬣狗的求愛，不是因爲牠們是兩個不同的物種，而是因爲她可能會突然改變性別。[6] 在西元一世紀，奧維德（Ovid）和老普林尼（Pliny the Elder）都評論過鬣狗的奇異本性。奧維德在《變形記》（The Metamorphoses）中寫道：「我們對可以轉換功能的鬣狗感到驚奇，一隻母鬣狗被公鬣狗從後面抓住，但一瞬間後她就變成了雄性。」老普林尼則聲稱鬣狗是狼和狗的雜交種（不正確），無法彎曲脖子（怎麼得出這個結論的？），可以模仿人類的聲音（算是吧，但不是他想的那種模仿）；會呼叫人類的名字，被叫的人會因此死亡（lol），能使其他動物變成啞巴或癱瘓（聽起來很酷但是錯了）。這也呼應了《伊索

寓言》裡鬣狗每年變性的概念。據說亞里斯多德（Aristotle）並不同意這種說法，可見即使在古代世界，也不是所有人都接受這個錯誤訊息。但是直到十九世紀末，英國解剖學家莫里森・沃森（Morrison Watson）才正式推翻這個假設，甚至至今仍然還是會有外行人相信這個神話。

著名生物學家史蒂芬・古爾德（Stephen Jay Gould）在一九八一年的論文中稱「指控鬣狗是雌雄同體」是「最刻薄的閹割」。[7] 古爾德甚至覺得說「鬣狗是雌雄同體」比說「鬣狗比較喜歡腐爛的肉，而且會不停狼吞虎嚥，吃到同時大便跟嘔吐為止。」還更刻薄。我想這也反映了一九八〇年代生物學的狀況吧。

好吧，但是為什麼鬣狗會引起性別混淆呢？這是因為母鬣狗有陰莖[8]，算是啦。絕對有生物學家會因為我把母鬣狗身上的附肢稱為「陰莖」，而痛恨我和我的祖宗十八代，但反正我不是來這裡賣弄生物學知識的。母鬣狗有雞雞、肉棒、大屌、小弟弟、老二、懶覺⋯⋯我可以講三天三夜。

以生殖過程中扮演的角色而言，功能上為「女性」的個體，具有類似陰莖的突起時，這些器官通常被稱為假陰莖。這是因為這些假陰莖只是看起來像一個在生殖意義上功能齊全的陰莖；有些人類會使用增大的陰蒂來進行插入式性交，當然，你可以將其重新命名為陰莖，尤其是這對你來說很重要的話。但這個器官無法射精，而且也無法排出尿液。不過就斑鬣狗（spotted hyena，學名 Crocuta crocuta）而言，雖然這個看起來像陰莖的器官，無法為精子提供出遊路線，但它對於交配行為和繁殖過程絕對至關重要（而且它可以用來尿尿喔）。

第三章：到底有多少種性別？　059

斑鬣狗沒有外部陰道口，牠們必須透過其巨大的陰蒂排尿、性交和分娩，陰蒂勃起時的大小和形狀與公鬣狗的陰莖幾乎沒有區別。母鬣狗甚至看起來像有一對睪丸，實際上只是一對相當豐滿的陰唇接合在一起。母鬣狗還很常自豪地一邊勃起一邊走來走去，因為勃起實際上是一種服從的表現，代表她們服從於群體中掌握最高權力的母鬣狗。[9] 而且母鬣狗比公鬣狗體型更大、更具攻擊性，因此不意外地她們是掌握一切的頭頭。

可以想像，鬣狗的「性」非常複雜。當母鬣狗配合性交，且假陰莖處於鬆弛的時候，公鬣狗就可以將自己的陰莖，滑入她的「陰莖」。萬用性交管有個很酷的特點，性交後只要排尿就很可能會沖走所有精子，畢竟都是透過同一個孔洞，這使得母斑鬣狗比雄性掌握更大的權力。

不用我多說，分娩是件可怕的事。鬣狗幼崽出生時就全副武裝、長著牙齒、充滿戰鬥力，這代表鬣狗媽媽需要從軟弱鬆弛的生殖器中，擠出 3 磅重且動來動去的幼崽。許多母鬣狗在產下第一個孩子時，自己或幼崽在過程中死亡，有時兩者都無法存活。這是因為離開子宮的路線又長又彎曲，而且假陰莖還沒有被前面的幼崽拉伸開來。

沒有人知道為什麼斑鬣狗會這樣演化。這樣的生理機制顯然有其缺點，但這些假陰莖有可能是「戰性別」的極端結果：如果雌性有能力支配該物種的雄性，並在性行為中主導控制，那麼她們就更有可能生存並生育後代。「透過狹窄管道分娩」這件事則是用來提醒我們，「物種的演化」沒有考慮任何個體的感受，許多自然選擇的結果在給予優勢的同時，也帶來了意外的災難。

唱出不同的曲調

如果生理性別的定義，是依據身體的特定細胞和部位，在繁殖中有什麼功用，那麼白喉帶鵐（Zonotrichia albicollis）就是一種有四種性別的鳥。伊萊納・瑪麗・塔特爾（Elaina M. Tuttle）領導的研究人員對白喉帶鵐進行了約二十五年的實地研究，並於二〇一六年在《當代生物學》（Current Biology）上發表了大量的基因組數據。[10] 在一方面，塔特爾的研究非常簡單：識別和白喉帶鵐顏色相關的基因。白喉帶鵐有白色和棕褐色兩種變體，但是他們也發現顏色變體並不是只取決於隨機的 DNA 片段，而是由「超基因」（supergene）劃分。超基因是一組超過 1,100 個基因的組合，在兩種顏色鳥類的 DNA 裡都會完整出現，但是顛倒過來。[11] 白喉帶鵐的性染色體就好像有人從白色鳥身上切下一段基因，水平翻轉又上下顛倒後放入棕褐色的鳥身上。

這樣的翻轉在交配上有重大的意義。為了成功繁殖，白喉帶鵐不僅要找異性的同類，還必須找到具有相反超基因的異性。這非常有趣，尤其是因為這兩種變體通常有不同的社會特徵：白鳥唱歌優美、放蕩不羈且具有攻擊性，很少照顧後代；棕褐色的鳥往往唱歌不太好聽、具保護性、採單一配偶制，非常關心幼鳥。

塔特爾的團隊發現，這些染色體上的突變，比 DNA 其他地方的基因突變積累得更快，也就增加了白喉帶鵐與相反表型（the opposite morth）的同類交配的需求。這聽起來不就像是新種類的性別嗎？就好像白喉帶鵐其實有四種性別，而每種性別只能與其他三種性別中的一種交配。

這聽起來可能很瘋狂，但科學家認為人類的 XX 和 XY 染色體的演化方式基本上就是如此。所謂的「生理性別」到底是什麼？即使經過數百萬年的演化，仍然相當複雜。

人類

雖然 3,000 名嬰兒中有 2,999 名嬰兒出生時沒有牙齒，但幸運的第 3,000 名嬰兒出生時會長出一些看起來有點詭異的牙齒。無法否認，出生就有牙齒的新生兒（請注意，只有少數）與「普通」嬰兒不同，但這種小怪異並不會動搖人類對嬰兒或牙齒的理解。出生有牙齒只是偶爾會發生的事情，不過這提醒了我們，現在對人類來說是正常的事情，或許並不總是如此。有些文化將出生有牙齒視為好運或壞運，但對於更常見的變異，例如眼睛或頭髮的顏色，也是同樣的道理。[12] 目前科學界對於性別發育變異的了解，並沒有如同前述例子明朗，二〇〇〇年的一項學術評論估計，性別變異可能會影響 1% 至 2% 的新生兒[13]，其他研究估計的數字更低，這代表「與傳統二元性別不同的變異」較為罕見，約每 5,000 個嬰兒會出現一個，但並不是超級稀有罕見。[14]

學校或是其他地方應該都是這樣教你的：媽媽有兩條 X 染色體，她給了你其中一條，爸爸則給了你一條 X 或一條 Y，後者決定了你會在媽媽肚子裡是長出陰莖還是陰道。有時，XY 胚胎可能會在發育過程中丟失其 Y（就像生物文件損壞），導致體內出現各種不同狀態的性別細胞混合，進而導致身體標準構造的各種型態變化。有時，額外

的 X 會跟過來，導致嬰兒具有 XXY、XXXY 甚至 XXXXY 的染色體，這些人可能會「正常」地發育，也可能會出現不孕症或缺乏「男性」身體特徵（例如面部毛髮的生長）。有時，兩條 X 染色體中的一條會意外地拉上一些 Y 染色體。有時，就只有一條 X 染色體，其他人都曠課沒來。

就算整個 XY 或 XX 的發育順利地進行，性別差異的出現也並不是非常罕見。有時，胎兒身體上照理來說會發育成生殖器的部分，由於未知的原因沒能完全發育成熟，導致細胞可能在不同程度上，無法利用和生理性別對應的激素，進而讓正在發育的身體以意想不到的方式成型，器官甚至可能根本無法產生任何性荷爾蒙。

性發育的各種變異不只這些，這些變異都有在多名患者身上有所紀錄，只有其中一些人的健康因此面臨風險。重點是，「生理性別」的發育比我們許多人在學校學到的要複雜得多。而且就算你的染色體與生殖器官相匹配，還是可能因為錯誤的二元論而遇到一些麻煩。

我最近發現自己的身體正在上演一場小小的性革命：我產生「太多」的「男性」激素，所以身體沒有按照「應該」的方式運作。多囊性卵巢症候群（PCOS）並不是一種雙性人（intersex）的病症，但確實給人一些思考的機會。

美國生育年齡的女性中，有 6% 到 12% 的人卵巢會產生比一般情況更多的卵泡（卵子應該每月左右排出一次）。這些卵泡會產生雄性激素，這是一種與男性身體特徵相關的激素，導致一些患有多囊性卵巢症候群的人體內攜帶比正常人更多的雄性激素。多囊性卵巢症候群最為人所知的影響就是導致不孕，因為荷爾蒙失衡和卵巢功能不規律

會導致患者無法按照正常速度排卵。但也有其他人們了解甚少的症狀：疲勞、發炎、罹患糖尿病的高風險（想當然，此症狀受到最多關注）、腹部脂肪增加以及「男性」毛髮生長模式（即頭髮脫落和其他部位的毛髮增加）。

被診斷出 PCOS 令人沮喪，主要是因為缺乏研究支持相關治療方式的醫療共識（注意：如果醫生告訴你要進行低碳水化合物飲食，這是過時的狗屁話，只會讓你心情很差想殺人）。但這也讓我想知道：這是否就是我逐漸將自己視為「女人」的原因？就好像那些只在復活節和聖誕節去彌撒的人認為自己是「天主教徒」一樣嗎？簡短的答案是：「誰知道呢？」許多男性、女性和非二元性別的人，雄性激素或睪固酮水平高低，沒有影響他們的身分轉變。荷爾蒙並不決定生理性別、心理性別或性傾向。有一些小型研究表示，患有多囊性卵巢症候群會使患者更有可能性別重置（transition）為男性，但其他研究未能支持兩者關聯。[15] 不過，這代表研究人員想探討這個議題。

有些多囊性卵巢症候群患者，確實認為自己是雙性人，可能是因為症狀很嚴重，或是被診斷為無可置疑的雙性人病症，又或者只是個人偏好。我沒有這樣做，因為我的症狀並沒有涉及染色體或生殖器變化，因此沒有被高程度地醫學化、汙名化或異常化，而且我的荷爾蒙「失調」非常輕微，沒有醫療專業人員會質疑我的性別。

但這確實堅定了我的信念：將人類性別套上嚴格的二元論，充其量只是浪費時間。如果全球女性人口中高達 20% 只是因為多囊性卵巢症候群，而有「異常」的性激素，那麼「正常」的性激素到底能有多正常呢？[16]

我們知道的比想像的少

醫療機構一直在努力定義「正常」的男性和女性身體。就在一九九九年,《小兒科雜誌》(Journal of Pediatrics)發表了一項非常嚴肅的研究,探討陰莖異常小的嬰兒,是否應該要作為女孩養育。[17](值得慶幸的是,即使是那些研究作者也得出結論,至少鑑於缺乏長期結果的研究,還是先不要比較好。)順帶一提,有人對於陰蒂特別大的嬰兒也有提出類似的論點,不過不是把她們當作男孩養育,而是割除這個充滿神經末梢的部位,原因就只是因為這些大人看到大陰蒂覺得尷尬。[18] 一九九九年有關嬰兒陰莖過小的研究中,作者在「支持當成女孩養育」的論點裡,提到了心理學家約翰・曼尼(John Money)的研究。並引用了他的研究,但這個引用反映了很多問題。

在一九六〇年代末,7個月大的雙胞胎男孩布魯斯・利馬(Bruce Reimer)和布萊恩・利馬(Brian Reimer)因為包皮妨礙排尿,而要進行包皮切割手術。醫生對布魯斯使用電燒的手法,試圖燒掉部分包皮,與其他大多數的人進行這種精細的手術大相逕庭,手術的結果導致布魯斯的陰莖大部分受損且無法修復。利馬一家人理所當然對這可能影響孩子一生的情況感到憂心如焚,最後他們聽說了心理學家約翰・曼尼的性別研究,並尋求他的幫助。[19]

某個角度來說,曼尼對性別的看法在當時是相當進步的:他認為性別認同幾乎完全基於社會制約,擁有任何染色體的人,都會屈服於施加在他們身上的壓力而採取「男性」和「女性」的行為。

現代版的「性別是一種社會建構」概念，鼓勵心理專業人士帶領孩子以不帶偏見及批判的方式，探索自己的身分流動，但曼尼的做法卻恰恰相反。利馬家的雙胞胎提供了完美的實驗素材，他說服雙胞胎的父母將布魯斯當作女孩撫養[20]，把他的名字改成了布蘭達（Brenda）；布魯斯接受了陰道成形術，並搭配荷爾蒙療法，賦予他女性的第二性徵。在十幾歲之前，曼尼會讓布魯斯和弟弟一起接受「性別重置療法」（gender affirming therapy）。根據雙胞胎後來的說法，「性別重置療法」涉及性虐待，例如曼尼會強迫兄弟倆在他面前脫衣服，並模擬異性之間的性交等行為。[21]

你應該有注意到我自始至終都使用男性代名詞「他」，這並不是一個錯誤。大約在14歲時，「布蘭達」越發憂鬱，並反抗了他被指定的性別認同，以及曼尼提供的治療。當父母告訴他真相後，布魯斯擺脫了所有女性氣質的束縛，為自己選擇了「大衛」（David）這個名字，並開始消除那些影響他童年的各種手術、化學治療和精神干預。大衛最終於二○○四年結束了自己的生命。[22]

與此同時，曼尼和他的同僚對其他無數個嬰兒進行了類似的手術，這種研究到了一九九九年仍然被引用在期刊中。曼尼「性別由你決定」的論點中有一部分是這樣的觀念：對於一個出生時明顯是雙性的孩子，也就是外生殖器不符合男性或女性的標準模式時，我們不應該依據他們醫學上「真正」性別的結論來對待他們，也不應該給予孩子時間和空間來自己弄清楚。曼尼認為父母和醫生應該立即選擇孩子更容易表現出的性別。如果事實正如曼尼所言，作為女孩長大的孩子會很高興自然地認為自己是女孩，那麼要讓一個出生時性別模糊的孩子幸福

快樂，最好方法就是切掉任何看起來不像陰道和陰蒂的東西，然後把他們放在育嬰室裡，蓋上粉紅色毯子就可以了，即使他們出生時除了卵巢和子宮之外還有睪丸，或者可能只有睪丸而沒有卵巢和子宮。從一九六〇年代開始，這樣的邏輯讓嬰兒經歷手術以糾正「錯誤」，所謂的錯誤包含特別大的陰蒂或特別小的陰莖。因為當時人們的想法是：只要你在性別上有任何模糊空間（這裡所謂的性別也只是你在插入式性交扮演的角色罷了），那就不可能在社會中正常生活。[23]

就算你出生時的性別明確，性別認同也與生理性別相符，這種思維也會對你產生負面影響。要知道：在一個白人至上的社會中，即使是白人，也可能因為頭髮質地、面部特徵或體型和白人主義的理想不相符而受苦；一個強加嚴格性別二元論的社會也是如此，這樣的社會不只對雙性人、性別流動者和跨性別者不友善，這些界線和框架會讓所有人都更難接受自己的身體以及身體想做的事。無論是因為外在器官比平均值更大或更小，還是因為擁有太「粗曠」的身材或太「柔美」的臉，或者因為擁有「太多」還是「太少」荷爾蒙，如果你因此被醫療化（medicalized）或是感到不如他人，要明白，努力解放受到性別二元制度壓迫的人，將使你的生活也變得更好。我希望這不是你為他人的身體自主權奮鬥的唯一原因，但是嘛，就當作值得思考的想法吧。

豐富多元的性別

生理性別很複雜，對吧？而心理上的性別認同也很複雜。但我們可以安全地假設，性別通常是以男性和女性作為基礎（兩種性別注定

要在一起），因為這是大多數人所接受的教育。幸運的是，許多文化有著完全不同的性別世界。

在阿爾巴尼亞（Albania），越來越少生理性別為女性的人，選擇成為「女漢子」（burrnesha），即宣誓為處女。[24] 一本十五世紀寫的法典賦予女性擁有和男性一樣的穿著、舉止、工作和繼承財產的權利，前提是她們宣誓守貞。十九世紀和二十世紀，在英國殖民南亞一帶地區之前，一種被稱為「海吉拉（hijras）」的第三性別文化，已有數百年蓬勃發展的歷史。(有時在印度教社區被視為具有神祕的力量) 海吉拉出生時被指定為男性，但時常表現出女性氣質相關的特徵。[25] 在英國殖民統治之下的歧視延續了一百多年後，直到二十一世紀，印度、尼泊爾和孟加拉才正式承認第三個性別類別。

追溯到殖民時代之前的烏干達，蘭戈人（the Lango people）有 mudoko dako 這個性別，她們出生時被指定為男性，但成年後卻以女性身分生活。她們可以和男人結婚，不會被批判或懲罰。

夏威夷原住民和大溪地文化在歷史上都有「māhū」這個性別，māhū 在出生時被指定為男性，但是身分認同介於男性和女性之間。不幸的是，由於殖民者在島上強加了外來的性別規範，māhū 原本在社會中受人尊敬的地位遭受動搖。這種殖民影響（包括來自美國的影響)持續對夏威夷的性別包容文化（gender tolerance）產生負面影響。[26]

出生時被指定為男性，但以女性、男同性戀者或非二元第三性別身分生活的薩摩亞人稱為「法法菲內」（fa'afafine），而出生時被指定為女性，但以男性、女同性戀或非二元身分生活的薩摩亞人則是「法法塔馬」（fa'afatama）。[27] 這些薩摩亞人中有些人認同「跨性別」

（transgender）一詞，有些人則不認同；薩摩亞文化已經給他們起了一個名字，和「跨性別」不同的是，這個名詞並不意味這些人改變了自己的一部分。

在北美原住民族中，對於 3 種以上性別認同的理解和描述非常普遍，如此普遍廣泛以至於一群部落代表在一九九〇年投票決定採用「雙靈」（two-spirit）一詞作為總稱。[28] 之所以選出一個概括性的總稱，並不是因為眾多部落文化中的千萬種性別認同都相同，而是藉此彰顯所有部落都受到美國法律和歐洲文化的強勢威脅這一事實。[29]

「性別」將何去何從？

如果你認為自己是某一種性別的終身會員，我並不是想剝奪你身為男性或女性的身分。如果你的 DNA 上堅定而明確地屬於男性或女性，那也沒關係，老兄（或老姊），不會有人告訴你不可以這樣。

我甚至認為，即使是主張「性別是一個光譜，而不是二元論」這一觀點的生物學家都會同意：許多（或是大多數）的人類明確地落在光譜中的某一端。否則，性和性別的二元論也不會這麼蓬勃發展，並如此氾濫地蔓延叢生。

但二元論確實已經過度氾濫；許多可以套上男性或女性身分的人類，也不完全符合那個性別身分，甚至即使是從純粹的生理角度來看，光譜也是多樣的。有些人的染色體比 XX 或 XY 更複雜；有些人的身體不會產生與性染色體相符合的荷爾蒙；有些人的身體不會發育成某個性別中典型的樣貌。如果我們的性別最終是取決於人們生來在繁殖行為中扮演的角色，那有很多人沒有能力扮演任一角色。

即使男性和女性的界線真實存在，我們也能意識到，許多落在界線之外的人，不管是在兩者中間、偏右邊一點、還是遠到天邊，他們都並不只是界線之外的意外。仔細觀察就會發現，「生理性別」並不是唯一一個極其複雜的生物學差異，在討論其它生物學差異時，我們也遇過一樣的狀況。

請想一下：「物種」的定義是什麼？學校是怎麼教的？是不是「一群能夠相互繁殖的動物」？狗不能和貓生小孩，所以狗和貓是兩個不同的物種。嗯，這很符合邏輯！但這也是錯的。

當然，在上述的定義下，騾子是一個麻煩的例外：牠們是馬和驢子之間「邪惡變態的結合」後而誕生的生物。但等等，我聽到你說這問題很好解決啊！同個物種內的成員必須能夠繁殖出具有繁衍能力的後代，對吧？但是抱歉，母獅虎（ligers，獅虎是種特別的動物，它是公獅和母虎的後代，跟虎獅不一樣，虎獅是母獅跟公虎的後代）通常可以與獅子生下孩子，而母虎獅則可以與公老虎生下後代。如果這個例子說服力不夠，請記得我們自己的祖先，就是和其他物種雜交，並產生了後代，而且這些後代活了下來，繼續傳承了這個故事（我！就是我！我就是那個正講述故事的後代，雖然其實基因測試報告說，我身上尼安德塔人 DNA 的比例相對較低，害我覺得有點失望。不過我還是默默希望有另一項測驗會發現我有很多丹尼索瓦人的基因，或者其他更奇怪的東西，那就更棒了）。

這足以打破我們長期以來對物種的概念，但接下來事情會變得更奇怪。鈍口螈屬（Ambystoma）中有幾個「物種」，數百萬年來一直都只有雌性的。[30] 但她們並不依賴無性分裂這種普通無奇的繁衍方式。

這些蠑螈小姐的共同點是她們的粒線體 DNA，粒線體 DNA 會在沒有任何父系 DNA 加入的情況下傳遞給後代。這些母蠑螈會跟同屬其他物種的雄性交配以收集各種基因，她們繁衍後代的時候，會使用雄性基因的某些組合，或完全不用。研究發現，這樣的繁衍有時可以在完全不受外來影響的情況下延續數百萬年，但這些媽媽們隨時可以用偷來的 DNA 來改變情況。母蠑螈甚至可以遺傳多達 5 種不同男性基因的組合，並且完全不加入自己的基因，只傳遞粒線體 DNA。這些粒線體 DNA 使這個「物種」成為一個可識別的家族。

這種繁殖方法稱為「盜癖生殖（kleptogenesis）」，是你今天學到最酷的新單字。盜癖生殖導致「物種」只由 DNA 中最微小的共享部分來定義，並且常常與「其他物種」交媾。[31]

我們在學校學到的物種定義，似乎是顯而易見且正確真實，因為大多時候，這個定義都沒問題。要想出一個新的替代方案實在令人眼花撩亂，甚至有點可怕。我敢說此時此刻，各個學科的各位科學家正在為這個難題而感到焦躁不安。對於打破簡單規則的「例外」，要舉白旗假裝沒看到很容易，但這並不能改變規則已經被打破的事實，而且將來會繼續被打破，因為規則並非一個普世適用的真理。

人類總喜歡在事物周圍畫方框，我們喜歡創造類別，這是很自然的。我們能夠將 A 與 B 歸類在一起，然後將兩者和 C 區分開來，這有助於我們的祖先快速決定：要面對還是躲避某些動物、植物和環境危害。但現在我們越來越清楚，倉促制定的許多類別並沒有反映出大自然混亂的現實。這不代表我們要開始假裝獅子跟老虎是一樣的

物種，當然也不代表黑猩猩會開始與袋鼠交配。**框架不用被摧毀，但是它可以成長、改變、融合和轉變。**

二元性別也是如此：人類想出的這兩個性別類別，本質上並不是錯誤的，只是不夠全面。這些界線比人類以往想像的更加模糊。「性」就像人性的許多方面一樣，大部分歷史中的人們都希望可以掌握它，但它卻永遠更複雜得多。這不一定是件很可怕的事，也不必很激進，你不一定要改變看待自己的方式。但是，如果你覺得「性別的概念被社會過度簡化」的主張不符合科學，那麼我必須講白，你從來沒有了解科學的運作方式。

第四章
我們是怎麼「做」的？

> 人類的表親倭黑猩猩（bonobos）展示了更好的生活方式，
> 而青少年清教徒則會同床共眠。

大約在二〇〇〇年的時候，我在八卦小報中看到了一位流行歌手的採訪，那個歌手要嘛是紅粉佳人（Pink）、要嘛是關·史蒂芬妮（Gwen Stefani），不然就是菲姬（Fergie），我懶得去找資料查清楚是哪一個人。反正這位女歌手講述了她的戀愛史，然後我記得有個人說她是「連續式單配偶制者（serial monogamist）」。（我不太記得是脫口秀主持人說的，還是從我背後看小報的某個大人說的）總之，這個詞讓我印象非常深刻。我是在福音派（evangelical）主日學校長大的，對單配偶制（monogamy）的概念不熟悉，我只知道每個人應該要選擇一個伴侶，然後永遠和那個伴侶在一起。

我最後並沒有婚前守貞，但是心中有數：雖然擁有一位婚前性伴侶算是可以原諒的缺陷，我仍應努力保守貞潔，盡可能減少一生中性伴侶的總數。但是就算在結婚之前都沒有性行為，教會還是會告訴我們：只要和未來丈夫以外的人，進行任何和交往沾得上邊的行為（像是接吻、調情、牽手、晚上在保齡球館內分享一盒起司薯條，並凝視

對方的眼睛），我將來作爲妻子能提供的婚姻愛情的神聖性都會因此被削弱（也許對我的青年事工更重要的是，這些行爲會讓人們覺得我是個淫蕩婊子）。

「一個人可以和不同的人建立伴侶關係」的想法當時令我很著迷。我突然意識到：就算你不嫁給第一個幫忙打手槍的對象，還是可以一定程度上尊重愛情和性事。

就我的教會而言，「連續式單配偶制者」的觀念是當代社會掉入道德敗壞泥沼的結果，更不用說完全不屬於一夫一妻制範圍的關係。一直有人告訴我，和固定一個人在一起，並保持陰道和陰莖的純潔忠貞，是文明社會的標誌，當然也是基督教社會的標誌。不以結婚爲前提的交往是一種新潮且罪惡的發明，而情境喜劇和尼克卡通頻道都美化了這種罪惡發明。教會的講道、研討會和敬拜音樂會，都在說服我們應該像超級龐克搖滾和反主流文化一樣，做出激進的決定並只在教會活動中追求未來的配偶。你能想像那種感覺嗎：在 13 歲的時候，意識到你的青年事工非常希望你能嫁給附近其中一位男生，就是他強迫你每週都要花時間相處的那幾個男孩（他還希望你趕快行動找到對象）。

但即使在大多數非宗教的圈子裡，人們仍然堅信現代約會的運作方式，以及隨之而來的「勾搭文化」（hookup culture），代表著某種新的潛在危險。某些方面來說，這可能是眞的。有關年輕人間隨意性行爲的研究資料顯示，雖然有許多人都享受其中，但也有許多人（尤其是女性）回報，他們對隨意的性行爲感到複雜或是負面的心情[1]，可能有部分是由於根深蒂固的羞恥感。不過，任何剛上大學的人都

知道，在個人界線和性慾方面，人們往往嚴重缺乏溝通，使得一夜情或隨意的性交流更可能讓人感到不舒服。

即便如此，有些人認為現在的浪漫關係已從「處男處女之間僅有一次的聯繫」變成「像衛生紙一樣易得易棄」，這樣的想法是有問題的。我們所知的「約會方式」可能是最近的發明，但是坦白說，我們所知的「婚姻」也是如此。人們的求愛方式發生過多次改變、演進和回溯反動，變動的次數跟我手機聯絡人裡的「丹尼」一樣多，不得不在名字上註記「丹尼（Dan OkCupid）」。

人類這個物種並非總是喜歡結婚。最早有紀錄的婚姻證據可以追溯到西元前二三五〇年左右，位置是在現在的敘利亞。[2] 我們不清楚為什麼第一批祖先開始結婚。一個主流的理論是，在基因檢測和節育問世之前，結婚這種安排是記錄親子關係最可靠的方式。當人類以家庭單位定居下來，並擁有土地和財產時，親子關係就開始變得重要。對於從事狩獵採集的祖先來說，繼承人是誰不太重要，但是農民和商人就不一樣了。

在此之前，孩子的爸爸是誰可能是沒什麼意義的問題。我們不確定史前社區是否有形成核心家庭（nuclear family）。一些研究顯示媽媽—爸爸—孩子的單位，有延伸到相關社群的跡象[3]；其他研究則顯示平等主義（egalitarian）群體的跡象，代表每個人會有不同的性伴侶，所有孩子皆由全體社群成員一起撫養長大。[4] 而且坦白說，史前時期持續了很長一段時間，地球又那麼大，所以又為什麼不可能兩者兼有呢？關鍵是，我們有證據顯示其他生活方式是可行的。

解決「誰是爸爸」難題的一種方法稱為分配式父親關係（partible paternity），也就是一個小孩可能是多個男人共同的後代。(在你嘲笑祖先之前，要知道，科學界對受孕的了解是最近才出現的，甚至晚到有點丟臉。我們將在後面的章節中詳細介紹這一點。但可以確定的是，無論你認為我們的祖先有多麼博大精深，他們幾百年前都可能以為人類精子會飄浮在風中，並為花朵授粉。）對南美洲低地 128 個社群 (亞馬遜河流域和加勒比海地區的原住民) 二〇一〇年進行的一項研究發現，其中約 70% 的人相信，與多個伴侶進行多次性行為，是造小孩的必要條件，或至少是有幫助的。[5]

　　具體細節各不相同，在某些文化中，人們認為嬰兒是由精子建造而成，就像 3D 列印機一樣（其實不久前，在很多地方都普遍有這樣的信念，稍後會更詳細說明)。這樣的理解前提下，女性必須在數月或數年的時間內獲得大量精子，才能成功造出一個孩子。而在某些文化中，雖然人們相信一個小孩可以有多個生父，但他們接受女性也可以只跟一個伴侶生孩子。即使是這些「只有一個生父」的孩子，在成長過程中也常常會有母親的其它情人扮演候補父親的角色，也許只是為了以防那些情人的精子可能也參與了小孩的生育。研究認為多一、兩個爸爸可以增加孩子的存活率，因為可以提供額外的食物和保護，這和祖母假說以及同性戀叔叔假設有著類似的邏輯，雖然說不是每個爸爸都有獲得明顯的遺傳好處。[6]

　　所以，我們知道在某些地方（通常是不同時代下），一個孩子有多個父親是很正常的。這使人們普遍認知中的「婚姻」的初始目標變得毫無意義。

此外，在其他文化中，至少在某種程度上，孩子沒有父親也很正常的。其中最著名的是中國的摩梭人，傳統上實行「走婚」制度，外界長期以來一直對此感到驚訝，有時曲解了這個習俗。[7]摩梭人是母系社會，通常女性親屬（例如母親、姐妹、女兒）會居住一起，所以男性伴侶通常留在自己母親的家中。一個常見的迷思是摩梭人採多配偶制，實際上大多數摩梭婦女都是採連續一夫一妻制。她們通常知道孩子的父親是誰，也鼓勵建立父子關係。但分手相當容易，雙方不再見面就是分手了，無論兩個人在一起多久、有多少小孩，典型父親的大部分職責，通常是由母親那方的男性親戚負責。許多年輕的摩梭人選擇融入漢族文化並搬到城市，因此還不清楚他們是否會堅定保留這種獨特的家庭結構。

接著是三個人以上的婚姻。多配偶制（polygamy）和一夫多妻制（polygyny）不同，後者專指一個男人娶多個妻子的做法。這個現象非常普遍，也難怪會幾乎成為主流（當然，一夫多妻制的家庭經常面臨汙名化的問題，甚至在很多國家都會受到法律懲罰，但一看HBO相關的連續劇，以及拍姊妹雙妻的真人實境秀，禁忌突然不那麼禁忌了）。一夫多妻制符合古老美索不達米亞的婚姻觀念：如果一個男人想確定他們生的孩子是他的，他就要「牢牢鎖定」小孩的準媽媽們。婚姻這種交易的歷史延續了數千年，以保證子嗣的血脈（或至少是更高的機率），來換取經濟支援。在這個範式中，不難理解為什麼那些口袋深的男人可能會想多投資幾個妻子。

另一方面，雖然一妻多夫制不太常見，但確實發生過。[8]「兄弟共妻制」（fraternal polyandry）指兄弟共有一個妻子，在某些情況下

具有特別的意義。例如，西藏人傳統上這樣做，是為了避免隨著世代的延續而分割家族的土地。一些原住民文化也實行一妻多夫制，例如位於內華達州中部、東部以及愛達荷州南部的休休尼人（Shoshoni），也許是為了集中資源並提高家族延續的可能性。[9] 世界各地的其他文化有時也接受讓沒有血緣關係的第二任丈夫成為第一任丈夫的「助手」，分擔家務勞動和狩獵採集。

我並不認同「從演化論來看，人類不應該採單一配偶制」的論點。按照同樣的邏輯，我小時候得500次咽喉炎，演化論上來說我早該死了。人類可以做遠古祖先沒有想到的事情；有時「自然」不一定比較好。不過還是值得一提：人類在動物界中最親近的動物親戚和摩梭人的做法相似，但是極端程度乘以一百。

人們常說黑猩猩（Chimp）是人類現存最接近的動物，也確實如此。但大多數人想到的是普通的黑猩猩（chimpanzee），這種黑猩猩是相當暴力的生物，符合我們根深蒂固的信念，即物種的「原始」暗流是兇猛且致命的。但實際上黑猩猩有兩種類型，兩者和人類的親緣關係一樣親近。

中非的倭黑猩猩（bonobo）經歷了大約一到兩百萬年的演化，牠們的棲息地和其它比較知名的黑猩猩種類以剛果河分界，行為也截然不同。首先，倭黑猩猩傾向母系社會，許多族群由一群具有長期社會連結的老年雌性所領導。族群中地位最高的雄性倭黑猩猩並不是因為力量凌駕其他雄性才站上頂峰。研究表明如果有暴力的雄性倭黑猩猩騷擾，常常會出現雌性「聯盟」以打倒暴力猩猩。[10] 一項研究發現和雌性建立友誼的雄性倭黑猩猩，會生下群體中絕大多數的後代。

賦予雄性倭黑猩猩地位的並非是男子氣概,而是它的母親。一項研究甚至發現,當兒子與當地雌性交配時,母親會看照兒子,在某些情況下,還會將潛在的雄性競爭者拖開。[11]

我想這裡的重點是,除了婚姻外有更好的方法,來追蹤誰該負責餵養哪些嬰兒。只要確定這個嬰兒值得養,後續都可以再討論。儘管如此,婚姻制度仍然存在,而且導致了一些非常愚蠢的傳統。

人類求偶儀式

有些歷史學家指出,古代斯巴達的新娘會在新婚之夜剃光頭並女扮男裝。[12] 部分專家(尤其是一九六〇年代的男性專家)似乎非常想證明古希臘同性戀的性行為完全不是同性戀,而他們認為斯巴達的這個傳統是為了讓丈夫輕鬆適應婚姻生活。幾乎所有男性斯巴達人都有參加斯巴達教育 agōgē,這是從幼兒時期開始的軍事教育,一直持續到 30 歲時才會正式獲得公民身分。斯巴達男人在 agōgē 期間(也包含 agōgē 結束之後,只要他們還能參加戰鬥)會和其他男性一起住在營房。如同你可能已經猜到的那樣,這導致社會一定程度上接受同性間的性行為。

也許新娘扮男裝是為了讓婚姻中的性行為,看起來更類似斯巴達男性已經習慣的同性性行為,或者只是為了溫和漸進式地引導他們和女性共度時光,畢竟他們可能從年幼時期開始就沒有和女性相處超過幾分鐘。一些歷史學家猜測,新娘剃光頭並穿上男性長袍,是為了讓丈夫在床上更舒服,但他也不能太舒服,別忘了男人還要繼續在

軍營度過大部分時間，直到他們退休或死亡。而婚姻是為了產出幾個孩子，據說之後配偶白天幾乎都不會見面。

但是「斯巴達男性的同性性行為」以及「女性的女扮男裝儀式」之間的因果關係純粹是猜測，女扮男裝也可能是一種更常見的文化習俗，可能是某種避邪的法術，為了要迷惑惡靈並阻止他們破壞大喜之日。有紀錄顯示阿爾戈斯（Argos）的婦女會在結婚前在臉上貼上假鬍鬚，也是出於類似的原因。另外，人們常說「伴娘」的起源是為了迷惑意圖不軌的鬼魂，雖然這方面的可靠資料基本上不存在。更有可能是伴娘穿著和新娘類似的服裝以混淆視聽，保護新娘不受更實際的威脅，例如被拒絕的追求者和敵對部落，但顯然「意圖不軌的鬼魂」比較吸睛，點閱率更高。

根據排名靠前的 Google 結果，以下的婚禮傳統可能原本是為了驅邪避災：

- ♥ 戴面紗
- ♥ 手捧鮮花
- ♥ 抱著新娘跨過門檻
- ♥ 踩碎玻璃杯
- ♥ 敲教堂鐘聲
- ♥ 用指甲花海娜（henna）畫畫

但這些儀式的真正起源大多仍不明，因為婚姻本身的起源相當模糊不清，更不用說有多複雜了，婚姻絕對不是突然出現在一個地方，然後直接擴散激增。許多人認為的婚禮「傳統」其實都源自於近代

歷史，例如，白色婚紗是在一八四〇年維多利亞女王穿上後流行。她穿白色婚紗很可能是為了可以彰顯財富和權力（因為大多數的人沒有機器可以讓白色布料看起來乾淨明亮）。許多受歐洲影響地區的新娘也紛紛效仿，維多利亞女王基本上就是當時最潮的明星。如今雖然大多數人都知道白色並不是全世界通用的婚禮顏色（紅色在印度和中國更受歡迎），但它仍然被認為是純潔的「傳統」標誌。在維多利亞女王改變時尚潮流之前，藍色一直是與女性美和貞潔最相關的顏色。其實藍色一直是新生女嬰穿著的流行顏色，而歷史上曾經最代表男性氣概的粉紅色，在一九五〇年莫名其妙地和藍色互換了代表性別。

我想表達的是，婚禮及其起源都不明確而且複雜。一方面，我希望這能讓你在策劃自己婚禮時不受傳統束縛、放飛創意。如果你把自己和配偶的文化背景，加上歷史研究攪拌一下，你就可以合理地女扮男裝、男扮女裝或是戴黑色面紗，而且絕對是「傳統」、「敬祖」、「不會讓家人感到丟臉」！當然，請不要挪用不是你自己的文化（只被說粗俗失禮就算你好運了。）

另一方面，選擇結婚的方式實在是太多太複雜了，以至於我無法在這本書中真正深入討論，而且婚禮本身跟「性」沒有太大關係，但新人在婚禮之前和之後做的事情就很有關係了。

快速總結一下，要記住所謂的傳統婚姻可能是出於相當無聊或噁心的原因而出現的，例如：第一、維持和積累財富，紀錄哪些孩子是你的。第二、不同的文化有不同的婚姻方式。第三、對你來說正常的事情對其他人來說可能不正常，也沒有證據表明核心家庭有特別深刻的演化起源。

不管你在了解這些資訊後，對婚姻有什麼看法，要慶幸人類在共同養育孩子方面，比其他生物的方式正常多了。

知難而退，蜘男不退

紅背蜘蛛（Latrodectus hasselti）像大多數澳洲野生動物一樣很可怕。它的毒性很強，又稱為澳洲黑寡婦。幸運的是，我們有抗蛇毒血清（antivenom）可以拯救你。可惜了解它如何交配後，沒有藥可以拯救你的心理創傷。

性食同類（sexual cannibalism）是指一方（幾乎總是雌性）在交配過程中某個時刻會傾向咀嚼另一方。這種情況存在的原因有一些爭論，可能有不只一種解釋。主流的理論認為，雖然雄性可能會因為被吃掉而錯過其它的交配機會，但願意成為一頓大餐會讓他的後代更有可能成功。為什麼要吃你爸爸？嘛……因為我要吃兩個人的飯啊！在某些物種中，攻擊性強的雌性可能本來就比較有機會生存並生下很多孩子，而這種攻擊性可能會以一些奇怪的方式表現出來（例如吃掉想上你的男生）。

無論是什麼導致紅背蜘蛛同類相食，該物種的雄性都有一種獨特的浮誇的戲劇天性。一旦騎上女生發射精液，他就會翻筋斗，讓下腹部暴露在體型更大的母蜘蛛嘴裡。[13] 目前科學界還不清楚蜘蛛女主角會哭喊幾次「不，我不能這樣做……可惡！」但大多數跳上餐桌的男主角如果交配後有活下來的話，也都活不了多久。

那為什麼要讓自己遭受性屠殺呢？對紅背蜘蛛來說，要找到交配對象不容易，因此雄性紅背蜘蛛在找到可以繁殖的對象之前，本來就面臨死亡的高風險，再加上反正你的女伴本來就有可能會想咬你一口，乾脆就上演壯烈的犧牲策略：站在最佳位置，性器官就位準備，然後為女主角提供蜘蛛屁股大餐，這樣她就不太可能會中斷你的精子噴射。如果你在看 Netflix 和放鬆之前給你的約會對象提供零食，他們就不太可能放棄你的親熱而去你的廚房裡翻找（或者吃掉你）。因此，這些自殺的翻筋斗蜘蛛就這麼誕生了。生物演化真是奇怪的東西呢。

有些蜘蛛試圖以其他方式來避免性食同類，例如雄性在交配之前可能會吐絲將雌性綁起來，或者送她結婚禮物（另一隻可以吃的蟲子），並祈禱她不會在性交過程中吃完然後要找新食物。

其他蜘蛛，如金黃園蛛（Argiope aurantia），也具有自我犧牲的精神，雖然方式沒有紅背蜘蛛那麼浮誇。金黃園蛛會用附器將精子推入母蜘蛛體內，這些附器看起來像拳擊手套。[14] 一旦插入這兩隻手套，公蜘蛛就……死了，這是基因預先編程。母蜘蛛可能會吃掉已故的伴侶（都死了就不要浪費），但他那充滿精液的小拳擊手套將仍然卡在她的生殖孔中，以確保精子能夠成功使其受孕，卡著的附器也讓其他的公蜘蛛更難和這隻吃飽飽的母蜘蛛交配。

動物界中最糟糕的同居男友

很久很久以前，科學家們感到疑惑，因為他們找不到雄性的鮟鱇魚（anglerfish）。從深海拖撈出來的似乎都是雌性。而且母鮟鱇魚

身上都沾滿了無法辨識的奇怪寄生蟲。最後科學家意識到這些所謂的寄生蟲其實就是該物種的雄性,兩個謎團都解開了,真是一舉兩得。

某些類型的鮟鱇魚一生只能交配一次,而且是以最糟糕的方式進行,展示了動物界中最為可怕的恐怖情人和關係成癮(code-pendency,也譯為互累症、共依存),至少我是希望沒有更可怕的例子了。雄性鮟鱇魚會咬住牠們選擇的配偶,將消化酶滲入傷口,然後將自己融入到對方的肉體中。雌性鮟鱇魚的身體提供了營養,讓她的「同居男友」勉強活著,但他會枯萎萎縮,直到只剩下一個裝著精子的袋子,跟著母魚拖曳於大海中。這不是誇飾,公鮟鱇魚真的就會變成一顆活著的精囊。

有些種類的雌性鮟鱇魚可以同時攜帶多達 8 個恐怖情人,並使用任何一個精子使卵子受精。這種怪誕的求愛方式很可能是因為深海空曠的空間而演化而來的。如果你是一條鮟鱇魚,遇到同類是一件很稀有的事,因此與其希望將來能遇到第二個伴侶,不如終身相依為命。要不然的話,你懂的,就只能繼續在單身公寓裡孤單地吃冰淇淋了。

鮟鱇魚交配時,牠們放棄的不只是濫交的可能性。一項二〇二〇年《科學》(Science)的研究發現,有些物種為了長久和多伴侶參與的交配模式,放棄了部分免疫系統。[15] 根據科學家有觀察到的基因來看,越接近鮟鱇魚這種「雌性終身與 8 個伴侶依附的狀態」,後天性免疫系統就越虛弱。[16] 虛弱的免疫系統肯定有助於永久植入配偶。畢竟,強大的後天性免疫系統一定會馬上抵抗這種類型的結合。

海豚雜技

如果科學論文討論物種性生活時說牠們的性行為「偏側且飛天」，你就知道這物種的床上運動是眞的反常。[17] 港灣鼠海豚（Phocoena phocoena）有點像一般海豚，棲息於大片海岸和河流中，是地球上最小的海洋哺乳動物之一，牠們的性姿勢非常奇怪（而且難以執行）。

研究人員在舊金山金門大橋觀察數十起交配行為，發現當雌性浮出水面呼吸時，雄性會衝向潛在的伴侶試圖與之交配。根據二〇一八年的研究，公的港灣鼠海豚總是從左側進入，而這種「性行為的極端偏側性（laterality）」尙未在任何鯨類動物中觀測到。

雄性還會「用力且高速」地接近，導致 69% 的交配嘗試中會出現「雄性飛天行為」。(嘿嘿）換句話說，雄性會等待雌性跳出水面，然後試著用陰莖鉤住她們，通常代表他們自己也要飛到空中。

港灣鼠海豚的交配方式可能特別驚奇，但鯨魚和海豚的性生活通常都很有趣。許多種類的海豚就像鴨子一樣，都有精心設計的陰道，可以幫助她們決定哪些交配者可以成為爸爸。

有趣冷知識：黛安・凱利（Diane Kelly）是麻省大學阿默斯特校區的資深研究員，她幫助我們徹底改變對海豚交配的理解。凱利製作了陰道的 3D 矽膠模具，並用裝滿鹽水的啤酒桶把陰莖充飽。[18] 在那之前，研究室會使用海洋哺乳動物死後的生殖器組織樣本，但是生殖器過於乾癟和鬆弛。感謝黛安讓研究人員能夠更了解海豚性行為！

物以類聚，鳥以群分

想要好兄弟幫你找女友？那就找燕尾嬌鶲（swallow-tailed manakin）吧。兩隻以上的公鳥會共同打造出叫做求偶場（leks）的區域，可以表演求偶歌曲和舞蹈。[19] 雄性首領會站在最高的有利位置，帶頭唱歌吸引雌性，而他的好兄弟會建造小小的求偶場，並且用舞蹈和曲調幫忙讓即將到來的女生們留下深刻的印象。不過只有雄性首領可以交配，其餘的公鳥會飛離，讓這對夫妻享受洞房之夜。

生物學家認為，這群啦啦隊的動機是如果首領發生什麼事的話，牠們就可以湊進來取代他的位置。如果這是你和朋友一起去酒吧的唯一動機，請幫大家一個忙，乖乖待在家裡別去了。

歷屎悠久的性行為

以下是一些交配之前會互相放屁、撒尿和便便的動物，沒什麼原因，就想讓你知道：

- ♥ 長頸鹿：公長頸鹿會把臉貼在母長頸鹿的屁股上，聞或品嚐她的尿液來判斷她是否可以生孕。
- ♥ 河馬：某些消息來源指出，公河馬會像灑水器一樣噴灑糞便來營造氛圍。
- ♥ 螯蝦：雌性尿液是很重要的催情劑，研究人員甚至可以透過阻止牠們撒尿以停止整個交配過程。
- ♥ 豪豬：公豪豬會用高速噴射的尿液把想要吸引的雌性噴到濕透。

♥ 糞金龜：看名字就知道了，有些物種會做出便便小球，然後讓女伴搭便車，連屎帶人一起推回家。

性行為中涉及人體的特殊液體（或是……固體）是絕對沒有問題的，只要所有參與者知情同意，但我想我們都同意，幸好這些屎尿策略在人類中沒有那麼普遍，要不然酒吧的單身之夜將是一場巨大的生物危害。

我無法代表所有河馬，解釋牠們排泄情趣的動機，但費洛蒙很有可能讓動物決定用牠們最臭的排泄物互相覆蓋。費洛蒙是許多（但不是全部）生物會產生的化學物質，可以觸發同物種中其他成員的特定行為或生理反應。性費洛蒙是一種特別的化學物質，可以激發動物性慾，和幫助牠們找到彼此，並觸發交配所需的生理機制。例如，雄性蠶蛾（cecropia moth）可以利用雌性費洛蒙的氣味，從數英里之外找到她們。[20]

你可能在報紙上看過亂七八糟的廣告，聲稱瓶裝的人類費洛蒙將賦予你神奇的激情活力，但整個概念都是狗屁話術。研究人員一直在努力尋找藉由氣味引起性致勃發的人類荷爾蒙，但迄今沒有人成功，而且將來應該也找不到，因為目前推測動物用來接收這些氣味的器官「鋤鼻器」，在人類身上已經退化不起作用。[21] 不過，研究證實「體味」是人類互相吸引的一個重要因素。[22] 有一些研究顯示，如果兩個人間的基因關聯性較低，更有可能認為對方聞起來很性感，無意識地預估和對方生下的後代將有更多樣的基因。[23]

但吸引力法則不只取決於生育能力（否則我們都會是異性戀，而且還會花大量時間來聞別人腋下）。有些使用電腦演算法計算關係結果的研究基本上已經證實，人們可能認為他們知道自己想要的伴侶是什麼樣的，但到了真正見面和交往的時候，所有預測都變得不準確。[24] 見面的地點、時間、人們當下的樣子以及約會的走向：這些因素都比兩個人理論上是否適合彼此要重要得多。[25]

如釋重負？有點吧。令人害怕？肯定的。如果你在愛情中一直不太走運，很遺憾地，沒有任何演算法或祕密可以為你提供浪漫幸福的捷徑。但由於吸引力是如此絕對主觀的指標，我們確信在適當的情況下，每個人肯定都會有適合的對象。

約會大作戰

在婚姻代表經濟進步或是家庭政治時空中，求愛（courtship）就只是證明自己作為合約義務的價值，那太無聊了，我們不會討論。

當然，就算婚姻不代表愛情的見證，還是有人是為了愛情而結婚。更何況這本書就是想告訴你，所謂的「正常」永遠無法概括所有人。同樣地，自從人類熱衷於性事開始，大家很可能就在調情求愛了，無論是在婚姻之內還是之外。

但是對於這本書大多數的讀者來說，「調情」不是指妳和女傭出軌，但丈夫視而不見，只因為他不知道女同性戀存在。對大多數讀者來說，調情就是尋找伴侶的方式，一起擁抱、做愛、從此幸福快樂地生活在一起，或者只是短暫地調情，沒有其他目的。其實社會接受「追求潛在伴侶」是很近代的事。

歐洲人允許孩子調情在歷史上第一個跡象，來自一種非常不舒服的習俗：bundling（意指捆綁，在此指共用床鋪）。[26] 從十六世紀到十八世紀，在威爾斯、蘇格蘭、愛爾蘭、荷蘭和美洲殖民地，這顯然是一種普遍的做法。想求愛的青少年（有時是陌生人）會共用床鋪。這通常出於純粹的實際問題：床位稀缺，那時根本沒有隱私的概念。如果旅人路過城鎮，你可能就要跟他們一起過夜。但是有一些紀錄顯示，有時這是未來的配偶互相了解的機會。不難想像，這也可能是父母測試女兒自己選擇的追求者是否值得信賴的一種方式。

無論如何，還會有預備工作：這些飢渴的年輕床伴經常被塞進，甚至是縫進像袋子一樣的衣服裡，或是在他們之間放一個墊子，乃至於木板，以防發生不正當的事情。這方法並不是萬無一失，很多年輕人可能會把自己擠出包袱去做開心的事。但在大多數情況下，這只會加快婚姻的程序。畢竟父母會對女兒可以接觸的男人以及接觸的時機嚴格控制。因此，如果女兒懷孕了，那些逃脫捆綁板的人不太可能否認罪行。

在維多利亞時代，愛情作為婚姻目標在歐洲變得更為普遍。中產階級的崛起和工業化帶來的新財富，勢必將動搖社會習俗。維多利亞女王選擇了所愛之人作為她的丈夫（雖然是從政治上可接受的候選人中挑選的），肯定也影響了風氣。但諸如 bundling 的原始約會方式卻引起了人們的恐懼。

為愛結婚愈來愈普遍，但是至少對於中上階級來說，婚姻仍然是在家庭監督下安排並在監護人在場的情況下進行。例如在一八七〇年代，日益流行的溜冰場引起了成年人的議論，他們擔心年輕男女在這樣近距離的娛樂活動中會發生什麼。[27] 年輕女性的「貞潔」受社會高度讚揚，如果她婚前發生性關係，通常會被認為是「毀了」。[28]

（順便說一句，雖然許多文化歷史上都珍惜陰道貞操，但這些社會中的女性不太可能在結婚時都是處女。[29] 初次性交的「見紅」期望可以追溯到古希臘，但至少到十世紀或十一世紀，女性健康文獻就會教導新娘如何假見紅。有作者建議新娘在陰唇上放一隻水蛭，製造出性交時會脫落的結痂，或是設法讓新婚之夜在月經期間發生。這個建議尤其重要，因為初次性交時的出血和疼痛，雖然不罕見，但其實大部分可以避免，只要插入的人動作溫柔，被插的人很享受性交即可。雖然有些人的處女膜會部分或完全地覆蓋陰道口，可能會因為陰莖，甚至是衛生棉條產生的壓力而痛苦地撕裂開來，但大多數人的處女膜只是包圍住陰道口，可能根本不需要太多拉伸就可以插入，當然也不需要撕裂。直到十六年代，醫界才開始將完整的處女膜視為處女的重要指標。在此之前，人們對初次性交的出血有不同解釋，而證明女性貞潔的方式通常是藉由宗教儀式或是尿液分析。）

「約會」這個行為到了一九二〇年代才出現，那時的年輕人剛受第一次世界大戰震撼，開始挑戰維多利亞時代留下的道德界限。[30] 另外，美國在一九二〇年至一九三三年間，禁止生產、運輸、進口和銷售酒類。大家不能在西部酒吧（saloons）或豪華的紳士俱樂部（gentlemen's club）裡喝威士忌，這導致社交場合被迫地下化，並為情侶提供了一個在住宅以外來往的地方。封閉式的汽車剛成為常態，成為了另一個可以遠離他人眼光的地方。一九二〇年代的報紙告訴我們，當時成年人對「愛撫聚會」感到憤怒煩惱，許多年輕人會在這些聚會中享受一夫一妻的擁抱和親吻。在美國紐澤西的大西洋城，據說在海邊巡邏的警察如果發現青少年表現得太親密，就會向他們潑冰水。[31]

在一九五〇年代，戰後的豐富資源和對教育的重視開創了美國青少年領導的時代。年輕的成年人從第一次情慾激發，到適婚年紀之間還有很多年的空閒時間。

一九六〇年代則出現了和避孕藥相關的性解放浪潮，之後雖然細節有些變動，每個人的情況也有所不同，但美國的約會文化從那時起到現在都差不多：有時是通往婚姻的道路；有時是通往一夜情的道路，但幾乎都是出自於個人自己的感受。然後，沒錯，網路出現了。

性行為上線了

人類一直試圖利用科技來尋找愛情。[32] 自從報紙首次出現以來，就刊登了找婚伴的自我推銷廣告。一八七〇年代，舊金山和堪薩斯城發行了求愛刊物（男性須支付 25 美分刊登廣告；女性則免費），是美國首個以「求愛約會」為中心的出版物。到了二十世紀初期，個人廣告甚至可讓酷兒族群可以安全地發送祕密訊息。[33]

甚至是利用數據來尋找匹配對象也不是什麼新鮮事。一九四〇年代，紐澤西州一家名為「Introduction」的公司從孤獨的人們中收集資訊，並根據關鍵指標為他們提供匹配服務，每個配對 25 美分，外加 52 美分的註冊費。史丹佛大學的學生於一九五九年設計了第一個用於為單身人士配對的電腦程式，而一九六五年，哈佛大學的學生基於相同的概念創辦了一家公司。[34] 在接下來的幾十年裡，這類的其他產業不斷湧現，其中有些還會郵寄出潛在匹配對象的 VHS 磁帶，確保客戶能有最高科技的體驗。到了一九九〇年代，網路開始流行，公司開始使用演算法來計算出最佳匹配。

最近的一項研究發現，二〇一七年有 40% 的異性戀伴侶表示他們是在網路上認識的。幾乎可以肯定的是，這個數字自二〇一〇年以來已經上升了 2 倍。[35] 同性伴侶的比例甚至更高，約有 65% 是在虛擬世界中認識的。

隨著線上約會愈來愈成為常態，需要記住一件重要的事情，這些演算法實際上都沒有被證明可以在匹配方面發揮作用。[36] 如果你很難在實體空間認識新朋友，例如身為酷兒但住在比較保守的地方，或是你有些不尋常的癖好，又或者你和陌生人交談時會感到強烈的焦慮，加入滿足需求的線上約會網站可能是一個不錯的選擇，可以巨大地幫助你找到你想找的東西。當然也可以讓你在跟對方見面之前確保重要的指標上是否適合。

我個人認為，在酒吧(?)之類的地方尋找伴侶，感覺容易度過一個尷尬的夜晚，或意外親到怪人或噁人。我在大學畢業後，跟一個在現實生活中認識的人約會過，你猜怎麼了？我沒有嫁給他。不過，目前依然沒有任何網站或演算法，可以找到比街上普通人更讓你心動的人。

我們還沒掌握吸引力法則，我們甚至不了解它。有時候心裡想要什麼，但你的陰蒂想要完全不同的東西。尋找伴侶沒有所謂正確或錯誤的方式，雖然紐約地鐵上那些愈來愈瘋狂的 OkCupid 廣告可能不認同。

與此同時，美國 Y 世代中最年輕的研究數據表明，「性」影響約會的方式不斷地變化：這些剛成年的年輕人，第一次性接觸往往會晚一些，而且伴侶的總數也更少。更年輕的 Z 世代似乎也延續著這一趨勢，現在人們更理解和鼓勵「同意」（consent）和「溝通」的概念，而不是過去那種曾經被視為是性積極（sex positive，又譯「積極性態度」或「性正面性」）的勾搭，隨意且經常涉及酒醉。[37]

注意事項：將整個世代的行為全部貼上一個標籤完全是無稽之談，因為「世代」的概念從根本上來說是虛構的，並且有嚴重的缺陷（很抱歉，這本書寫不下了，但我保證比我聰明的人已提供了充足的證據證明這一點）。即使我們可以肯定地說，Z 世代平均而言比起前幾代人對「性」沒有那麼大的興趣，並不能涵蓋該代人每個成員的生活經歷，因為平均值並不是整體總和。另外，正如我希望這本書已經清楚展現的那樣，人類「性」是什麼的看法是如此地過時，而且非常以異性戀為主位，許多所謂的「處女」大學生，可能在 Wattpad 上沉迷於使用者原創性（user-generated）的色情內容，並時常和別人有大量的親熱行為。沒有從事特定類型的性行為（或任何種類的性行為）並不等於他們跟清教徒一樣對性事非常拘謹。

但不管怎樣，我的確想說如果年輕人在不想發生性行為時會避免發生性行為，這是非常好的一件事。「性積極」不應該讓性事成為一種感覺一定要做的事。我真誠地希望人們愈來愈常對性說「不」，不管原因是時間、方式還是對象。如果你在 30 歲之前對性不感興趣，或是永遠不感興趣，或者直到與你第一個伴侶交往多年後才有興趣，跟隨自然的感覺正是性積極的表現！重要的不是做了多少，而是我們對性行為的多寡和類型是否感到滿意（並確保伴侶也滿意）。這個期望可能會隨著時間的推移、每天的變化等而改變。只要你不會傷害到任何人，就不應該對自己想要的性生活感到羞愧。

尋找伴侶的方式沒有正確或錯誤之分。只要你注意安全、放聰明點、善待彼此：沒有先好好問過，請不要在對方身上拉屎。那如果一切都失敗了呢？請記住，你不需要一個伴侶才能人生圓滿，你甚至不需要伴侶來獲得美好的性愛。

第五章
自慰是怎麼一回事？

♥━━━━━━━━━━━━━━━━━━━━━━━━━

全麥餅乾可以幫你保持規律和貞潔。

━━━━━━━━━━━━━━━━━━━━━━━━━♥

美國導演梅爾・布魯克斯（Mel Brooks）跟音樂喜劇、白人跳不起來的想法＊，以及貞操帶的概念有何關聯？所有一切要從一部電影開始：《羅賓漢也瘋狂》（Robin Hood：Men in Tights）。我看這部電影時還是個好奇的小女孩，當時我覺得羅賓的優雅愛人強行穿上笨重的鐵甲內褲，這個最後的劇情設計既令人不安又令人興奮。無論是物理上的摩擦還是限制人身自由，被迫在私密處佩戴密碼箱的想法顯然都很可怕。但是布魯克斯導演詮釋之下的貞操帶，為女僕瑪麗安這個角色賦予了一種明顯成熟的淫蕩氣息。貞操帶不是為了保護她避免性慾旺盛的衝動男人，反而整部電影都明確展現瑪麗安迫切希望擺脫那該死的東西，然後得到充分的滿足。

布魯克斯其實有點到重點：如果男人不被女性熾熱的慾望所吸引、興奮和恐懼，貞操帶就不會存在。或者，更準確地說，如果男性不會

＊ 譯注：white men can't jump，電影名，臺灣譯為《黑白遊龍》，延伸指白人不會打籃球的種族刻板印象。

幻想飢渴少女需要保護，免受自身慾望侵害，貞操帶的概念就不會存在。之所以說是「概念」，是因為雖然有關貞操帶的傳聞很多，但這種裝置本身可能根本不存在。

任何曾經照顧過外陰的人都會同意，中世紀的女性根本不可能連續幾天被關在這樣的籠子裡，更不用說父親或丈夫去打仗的幾週或幾個月了。要不是現代有咪康唑（Monistat）這種藥可以擦，我連泳衣都不會穿超過6個小時。在抗生素和抗真菌藥物出現之前的時代，導致擦傷、不透氣而且無法脫下的內衣會造成可怕的（甚至是致命的）傷口和感染。

中世紀少女私密處被迫關起來的觀念可以追溯到古代，到了現代仍有一絲的真實。十六世紀左右的版畫和木刻畫描繪了穿上防護型內褲的女性，世界各地的博物館展示了古老的鐵製標本[1]，甚至還有一幅來自中世紀末期的插圖，描繪了可怕的貞操裝置。德國軍事工程師孔拉德・基斯爾（Conrad Kyeser）在一四〇〇年代初撰寫了一本名為《戰爭堡壘》（Bellifortis，暫譯）的巨著，這是已知最早的軍事技術專著之一。根據亞利桑那大學的史學家阿爾布雷希特・克拉森（Albrecht Classen）對這本書的翻譯，基斯爾寫道：「這是佛羅倫斯女士穿的護板，由鐵製成，很硬，可以從內部鎖住。」但基斯爾沒有引用他的消息來源，而且我們有理由相信這些著作並不像他的軍事發明那麼認真。基斯爾在二〇〇七年出版的《中世紀貞操帶：神話製造過程》（The Medieval Chastity Belt： A Myth-Making Process，暫譯）一書中指出：《戰爭堡壘》中包含了幾個「非常奇特的物品」，例如：使人隱形的裝置藍圖。

克拉森和其他學者普遍認爲，基斯爾要不是自己誤會，就是個欺騙佛羅倫斯純眞人民的惡作劇。如果沒有這些不可靠的引述，將貞操帶視爲眞實存在的物品，當代對貞操帶存在的引述就也不會存在。基督教的歷史中想當然爾充斥著很多「保護自身免受罪惡侵害」的比喻，並呼籲年輕人穿上盔甲抵禦誘惑，但將這些隱喻作成實際貞操帶存在的證據，這樣的推論是不合邏輯的。

　　克拉森和其他學者現在認爲，那些十六世紀把愛人或受監護人關起來的說法，很可能是現代人類習慣將近代祖先視爲落後荒謬的例子。許多以前在博物館展出的「中世紀」貞操帶已被重新歸類爲十八世紀或十九世紀的贗品（有時候博物館還會羞愧地將文物重新標示爲狗項圈）。

　　然而，雖然中世紀的反性玩具可能大多只是神話，但監控個人和自身私密處的互動卻相當眞實，而且是最近才出現。在一八〇〇年代，呼籲年輕人保護美德的行爲完全不只是隱喻：維多利亞時代和二十世紀初的男性的生殖器都有可能被擠進漏斗型裝甲或有尖刺的籠子。

　　但在大多數情況下，監護人或醫生想避免的並不是性交，眞正的貞操帶出現時，目的是阻止自慰的發生，而且維多利亞時代採取如此嚴厲的措施是「正確」的。

　　應該是說……這種做法當然不正確，我們沒有理由去阻止任何人自慰，除非他是不請自來地在你面前自慰。但當時醫生和家長的假設是正確的：**要消除自我愉悅的行爲，需要非常眞正嚴厲的手段。**因爲很多人（比如飢渴的女僕瑪麗安）經常尋求性的樂趣，無論是和他人還是和自己。無論是獨自一人還是和他人一起，人類總會爲了歡愉而

從事性行為。讓我們先退一步來討論一下「想爽一下」是多麼自然的事情。

人類最飢渴的表親

擼管子、磨玉杵、磨豆漿、撥弄粉色的花蕾……不只有人類渴望獨自一人的性行為，讓我們再次拜訪人類的近親倭黑猩猩。

倭黑猩猩最出名的不是友善行為，而是從事性行為的方式：倭黑猩猩群體中會進行性行為的交換，可以媲美一九七〇年代最自由的嬉皮公社，而且可能可以把人類嘗試的所有自由性愛平等主義（sexual egalitarianism）比下去。[2] 倭黑猩猩從1歲起就開始把玩性事，距離成熟都還有差不多十五年呢，而且姿勢多種多樣，足以推翻「只是為了繁衍而練習」的觀點。[3] 牠們甚至在圈養環境中也表現出這種行為，即使周圍沒有成年猩猩教牠們。

成年的雌性倭黑猩猩即使在沒有生育能力的情況下也會進行性行為。她們經常用自己的生殖器摩擦其他雌性的生殖器，似乎是為了獲得共同的歡愉。雄性也不甘示弱，沉迷於「陰莖擊劍」，懸掛在樹上並用陰莖互相擊打以獲得刺激。雄性和雌性都會以不同的性別配對組合進行口交，也會舌吻跟手淫自慰。根據一項研究，牠們在進行陰莖插入陰道的性交時，大約有三分之一的時間會用介於傳教士和女牛仔之間的姿勢。[4] 這設定特別巧妙，因為靈長類動物很少會伴侶面對面地交配。

以下是動物界中會尋求自我愉悅的其他例子。

跳躍蜥蜴

自慰並不總只是自己爽而已。有時自慰是為了提升成為父親的可能性。容我解釋，對於加拉帕戈斯群島的雄性海鬣蜥（iguana）來說，播種可能是一件極其困難的事情。一個交配季節中每隻雌性只會跟一隻雄性交配，而且只會給一次機會。這種競爭已經足夠激烈了，而且雄性需要抽插大約 3 分鐘才能結束，使過程變得更加複雜。期間很常會有競爭對手嘗試把陰莖推離開來。如果是強壯大塊頭，這並不是什麼大問題，牠們通常能夠堅持立場直到高潮。但如果力氣瘦弱，就有很高的風險會被踢走。

研究人員觀察到體積較小的雄性使用一種絕妙的策略來解決這個問題：自慰。[5]

男孩遇到女孩後，公的海鬣蜥並不會直接跳上去，而是先進行一次單人 solo 場。他會對著岩石交配並射精，然後將精液儲存在裝陰莖的袋囊中，精液可以在那裡存活數小時。接著當他插入女生時，她會立即得到一劑精液。就算他沒能在她體內中出，也很有可能是他的精子讓卵受精，而不是闖入把他撞到一邊的其他海鬣蜥。

有時猴子跟鹿會發生性關係

除了摩擦生殖器的倭黑猩猩之外，許多其他靈長類動物也喜歡自慰。有一項二〇一七年的相關研究讓我無法忘懷。其中研究人員描述了一個到現在都還未知的跨物種交配實例：青春期的母日本獼猴為了性快感而跨騎上梅花鹿。[6]

研究人員猜測，這是青春期動物的一種新趨勢。眾所周知，日本獼猴偶爾會在梅花鹿身上搭便車，而梅花鹿顯然不排斥，因為獼猴可能可以在自己碰不到的位置幫忙梳理毛髮。同時，母猴子在青春期也會將跨騎靈長類的同伴視為一種性遊戲。看來有隻勇敢的小獼猴決定結合兩者創新改革，開始依靠鹿來滿足她的自慰需求，而這種做法在青少年同伴中流行起來。

　　公的恆河猴無法爭奪到母猴注意力時會自慰，而有些研究顯示射精並非自慰遊戲的目的。像海鬣蜥一樣，牠們是透過自慰來做射精的準備，這樣如果有短暫的機會可以跟異性交配時就派得上用場了。[7] 屋久島的公獼猴這樣做的頻率如此之高，以至於有研究人員意識到，他們可以拿猴子自慰產出的精液作為研究樣本，而不是用各種令人生厭的方式引誘精液出來。[8]

去過那兒，做過那件事（單人版）

　　如果猴子和猿類令人震驚又滑稽的自我愛撫可以教我們什麼事，那就是自慰的歷史可以追溯至人類的演化史。這意味所有性別的人類很可能一開始就有跟五指姑娘有染。[9]

　　有些文化中的創世神話都帶有自慰的成分。在古代美索不達米亞的蘇美文化中，水神恩基（Enki）的力量和他的精液緊密相關。根據一些描述基恩的宗教文獻翻譯，祂自我解放出的精液幫助滋養了世界的生命，並形成了底格里斯河和幼發拉底河。而古埃及人向亞圖姆（Atum）唱讚美詩歌，詩歌講述了祂的單人創造行為，要嘛用手將

精液送到嘴裡，要嘛利用神般的柔軟度，直接射進嘴裡，這使祂創造出其他的神，進而創造出所有的生物。

就算是那些不將整個世界的創造歸功於自慰的古代文化，他們似乎普遍對其採取了正向或中立的立場。古希臘陶器經常描繪森林之神薩特（satyr）的集體自慰。希臘人在現實中實踐的證據很少，但喜劇作家阿里斯托芬（Aristophanes）在作品中對於那些自己動手的男人，最差也只是抱有一種算是友善的不屑。

自慰在當時可能是種笑柄，並且常常和下層階級或缺乏自制力的男人聯繫在一起。即使如此，自慰很可能被視為與他人發生性關係的合理替代方案。古希臘對自慰的批評不在於行為本身，而是需要自慰代表你找不到人幫你。就連神話起源故事也有暗示這種張力：據說荷米斯（Hermes）的兒子潘（Pan）被一位寧芙仙女（nymph）拒絕，於是荷米斯教導兒子如何自慰，至少這是根據哲學家第歐根尼（Diogenes）的講述，可能有帶點開玩笑的意圖。然後，潘就教他最喜歡的牧羊人們如何自慰，大概每過一段時間就會澄清大喊「我不是基佬喔」。

說到哲學家第歐根尼：據說當他在公共場合自慰時，主張任何自然的人類行為都不應該被視為可恥，但他的街坊鄰居可不同意。但我認為應該可以從中了解，不是「自慰是禁忌」這件事，而是第歐根尼講到自慰就是個討人厭的混蛋。古羅馬時期的作品也遵循同樣的脈絡，自慰被視為是一種正常的行為，但有點像是魯蛇尋求性釋放的方式。

《摩奴法論》（The Laws of Manu）是一部西元前一至二世紀的著作，為大多數印度教信徒設定了道德和社會行為的標準，其中對

「沒能為生殖所用」的精液表示哀悼，並教導男性如果真的選擇自我刺激至性高潮，應該如何事後贖罪。[10] 但是同一時代也有世俗文本，甚至是某些印度教派的宗教典籍鼓勵自慰。這代表只有發誓守貞或宗教信仰特別保守的男性才會遵守此教條。

中國古代的道教經典建議男性不要輕率地射精，以免失去過多的陽氣，也就是男性能量的本質，但並沒有明確反對自慰的立場：只是建議男性在大多數自慰過程中不要射精。有些道教徒堅持認為即使是性交過程中也最好永遠不要射精，也有人則認為女方經歷過多次性高潮，男方就得射精了，因為她剩餘的陰氣有助於恢復男性失去的陽氣。

說到女性，你可能想知道她們自慰的歷史到底在哪裡。歷史並沒有對沒有陰莖的自慰者留下很正向的紀錄，大概是因為歷史是由勝利者書寫的，而這些勝利者大多都有陰莖。這裡僅舉一個例子：一份二〇〇二年的歷史回顧指出，在古代中國的歷史紀錄反映學者們只是「容忍或忽視」女性的自慰，而男性自慰的主題卻引發了大量有關利弊和方法的討論。

我們知道所有人類一直都有在自慰（當然，不是所有人類，如果你不想自慰也沒關係，但從統計學上來說，人類這個物種都有自慰）。如果你不相信我，可以回到性演化史的章節並看看倭黑猩猩的所作所為。雖然大多數有關性的歷史文獻都關注男性的慾望和行為，但歷史上確實有提及女性自慰的稀少資料。

例如，古希臘陶器有時會描繪踴躍使用假屌的女性。在西元前期，希臘醫生加倫（Galen）認為，子宮渴望獲得嬰兒，而自慰是一種欺騙並滿足子宮的方式，這樣處女或是喪偶的寡婦就不會生病。

在十七世紀末，日本一位自稱是女尼姑的作家提供了如何在與世隔絕時自慰的深入指導。[11] 雖然這符合當下的常規範式，預設只有沒有男伴的女性才會需要自慰，但其中描述的自慰技術看起來的確很真，而不僅是男性目光的猜測。作者建議讀者先在廁所裡練習手淫，確保能夠很好地控制自己後，才可以避免在晚上或工作休息時自慰被發現。作者也指出，可以的話，應該要收集並攝入自慰產生的分泌液體，以免浪費能量。

大約一六〇〇年代的早期近代英格蘭，詩歌、戲劇以及旨在挑逗的色情作品將女性自慰作為一個常見的主題，而為助產士撰寫的文本似乎證實，女性自慰實際上廣為人知，甚至可能受社會廣泛接受。[12] 尼可拉斯・卡爾培柏（Nicholas Culpeper）的《助產士指南》（Directory for Midwives，暫譯）指出，女性可能會有淫慾之「癢」，並用手指刺激自己。他甚至建議新婚丈夫如果新娘在新婚之夜沒有流血也不要擔心，因為她們很可能只是屈服於自慰的誘惑。

在歷史上大部分時間裡，女性歡愉的提及很少，至少相對於男性而言。即使在反對自慰的文獻中（稍後會詳細介紹），過度自慰的女性常被描述為有男性化的傾向，而腫大的陰蒂常常被認為是年輕女性渴望刺激的後果。[13]

流行蜂潮

至少還有一個廣為流傳的女性自慰故事。根據網路上3千兆人的說法，埃及豔后（Cleopatra）使用了由蜜蜂製成的自慰按摩器。更具

體地說,她命令奴隸將嗡嗡作響的蜜蜂裝進罐子或空心的葫蘆裡,然後密封起來。據說,她想色色的時候,就會搖晃容器來激怒裡面的小蜜蜂。你看你看,一個充滿蜜蜂的按摩器就完成了!

在開始了解按摩器的起源之前,我希望你先停下來思考一下。蜜蜂,充滿蜜蜂的乾燥葫蘆。光是它的不切實際就難以置信,難道埃及豔后每次想要自慰的時候,奴隸都要去抓蜜蜂嗎,還是他們宮殿後面有個色情養蜂場?而且,到底有多少隻蜜蜂?我從來沒有拿過裝滿憤怒蜜蜂的葫蘆,但實在很難想像牠們能製造強烈的震動,除非蜜蜂真的是塞到滿,這樣搖晃這個性玩具不是對自慰者超危險的嗎?只要有次密封不完全(或是搖晃得特別激昂),埃及豔后就會全身被蜜蜂包圍。

其實不需要深入研究就能發現這個歷史故事根本不是什麼古老軼事,除非你想說我這個年紀就很老了。親愛的讀者,這個嗡嗡作響的故事和本書作者一樣,是在一九九二年首次出現的。在布蘭達‧樂福(Brenda Love)出版《不尋常的性行為百科全書》(the Encyclopedia of Unusual Sex Practices)之前,沒有這個故事更早的描述。是時候讓這個不可能的自慰按摩器回去蜂巢了。

就算你不熟悉埃及豔后和性玩具的虛假傳聞,你肯定聽說過另一個關於按摩器流行起來的故事。故事是這樣的:維多利亞時代的醫生透過一種稱為「骨盆按摩」的程序來治療「歇斯底里症」(hysteria)。歇斯底里是一個包山包海的術語,就把「讓男性感到麻煩的女性情緒」當成一種疾病。骨盆按摩這種治療的目的是誘發「歇斯底里的發作」(現在我們會說那是性高潮),讓那些歇斯底里的女士放鬆一點。

但是，男醫生因女病人日益頻繁的需求而疲憊不堪！整個診所全天候都在指壓，手部經常抽筋。於是約瑟夫·莫蒂默·格蘭維爾（Joseph Mortimer Granville）發明了我們現在熟知的按摩器，使整個醫療保健行業的流程自動化並提高了性高潮的效率。一部獲得三項東尼獎（Tony Awards）提名的戲劇以此故事為主題，還有一部由休·丹希（Hugh Dancy）主演的電影。但我想告訴休先生：這一切都是假的。

格蘭維爾的確在一八八〇年代發明了手持式電動按摩器，但並不是為了引起性高潮。其實當時大多數醫生認為按摩器最好遠離女性的身體。格蘭維爾本人認為用按摩器來刺激女性是對發明的濫用，該發明的目的是要治療男性患者的疼痛和神經問題。格蘭維爾在一本一八八三年出版的書中，強烈否認曾在任何陰蒂上使用過該設備。[14]他寫道：「我過去跟未來都會避免透過敲擊治療女性，僅僅是因為歇斯底里的狀態多變莫測，我不想因此被欺騙，進而誤導他人。」

格蘭維爾試圖讓情緒失控的女性達到高潮的想法似乎源自於一九九九年的《高潮的科技》（Technology of Orgasm，暫譯）。作者瑞秋·麥恩斯（Rachel Maines）引用了大量資料來宣稱骨盆按摩風靡一時，而格蘭維爾的按摩器被用來改進治療程序。但後來二〇一八年於《積極性行為期刊》（the Journal of Positive Sexuality，暫譯）上發表的一項研究中，喬治亞理工學院的哈莉·李伯曼（Hallie Lieberman）和艾瑞克·沙茨堡（Eric Schatzberg）有系統地拆解了麥恩斯的整個論點。[15]李伯曼原本試圖證實麥恩斯的主張作為研究所的一項作業，那堂課是要讓歷史學的學生了解學術研究的過程，她無意中發現《高潮的科技》引用的資料中沒有任何有關按摩器用於引發歇斯底里女患者高潮的

資訊。對於李伯曼論文中提出的批評，麥恩斯在《大西洋》雜誌上回應，她書中整個對於維多利亞時代按摩器的敘述，都是基於推論和猜想的有趣假設，而不是一個已證實的事實[16]，但這顯然沒有阻止迷思流傳。

李伯曼在二〇二〇年《紐約時報》（New York Times）的一篇專欄文章中指出，這個虛假敘事不只會像野火一樣散播假訊息：

> 如果交換故事中的性別，會發現這個故事之所以被廣泛接受大程度上是基於性別偏見。想像一下，如果在二〇世紀初，女護理師為男性患者提供打手槍的服務以治療他們的心理問題；男人沒有意識這有任何有性涵義；女護理師的手腕因為手活感到疲勞，所以她們發明了一種名為「陰莖幫浦」的裝置來加快治療過程。然後想像一下，我跟你說，因為是一世紀之前的事，所以沒人認為這一切與性有關[17]。

撇開性別歧視不談，這種錯誤的敘事會流行起來也就不足為奇了。醫生讓病人達到高潮，且舒服到被認為這是治療焦慮和憂鬱的方法，這種想像有種非常情色的感覺。正如李伯曼經常指出的那樣，這故事也完全符合一個普遍的信念，即性觀念的歷史是線性進化的，而我們祖先對性都過分拘謹，因為現代社會達到了自由戀愛啟蒙的頂峰，我們就有嘲笑祖先可笑行為的權利。

希望本書已經清楚地展示，這與事實相去甚遠。人類的歷史就是一個進步、倒退、壓抑和展現的循環。現代人類不應該認為自己的性規範是任何東西的頂峰。

按摩器作為性玩具的真實發展沒有那麼色情，但合理多了。的確，男性醫師知道刺激身體可以讓女性焚身狂喜。但不對，他們沒有希望女性追求這種快樂。的確，電動按摩器的發明者有看到了它作為性刺激器的潛力。但他不想讓女人自慰時使用它。按摩器和鐳栓劑（別擔心，稍後會詳細介紹）以及更多垃圾藥物一樣，都是之後在萬靈藥浪潮中流行起來的。整個二十世紀初期，這些設施宣稱的效用包山包海，從緩解嬰兒腹絞痛到消除痔瘡。目前我們並不清楚人類是何時意識到這些設施的性潛力，但人類總能天馬行空，找到更好更新的方法來讓自己舒服，我們大概可以假設從按摩器存在的第二天起，人類就開始用它來自慰了。根據李伯曼二〇一七年出版的《嗡嗡震動：性玩具的刺激歷史》（Buzz：A Stimulating History of the Sex Toy，暫譯），至少有一個一九〇三年的廣告將振動按摩帶稱作「情色按摩器」，而其他二十世紀早期的廣告可以說至少有暗示這些設施可能會有「產品沒有標示的作用」。但直到一九七〇年代，按摩器作為性玩具的用途才出現於主流論述和行銷。

　　不過，按摩器在維多利亞時代首次亮相時，醫生並不太希望它用來幫助人們絕頂升天，他們其實更專注於讓人們停止該行為。

不要再自摸了

　　除非你是極少數享有特權的人（就是由嬉皮或是對社會議題敏銳的覺醒〔woke〕千禧世代撫養長大的人），否則你可能在成長過程中要嘛沒有聽說過有關手淫的事情，要嘛就聽說自慰是不好的事。反而是

許多古代文化中對自我愉悅採取相對寬容的態度，你可能會好奇我們放任自流的態度到底發生了什麼事。

一方面和宗教有關，你可能知道有許多信仰機構（當然不是全部）對自慰持負面態度。雖然聖經本身沒有具體談論自慰，但創世記中俄南（Onan）的故事經常被視為反對自慰的寓言。俄南是猶大的第二個兒子，他被告知要娶他已故哥哥的遺孀並和她生一個兒子。俄南其實不想和她生孩子，因為要是有了男性繼承人，這個兒子會取代他已故的兄弟，並優先繼承一堆笨羊或其他之類的東西。因此，雖然俄南和嫂子結婚行房，他卻把精液撒在了地上。

糟了！我記得他因此而遭到天譴，應該吧，我懶得確認。後來怎麼了不是重點，重點是舊約的神要求人不可以體外射精。當然，現在不同基督教派別，甚至是同教派的每個成員對自慰的看法都有所不同。不過隨便 Google 一下，還是出現了不只一篇講述「onanism」危險的天主教思想文章，這裡的「onanism」指的是自慰。

但西方世界的反手淫觀點有一個更近且絕對世俗的起源。在整個十八世紀和十九世紀，醫生出版了大量手冊和論文，討論自慰對身體的危害。其中《自淫罪：即自我汙染的不赦罪孽》（Onania：or, the Heinous Sin of Self-Pollution，暫譯）被認為是最重要的開端，此著作於一七〇〇年代初在倫敦和波士頓流傳，也影響了瑞典名醫薩繆埃爾・奧古斯特・蒂索（Samuel-Auguste Tissot），他在一七五八年聲稱精液是一種「精油」（essential oil），而精液的消耗會導致各種有害的健康影響。法國精神病學家吉恩・埃斯基羅爾（Jean-Étienne Dominique Esquirol）在一八三八年很有自信地發表文章，稱手淫「在所有國家都被視為精神錯亂的原因」。

這些先生和其他專家把眾多病症怪罪於過度自慰，以下只是其中一些例子：

- ♥ 食慾不振
- ♥ 食慾增加
- ♥ 癱瘓
- ♥ 性無能
- ♥ 性慾減退
- ♥ 虛弱
- ♥ 視力和聽力喪失
- ♥ 咳嗽
- ♥ 背部疼痛
- ♥ 認知能力下降
- ♥ 憤怒
- ♥ 發燒
- ♥ 精神錯亂
- ♥ 器官衰竭
- ♥ 記憶問題
- ♥ 痛風
- ♥ 風濕病
- ♥ 頭痛
- ♥ 尿中帶血
- ♥ 神經痛
- ♥ 肝腎疾病
- ♥ 泌尿問題
- ♥ 子宮癌
- ♥ 癲癇
- ♥ 自殺傾向
- ♥ 看起來像這個人↓

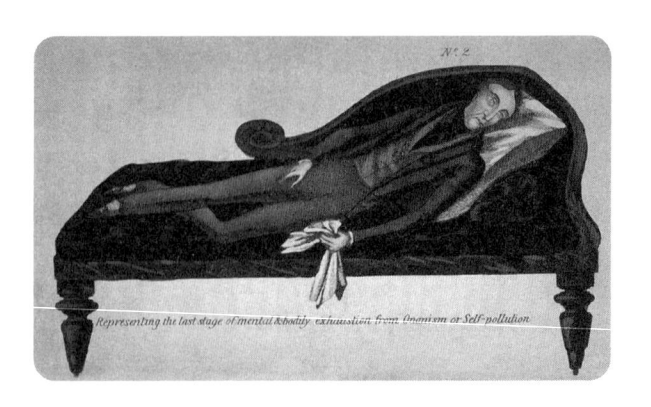

過度的自我刺激會讓年輕人變成乾扁枯萎版的班奈狄克・康柏拜區（Benedict Cumberbatches），這一觀念自然推動了反自慰主義的市場創新。有些創業家發明了物理上的制約方法，真實復刻出了與古代貞操帶傳說無異的裝置。另外還出現帶有尖刺和彈簧的圓環，配戴者在勃起時會感到痛苦，因此可以防止夢遺。除此之外，還有帶電的籠子以及可以在褲子裡打入冷水的裝置，來撲滅任何慾望之火。

　　值得注意的是，這類別中許多最奇怪的物體可能從來沒有被創造出來。美國專利商標局（USPTO）記錄了從一八〇〇年代中期到一九〇〇年代初期的多種防自慰裝置，但實際生產了哪些裝置以及產品多受歡迎的資料卻很少。雖然我們知道醫生們有廣泛地向患者宣傳反手淫的觀念，但大多數人很可能使用比較簡單的方法，例如將小孩的手腳綁在床柱上，或是防止他們便祕。

自慰：均衡飲食的一部分？

　　談論自慰就不能不提及玉米片和全麥餅乾。這兩種食物的發明主要都不是為了阻止人自慰，但都是在健康和信仰運動的推動下誕生的，而這些社會運動將自慰視為其中一個美國的頭號公敵。

　　全麥餅乾是西爾維斯特・格雷厄姆（Sylvester Graham）發明的，他是一位十九世紀的長老教會（Presbyterian）牧師，在美國普及素食主義。[18] 格雷厄姆推廣素食主義並不是為了拯救動物：他相信人們就應該只吃樸素平淡、佐以粗磨麵粉的植物性飲食。[19] 格雷厄姆對美國的願景是女人在家裡辛勤勞作，研磨麵粉和烘烤自產的小麥產品，

男人則努力工作，避免酗酒、睡軟床和洗熱水澡等惡習。任何過於享受的事物都會導向恣意不檢點的肉慾，美味的食物也不例外。

格雷厄姆的教義與那個時代的其他改革運動雷同，這股浪潮快速發展導致「格雷厄姆餅乾」在二十世紀初大規模生產。這種樸素、有益健康的餅乾為信徒提供了遵守法律條文的方法，不用花一整天的時間碾磨穀物。我想之後登場的棉花糖巧克力夾心（s'more）和蜂蜜格雷厄姆（Teddy Grahams）應該會讓創始人心臟病發作。

約翰・哈維・家樂（John Harvey Kellogg）和格雷厄姆是同時代人，有著相似的目標和策略。[20] 他的家人是新成立的基督復臨安息日會（Seventh-day Adventist）的成員。安息日會的創始人艾倫・懷特和詹姆斯・懷特（Ellen and James White）將家樂送到醫學院，以擔任教會的首席醫師，那時他們就已經在宣揚無香料、無自慰生活的美德。但家樂後來非常、非常、非常專注於消除一個特定的性刺激來源：便祕。

家樂猜測一個充滿糞便且蠕動不規則的腸道會產生壓力，並可能會導致不守紀律的人出現性慾上的分神。我們可以合理地推斷家樂自己便祕時，會因為大便對前列腺產生的壓力而感到興奮。前列腺通常被稱為「男性的 G 點」，肛交帶來的大部分快感都是因前列腺產生的。他有間療養院位於美國密西根州巴特爾克里克，患者在那裡進行輕快步行運動、使用數種灌腸劑（例如高壓水柱，甚至是優格），以及用震動椅將糞便震出來的治療[21]，當然他們也採高纖的飲食。

家樂和弟弟威爾多年來致力於創造一種溫和、易於消化的即食品，以幫助大眾擺脫腸胃緩慢蠕動帶來的誘惑，最終他們決定是玉米片，算是啦。[22] 為了給麥片裹上糖，威爾不得不與哥哥斷絕關係，因為

他認為糖是暢銷的關鍵，而且這個判斷很正確。「這款麥片讓你排便舒暢到會失去性致——效果好到想不到，拉屎拉到不想要。」這可能是基督復臨安息日會的終極目標，但並不是美國人願意在廣告看板上看到的那種賣點。

好消息是格雷厄姆和家樂等人不知道自己在說什麼。只有當自慰會對你造成傷害時，才是所謂「做得太多」。

如果皮膚有擦傷或發炎，當然就應該去看醫生。酵母菌感染（yeast infection）之類的原因可能會是罪魁禍首，但是如果你一天進行多次手淫，並且找不到其他病因，醫生就可能會告訴你是時候讓生殖器休息一下了。其他自慰帶來的潛在問題包括失去生殖器的敏感度（幸運的是，休息或改變自慰方式就很容易解決這個問題）或是無法專注於生活的其他方面等。

這很像「電玩遊戲成癮」：許多人們對第一人稱射擊遊戲有些道德上的恐慌，擔心可能會讓年輕人變成兇殘的怪物，但許多研究得出的結論是「頻繁打電動」本身不太可能引發危險的行為。一些科學家認為，打電動本身並不會讓你面臨「上癮」的風險。當然，有原則就有例外，的確存在惡劣的電玩遊戲，必須有點精神錯亂才能玩（以及像「糖果傳奇（Candy Crush）」的遊戲設計，會讓大腦對闖關升級成癮）。但從公共衛生的角度來看，遊戲本身是一種中性的活動，甚至可能是減壓、探索新想法、和朋友互動的好方法（就像自慰一樣）。

根據世界衛生組織的說法，人們可能會對遊戲上癮。二〇一九年世界衛生組織將「遊戲成癮」（gaming disorder）添加至國際疾病分類

（ICD，International Classification of Disease）。但許多研究人員認為，並沒有特定的遊玩時數，會讓玩家自動表現出失序失調的行為。遊戲和酒精或古柯鹼等物質不同，經常使用、甚至頻繁使用都並沒有已知的固有危害。如果你的工作涉及每天玩電玩遊戲（或自慰）8 個小時，那就不用擔心（雖然不管怎麼樣，有發炎的話就是個問題）。

不良自慰也很相似：只有當自慰對你的生活造成不好的影響時，自慰才是壞事，例如過度自慰讓你無法承擔重要的責任，或是對人際關係產生負面影響。一天就算只玩 1 個小時的「決勝時刻」，如果你的小孩哭叫著想吃奶，或者手指都骨折了，每次射擊都很痛苦，但你還是繼續玩，這就可能會是成為問題的徵兆。相較之下，如果你每週六都連續玩 12 個小時，因為你也沒地方要去，而且連線打電動是你和異地好友互動的主要方式，那麼這可能是個較為健康的習慣。

總結：你的自慰行為是否對身體造成痛苦？請看醫生。自慰是否可能會影響你的事業、學業和人際關係，或者你的自慰行為，會對自己或他人帶來傷害或困擾的衝動？請看心理醫生。如果都沒有，請冷靜並繼續自慰。我保證我們人類世世代代都會自慰。

而且呀，將事情掌握在自己手中，至少有一個超級好處：感染到髒東西的可能性大大降低。

第六章
為什麼我們如此害怕性傳播感染？

有些性病上原來是個厲害的狠角色。

在談論性傳播感染（STIs）*的演化歷史時，不能不談它們在動物界其他地方的出現。而要談論動物性傳播感染，就不能不談無尾熊感染披衣菌（Koala chlamydia）。

我可以談論很多有關無尾熊披衣菌的事情，你根本無法想像。

幾乎所有人都認為無尾熊是很可愛的動物，美國的公共廁所到處都看得到 Koala Kare 品牌的換尿布臺。因此，當得知這些可愛的小動物通常充斥著披衣菌，一定挺震撼的。雖然你可能會想笑，但這種痛苦可不是鬧著玩的：披衣菌感染是無尾熊的流行病，並且可能致命，而用於治療披衣菌的抗生素會消滅牠們腸道中的重要細菌。無尾熊並不是唯一攜帶這種微生物的物種。披衣菌存在於各種鳥類、魚類、

---

* 今天來上新單字：從 STD 到 STI 的轉變是怎麼回事？ STD 代表性傳播疾病（sexually transmitted disease）。STI 代表性傳播感染（sexually transmitted infection）。差異可能看起來不大，但卻很重要。「感染」是由滲透到外來系統的微生物引起的。「疾病」是體內發生的一系列結構或生理功能異常。感染有時會導致疾病，但並非總是如此。你將在本章中了解，許多感染（包括性傳播感染）都是無症狀的，並且比較可能無聲無息地潛伏於人體內。

哺乳類，甚至是變形蟲體內，在每個大陸甚至海洋裡都有，但無尾熊的處境尤其艱險。

人類在接受抗生素治療時可能會一直跑廁所，但無尾熊需要腸內微生物的脆弱平衡才能消化尤加利葉等有毒食物，因此很容易因披衣菌的治療而挨餓。[1]

不幸的是，對於澳洲的無尾熊來說，披衣菌感染是一個嚴重的問題。只有一小部分沒有受到感染的影響，其餘的無尾熊由於失明和不孕症等副作用，正面臨性傳播的滅絕危機。氣候變遷導致水源稀缺，每次野火的發生都讓棲息地愈來愈少，而披衣菌（或者是治療披衣菌，但破壞腸胃系統的抗生素）嚴重威脅了這個可愛物種的生存。[2]

人類可能不會因為披衣菌感染而變得焦躁無助，但美國在二〇二一年四月公布報告並指出，二〇一三年到二〇一九年連續六年的患病率年年破紀錄。天啊！

雖然人類使用抗生素就不會像毛茸茸朋友那樣對健康造成立即的傷害，但這並不代表我們可以依賴抗生素。世界衛生組織指出，雖然淋病（gonorrhea）是最有可能對抗生素產生抗藥性的性傳播感染，但披衣菌也顯示出抗藥性的早期跡象。不過，我們有一個無尾熊沒有的祕密武器：保險套。如果你不想為自己和伴侶戴上套套，那麼就為那些澳洲小傢伙而穿吧！牠們多希望能戴套套呀。

早在人類知道接觸微生物可能會導致疾病之前（這叫作「疾病細菌說」〔germ theory〕，要感謝路易‧巴斯德〔Louis Pasteur〕和他那些骯髒又古怪的燒瓶），我們就知道性行為可能會導致生病，或

至少……我們算是知道……有些時候知道。醫學史上有許多描述有關生殖器上奇怪麻瘋病；肯定因不良衛生條件引起的嚴重皮膚病；以及從天堂或是地獄賜予的皮疹，取決於當時的宗教教義。

但性傳播感染的歷史甚至比文字歷史紀錄還要久遠。在人類寫下對性傳播感染的看法之前，我們就在抵達新土地時將感染傳播了出去，在世界上用我們的基因留下了互動的痕跡。我們現在知道，性傳播感染的歷史比人類本身還要古老，我們也能從無尾熊感染披衣菌中得知。或者如加州大學聖地亞哥分校醫學系傳染病科的副教授喬爾·韋特海姆（Joel Wertheim）所言：「從我們還是魚的時候，疱疹病毒（herpes viruses）就一直伴隨著我們。」

韋特海姆以一種倒退的方式研究性傳播感染的歷史，實際上他先研究現代感染的傳播網絡，以找到阻止人類免疫缺乏病毒（HIV）等感染傳播的方法，並與美國疾病管制與預防中心（CDC）和紐約市密切合作，將他的模型付諸實踐以促進公共衛生外展。但在深入研究此類 RNA 病毒的快速演變過程中，韋特海姆同樣對適應速度較慢、更容易追蹤的病毒同樣產生興趣，例如人類乳突病毒（HPV）和單純疱疹病毒（HSV），這兩種病毒自水生生物誕生以來，就一直與我們祖先的譜系同步發展。韋特海姆對各種病毒株的普遍性和頑強性驚嘆不已，他甚至認為病毒株能夠「利用人類生存的必要部分」，也就是劫持繁殖行為實在非常驚奇。

無論是人類還是人類近親，如尼安德塔人和其他人屬（Homo）的物種，我們都無法真正了解原始祖先對性傳播感染的症狀做出了什麼反應，但我們絕對可以說他們有感染過。愈來愈多的證據表明，

人類和其他原始類人物種在雜交過程中來回交換感染。是的，我們的 DNA 顯示人類和尼安德塔人頻繁談戀愛的跡象。但它也顯示在雜交過程中，早期人類將單純疱疹病毒傳染給了尼安德塔人。尼安德塔人也不甘示弱，將人類乳突病毒傳染給了我們。

但在我們把現今的苦難歸咎於早期祖先雜交之前，先聽聽西門・安德登（Simon Underdown）等研究人員的看法，他是牛津布魯克斯大學生物人類學領域的一位活躍讀者。他說人類古代親戚傳播了這些病原體，其實非常幸運。安德登解釋說，多虧了他們，我們才知道早期人類的所作所為。

古代 DNA 進行定序（DNA sequencing）已經取得了長足的進步。安德登和我在二〇一八年聊天時，他提到大約五十萬年的一個極限，超過這個極限後 DNA 這個脆弱的雙螺旋就會退化到無法辨識。雖然最近的研究成功窺探了一百萬年前長毛象（mammoth）的遺傳密碼，但這仍然不足以了解我們物種如何演化。

安德登和他的團隊可以追蹤病毒的演化，看看不同的病毒株何時接觸到不同物種的人類祖先；或何時在全球不同地區傳播，這為病毒的來往提供了某種隱藏版紀錄。這不僅比 DNA 證據追溯到更久遠的歷史，病毒研究也從似乎有跨物種的基因推斷出跨物種的性接觸。[3]

安德登說：「我們研究的好處在於，與最近使用古代 DNA 的發現非常可以互補，這完全顛覆了以往對早期原始人類互動的看法。我們現在看到了 6、7 個不同物種混合的證據，我們的研究可以觀察更大的時間窗口，即使沒有化石紀錄中的證據，也可以顯示出明確的接觸。」

研究人員希望最終能夠對各種病毒進行這項調查（可以說是調查誰跟誰有一腿）。由於單純疱疹病毒的一些獨特品質，它留下了非常

有用的線索。首先，許多會感染 HSV 的靈長類動物基本上是無症狀的，而且無論病理如何，它很少致命。[4] 這使得疱疹有機會在一群足夠健康的人群中擴散，因為他們還是可以繼續生活、呼吸、戰鬥跟親熱（性傳播感染的關鍵）。

HSV 還有一種巧妙的滲透方法來增強其群居性：當帶原者脫落含有病毒的皮膚細胞時（這個過程稱為「病毒排出」，viral shedding），這些微粒會接觸到另一個人皮膚上的開口（無論是經由黏膜或是經由開放性傷口，這個傷口可能是非常微小的），HSV 會以驚人的兇猛程度攻擊潛在的宿主細胞，一旦成功感染新的宿主，單純疱疹病毒就會沿著神經細胞傳播，並在神經根部休眠。代表微生物覺醒的疱疹小水泡，以及其標誌性的刺痛感，可能很少發生或根本不會發生。如果寄生蟲不會給攜帶牠們的身體帶來太多麻煩，那麼就更有可能成功傳播，而疱疹充分利用了這一事實。

但是不僅是如此：據我們所知，所有靈長類動物只攜帶單一 HSV 病毒株，但人類卻有兩種不同風格的 HSV，其中一種與黑猩猩身上發現的變體非常相似。這就是安德登和他的團隊想要破解的謎團。[5]

與其他靈長類動物中最常見的病毒株一樣，第一型疱疹病毒（HSV-1）偏好生活在口腔中，這種病毒是大多數人類唇疱疹的來源。但與其他猿類不同的是，人類還有第二種病毒株，第二型疱疹病毒（HSV-2），大家都明白它會長在更「下面」的地方。

人類感染 HSV-1 的歷史很簡單。研究表明，它在人類家族中的存在已有七百萬年之久，在我們與黑猩猩的共同祖先分化之前。世界上大多數脊椎動物都有一個和牠們一起演化的疱疹病毒，HSV-1 就是

屬於我們人類的。另一方面，HSV-2 使我們與衆不同、脫穎而出，藉由追溯它的歷史，我們明確得知該病毒是相對較新的病毒。

安德登的團隊從其他人透過檢查現代病毒株的家譜所確定的內容開始：生殖器疱疹（HSV-2）在一到三百萬年前左右從黑猩猩祖先跳到了人類譜系（要記得這是在 HSV-1 第一次引起不安之後的數百萬年）。在那段時間裡，我們的祖先在不太適合 DNA 保存的炎熱熱帶地區四處奔走。因此，安德登認爲，卽使定序技術最近（以及在預計的未來中）發展有所進步，也不太可能找到患有生殖器疱疹的曾曾曾曾曾曾祖父。

所以，研究人員嘗試利用古生物學氣候資料來確定黑猩猩祖先在適當時期可能出沒的地方，然後將我們祖先的化石和氣候資料重疊起來，並尋找原始人類和原始黑猩猩的交集。兩腳行走的原古人類鮑氏傍人（Paranthropus boisei）在正確的時間出現在正確的地點（或者是在錯誤的時間出現在錯誤的地點，取決於你對疱疹的看法），透過與黑猩猩扭打或吃牠們的肉，從黑猩猩身上獲得了 HSV-2。雖然這種 HSV 類人動物和我們所知的人類之間並非一條直直的演化路線，鮑氏傍人不是我們直接的祖先，而是衆多類人猿祖先之一，他們未能持續、持久的譜系，很有可能是頻繁和人類的演化祖先直立人（Homo erectus）互動並被吃掉。

直立人可能已經對 HSV 的各種病毒株產生出某種程度的免疫力，因爲他們對口腔疱疹（HSV-1）的感染程度非常高。透過鮑氏傍人從黑猩猩傳入的新型 HSV-2，面對這樣的免疫力，只能透過適應稍微不同的黏膜環境，獲得優勢，因此它在我們祖先的生殖器中尋找了安居的地方。

但是，無論過去或現在，性傳播感染總是在改變。HSV-1 正在捲土重來，試圖在現代的性傾向中生存下來。如今，愈來愈多人會進行沒有保護的口交，而這些人很少或根本沒有插入式性交的經驗（不錯喔年輕人，但請好好使用避孕套和牙齒隔離障〔dental dam〕好嗎）。同時，人們已經知道唇疱疹具有傳染性，在口腔疱疹爆發期間大家都會更謹愼，避免親吻嬰兒。這可能導致愈來愈多人是在口交過程中第一次接觸到疱疹。因此，「唇型」HSV-1 時常找到機會跳到生殖器上，而且這時生殖器沒有接觸過 HSV-2，因此缺乏保護性抗體。[6] 這代表「唇疱疹」愈來愈多，造成「壞疱疹」的爆發，也代表現在面臨了形容疱疹詞彙的語意混亂。

這些靈巧的病毒感染可以讓我們一睹過去的風采，但相關研究也讓安德登思考它們將如何塑造我們的未來：也就是說，如果人們了解這些疾病是人類根本的一部分，也許會減少對此疾病的汙名。他說：「像這樣的感染影響著我們所有人，並且已經伴隨人類很長時間了。」

我們可能會想知道在人類社會誕生之前感染性傳播感染是什麼感覺。韋特海姆表示：「我確實認爲圍繞症狀的恥辱不是什麼新鮮事，因爲對某件事了解得越少，它就越可怕。」但古早游牧時期人類對突然出現的一、兩個生殖器贅疣的反應應該頂多就是說聲「嗯啊」。當然，HPV 可以導致各種癌症：這就是爲什麼所有的那些推廣廣告都想讓你感到內疚，並藉此讓孩子接種疫苗（一定要接種喔！）。所以，古代性傳播感染患者最終死於無症狀感染的併發症並非不可能。

儘管如此，在這個世界裡，被長毛象刺傷或因過度抓屁股而死於敗血症的可能性可能更大。所以我認爲可以肯定地說，HPV 的不良影響在早期人類社會中相對較小。

第六章：爲什麼我們如此害怕性傳播感染？　　119

早期人類和尼安德塔人可能沒有因性傳播的微生物菌株而互相羞辱，但我們現代人類肯定替他們補上了那個羞辱。例如，《史密森尼》（Smithsonian）報導了將HPV與尼安德塔人性行為聯繫起來的研究，並稱原始人類給了我們「良好的基因和令人討厭的疾病」[7]。同樣，二〇一六年的一項研究表明，人類很可能在與尼安德塔人的交會期間傳播了HSV；研究人員認為，這種交流可能是導致原始人類滅亡的眾多因素中的一小部分。作為回應，許多媒體將這項研究描述為「我們用疱疹殺死了穴居原始人」。

但事實並非如此！事實上，我們只是將他們最好的基因雜交並折疊到我們自己的物種中，在這個過程中慢慢傳播成為主導的人屬物種。所以，實際上你可以說人類基本上把尼安德塔人操到絕跡了，但疱疹並不是主要原因。

物種大約第一次從原始軟泥中出來的時候，就已經患有性傳播感染，你可能想知道古代人類對這種放肆的苦難有什麼看法。答案是他們有很多話要說，卻很少不知道自己到底在說什麼。深有同感呢，對吧？沒有顯微鏡或任何類似現代流行病學的器具幫助，所有性傳染病看起來就都是亂七八糟的生殖器分泌物和令人感到尷尬的搔癢。這使得人類無法準確知道誰在何時感染了什麼。

例如，關於古希臘人是否患有梅毒（syphilis），存在一些爭論。[8]體液會以一種最不得體的方式從生殖器中流出，就算是在這個簡單的時代也是如此。但這些症狀都被認為是單一個診斷；在希臘醫生希波克拉底（Hippocratic）那個時代，人們提供的描述非常模糊，模糊到可能是幾種不同的疾病。疱疹、蟲咬、水痘、對托加長袍用的洗衣精過敏⋯⋯沒有人可以告訴你內褲裡的騷亂的成因。

在那之前，情況甚至更加撲朔迷離。請全程將雙手雙腳放在車內，我們即將要飛馳穿越數千年的惡臭分泌物！

美索不達米亞人在西元前三一〇〇年左右創造了第一種書面語言，從某種意義上說，他們也開啟了我們的書寫歷史。多虧了這些書面紀錄，我們知道他們幾乎肯定患有某種性病（VD, venereal disease）。亂交在他們的作品中很常見，《吉爾伽美什史詩》（Epic of Gilgamesh）是目前已知最古老的文學巨作，其中的性愛場面他媽的持續了兩週。但不幸的是，他們在描述與做愛相關的感染時並沒有特別明顯。學者發現了記錄尿道和陰道分泌物的醫學文獻，可能是由於淋病、披衣菌或滴蟲病（trichomoniasis），以及疱疹病變的潛在紀錄[9]，但這些症狀也可能是由其他原因引起的，例如血吸蟲病（schistosomiasis），是一種寄生蟲感染，可能導致各種滲血（而且甚至不是因為性行為感染，而是站在受汙染的水中時，就可能導致感染的蠕蟲會直接鑽入皮膚內）。

古埃及人留下了類似的跡象。我們知道他們的醫生治療了類似性傳播感染的症狀，但沒有任何文字直接將這些症狀與性行為聯繫起來。[10] 他們稱之為「祕密疾病」（secret diseases）。但這種保密到底是出於汙名化，還是因為這種疾病是藏在衣服下面，目前還不清楚。畢竟，就連五分鐘前發布的推文中都很難讀懂細微含意，所以就算考古學家沒辦法從一張破破爛爛的莎草紙，得知它是在暗示一個古老的性病病例，也不必過於苛責他們了。

希伯來人更明顯地提及性病。《利未記》（The Book of Leviticus）講述了一種類似淋病的疾病，牧師建議病人與伴侶分開一週（不過

這是處理任何讓人「不潔」的標準程序，而所謂「不潔」也包括了生理期呢，呵呵）。另外，《民數記》（The Book of Numbers）講述了一個關於摩西將數千名女性奴隸處死，以阻止新的傳染病在他的士兵中傳播（真是太棒了呢）的故事。

就感謝希臘人吧，他們對所有醫學事物都記錄得非常詳細。疱疹在這個時代得名，因為這種病在皮膚上爆發時會有「蠕動爬行」的刺痛感，而取名為「ἕρπης」，意為「潛伏」。

但如果這些早期的醫生知道這些皮膚病與性有關，他們好像也不覺得有必要大肆宣揚。此類疾病的治療並不包括禁慾。你可能會被告知要睡在更硬的床上，或用熱金屬灼燒小傷口，以防止它們擴散。如果你帶著灼熱感的分泌物出現在希波克拉底的診間，他很可能會告訴你的幽默感真是不正常，並給你一些平衡膽汁和痰的建議。事實上，一些醫學文獻描述當時他們透過更頻繁的性行為來治療這些疾病，當然這些疾病事後才發現就是透過性行為傳播的。哎呀！

對性病導致的皮膚病症產生的道德騷動似乎始於羅馬人，也被稱為「傻大頭版的冒牌希臘人」（我自己是義大利人，所以可以這樣說！而且這是真的）。羅馬人的諷刺詩歌拿男性同性性行為者中更為常見的疾病開玩笑。一些羅馬醫生稱讚「童貞」為健康狀況最佳的時期，這時各種疾病不太可能發生。在西元早期，百科全書概念發明者老普林尼的同名侄子小普林尼（Pliny the Younger），寫下了一對新婚夫妻尋死的故事，原因是丈夫的生殖器上出現了無法解釋的瘡。這可能是歷史紀錄上第一個聲稱將感染不知情傳染給伴侶的人，但肯定不是最後一個。

據說一一六二年在溫徹斯特舉行的議會禁止患有「灼燒病」的婦女進入妓院，乍一看，你可能會以為人們當時已經開始真正破解性傳播

感染的密碼。然而對於十二世紀的工人和顧客來說，不幸的是那個時期其實沒有舉行議會。這實際上是一位十五世紀的主教起草的法令，他只是將日期回溯以增加莊重感。[11]

至於十二世紀實際上對性傳播感染的知識，德國女修道院院長赫德嘉‧馮‧賓根（Hildegard of Bingen）有一些想法可以分享。賓根也被稱為萊茵女巫，在一些方面領先於她的時代。她創作的音樂至今仍被演奏；她研究天文學，有一次讓大主教將她和她的修女搬到屬於她們自己的修道院，每次他拒絕時，她都會聲稱自己患有嚴重的疾病。但賓根最執著且紀錄最為完備的領域是植物學和醫學。

十二世紀的西歐並不是一個很進步的時代。賓根的作品因此被詩意的語言所遮掩，並帶有厭女的氣息。例如，她並沒有注意到自己計算了星星和季節的進行，而是思考太空和我們星球循環的奇妙性質。她寫了一篇寓言，將天主教會的腐敗官員描繪成怪物，並聲稱這一切是在天堂降臨到她身上的意象。當她以不可思議的細節描述女性高潮時，使用的語言是如此華麗和超然，以至於她所有的男性上司都懷疑一個與上帝結婚的女人，是在哪裡以及如何學會這一點的。賓根還描述了一種可治癒的「痲瘋病」，這種病只會侵襲「好色的男人」。這種痲瘋病很可能就是我們的好朋友梅毒。顯然，這種感染開啟了第一個有紀錄的「反性傳播感染意識」時代。

當然，所有這些都是在細菌理論出現之前，細菌理論就是指細菌和病毒等微生物會引起疾病，這個理論直到十九世紀才流行起來。因此，即使學者知道性行為是罪魁禍首，仍不清楚感染機制。有些人認為這只是生殖器上的汙穢問題，而其他人則指責上帝的憤怒或某種陰道毒液（對，真的）。

第六章：為什麼我們如此害怕性傳播感染？

這代表雖然他們知道感染是透過性行為傳播的，但不知道到底如何產生。遲至一六九〇年，《治癒法國天花的新方法》（A New Method of Curing the French-Pox，暫譯）一文稱，如果一名處女與六名年輕男子「相伴」，其中一方最終會「自發地」感染性病，並傳染給其他人。醫生寫道，這是由於子宮內混合精液後發酵所造成的。我相信大家都同意，這絕對比任何實際的性傳播感染都要噁心一千倍。

儘管學者們繼續將梅毒和其他性傳播感染的傳播歸咎於從共用衣服到餐具交叉汙染等各種原因，但這種疾病通常只影響那些自我放飛的人（或者更準確地說，是至少與一個人有親密接觸，不論是好的或是壞的），都讓人很難忽視疾病相關於肉體的本質。隨著這些知識，開始了性傳播感染強烈的汙名化，但也激發了一股嶄新、緩慢達到頂峰的醫學研究浪潮，以及一大批急切想要抓住它的醫生。

請注意，「抓住它」只是比喻，只有少數科學家願意為了更了解性傳播感染而感染自己（稍後會詳細介紹）。然而即使受到汙名化，歐洲大片地區很快就會發現他們幾乎沒有機會躲避性感染。

你才梅毒，你全家都梅毒

由於亞里斯多德等作家傾向用模糊、容易混淆的詞彙來談論性感染。所以像是可愛的彈簧狀微生物「梅毒」（真的超像彈簧的，去Google看看）的起源方式和位置都不可能很準確地定位。畢竟，梅毒在全世界都是梅毒。但我們確實知道一件事：無論梅毒在智人（Homo sapiens）歷史前三十萬年左右的時間裡發生了什麼，它確實是

在十五世紀才真正開始備受關注,當時法國的國王查理八世率領約 5 萬人的軍隊進入義大利。[12]

伏爾泰在兩個多世紀後寫道:「在法國人的輕率義大利之旅中,他們帶走了熱那亞(Genoa)、那不勒斯(Naples)和梅毒,然後他們被趕了出來,失去了那不勒斯和熱那亞。但他們並沒有失去一切,梅毒仍與他們同在。」到了一五二〇年,這種頑皮的微生物旅遊到了非洲和亞洲。不同國家根據他們認為疾病的發源國家,來命名這種疾病,可以說是十六世紀版本的「我什麼都沒做,我坐在馬桶上就被感染了」的藉口。法國人稱之為「那不勒斯病」或「西班牙病」;英國人和義大利人稱之為「法國瘡」;俄羅斯人指責波蘭人,波蘭人指責土耳其人;日本人稱之為「中國病」;土耳其人則指責各種基督徒……。

法國醫生雅克·德·貝騰庫爾(Jacques de Béthencourt)不喜歡「morbus gallicus」(法國病)這個拉丁語名稱。因此,他在一五二七年建議改名,由於梅毒藉由性行為傳染(傳播的途徑是由一位義大利外科醫生於一五一四年提出的,從那時起被廣泛接受),應該將其與「不正當愛情」相關的名稱命名。他提議以神話中的女神維納斯命名為「維納斯病」(malady of Venus),或是學術名稱 morbus venerus。morbus venerus 這個短語後來演變成了「性病」(venereal disease)。到了一七〇〇年代,人們不再使用仇外心理作祟的對象稱呼梅毒,而是使用諸如「維納斯之禍」等綽號[13],迫使個別患者承受恥辱,而不再是由外國承擔。

消息傳出去了:梅毒是透過做愛得到的!喔老天吶,人們常常做愛啊。當伏爾泰大肆談論這個話題時,英國切斯特市已大約 8% 的

成年人患有梅毒。[14] 作爲比對參考，美國紐約市在二〇一六年重新評估梅毒患病率時，衛生官員對梅毒的「流行程度」感到恐慌，當時約有 2,000 例回報病例，也就是每 10 萬個紐約居民中有 22.7 例感染，感染率約爲 0.02%。切斯特市！這也太多了吧！

梅毒在這個時代的歷史紀錄中留下如此深刻的印記也就不足爲奇了。梅毒不只傳播速度驚人，疾病本身也是駭人聽聞。在歐洲及其他地區穿梭的前半個世紀左右，由梅毒密螺旋體（Treponema pallidum）引起的疾病比今天的毒性要強得多，可能是因爲人們對它的免疫力較低。

如今，梅毒的最初症狀通常包括不痛的潰瘍和不癢的皮疹，但如果不及時治療，這種疾病最終會侵襲神經、大腦、心臟和眼睛，會使人虛弱甚至死亡的併發症。如果在分娩過程中傳染給新生兒，通常也是致命的。換句話說，梅毒在現代並不是什麼大不了的事，但歷史文獻描述了過去一些更具直接破壞性的症狀，包括骨痛、難以忍受的疼痛、流膿性潰瘍和器官衰竭等症狀。

即使後來從流行病（epidemic）轉變爲地方病（endemic），梅毒患者在抗生素出現之前都面臨極大的痛苦。不過別擔心，這些無數可憐靈魂的痛苦並沒有白費，要感謝他們痛苦的死亡，才成就了人類史上最具諷刺性的藝術作品之一。

淫蕩的朝鮮薊和癡情的男孩

你覺得自己是梅毒忠實粉對不對，我懂的，誰不是呢？但你有寫過一首有關法國瘡的史詩嗎？奧維德（Ovid）寫的那種史詩，不只是

「史詩級」巨作？當然，這樣的事情聽起來好得令人難以置信，但我向你保證它確實存在。這首寫於一五三〇年的八十四頁長詩非常受歡迎，以至於在一六八六年有了非常用心的翻譯。

義大利醫生吉羅拉莫·弗拉卡斯托羅（Girolamo Fracastoro）將梅毒視為一場具有里程碑意義的瘟疫，甚至值得將這個主題寫一部史詩敘述。十七世紀翻譯家兼忠實鐵粉納亨·泰特（Nahum Tate）戴著引人注目的假髮，他也同意弗拉卡斯托羅的看法。弗拉卡斯托羅精通當時的自然科學（引用泰特對弗拉卡斯托羅「完全冷靜公平」的評論：「他的父親提供了良好的教育，因此他在童年時期就展現出偉大天才的證據，所有人都抱以希望，認為他必能成為非凡人物。」）即便如此，弗拉卡斯托羅的詩意沉思更多的是在藝術而非醫學。他另一篇寫梅毒的文章更為直白，提供了很有用的資訊，至少相對於當時的知識而言。對他來說，寫詩歌歷史主要是興趣。我相信我們之中許多人都理解。

而且，這種藝術努力的結果是驚人的（或至少是驚人地糟糕）。我們應該要寫首詩來讚揚泰特對弗拉卡斯托羅詩的翻譯，更不用說原詩本身了。泰特似乎認為弗拉卡斯托羅創作了一件真正偉大的藝術作品：他甚至在前言中指出，原詩人在一次雷擊中倖存下來，而那次雷擊殺死了當時抱著他的母親，以此強調原詩人受存在的天意。泰特也產出了一些抒情的譯文，例如將朝鮮薊描述為「淫蕩的」（salacious）。

在我閱讀詩詞中的奔放激情時，我對這部偉大作品的欣賞有增無減。我有幸在紐約醫學院的古書室裡，屏住呼吸地翻閱了該書的原稿。(有趣的冷知識：每個人都可以在網上預約，可以閱讀有關生病陰莖的古老舊書)。看到泰特作品中精心手寫的文字，真的讓我更

第六章：為什麼我們如此害怕性傳播感染？

加意識到：真的有人花時間寫了一首非常長的梅毒詩，其中內容包括但不限於「神話仙女」和「對小黃瓜的無禮冒犯」。

真的推薦一讀。這裡只節錄一小部分：

陰森可怖之季，這股疾病蠢蠢欲動，
其恐怖擴散於酸楚的四肢之間：
源自全境，擴展至世代，
無一人倖免，或僅寥寥無幾；
天降懲戒那墮落的時代，主神阿波羅之怒為中柱，
故而始有年度祭祀之儀，
承傳堅實至今未改。
昔日有一牧者（毋忽古老傳奇），
擁此丘陵，名曰西菲利斯。
牧群母牛，牧牛千隻，
引群入谷，指日向河。
為阿爾西修斯王牧此群，
隱於岩穴，蔽於陰影，
於夏至之際，敘利亞之星，
炎熱加劇，灼人之光。
田野成灰，牧者無歸，
幽林中尋，欲得涼氣。

一位科學家會花時間寫一首關於梅毒的84頁詩，這也許令人驚訝；也許更令人驚訝的是，一個世紀後另一位科學家花時間翻譯。但要

了解我們好色的朋友弗拉卡斯托羅的動機，只需深入了解這種疾病的已知歷史。

淫蕩的朝鮮薊啊，他們沒有錯。從流行病學的角度來說，梅毒過去到現在都很史詩級啊。

歐洲發燒了，唯一的藥方就是……水銀。

與金星共度一晚，與水星共度一生

水銀有很長時間被當作性傳播感染的治療方法，特別是針對梅毒，但是因為當時人們不清楚性傳播感染的種類及外觀，所以八成也用在所有性傳播感染。據說俗話「與金星共度一夜，與水星共度一生」就是由此而來。[15] 這雙關非常聰明，我很喜歡。

但我不喜歡使用水銀來治療性傳染。在一五〇〇年代梅毒最盛時期，一般的治療方法是塗抹水銀軟膏，並盡可能流更多汗和口水，以清除自身的惡氣。[16] 療程可能會持續數天、數週或數月。軟膏還被認為是直接飲用水銀的改良版，因為人們愈來愈意識到汞是有毒的，但是讓汞藉由軟膏滲入皮膚或吸入肺部也絕對都是有毒的。也有人會攝取癒創木屬（guaiacum plant）的汁液，這種植物是由西班牙人帶到美洲，常常被認為是萬靈丹。然而，它無法治癒梅毒。

水銀一直被視為是治療梅毒的最終手段，直到二十世紀初，醫學進步提供了更好的選擇：砷（arsenic），還有瘧疾（malaria）。

「熱療」（pyrotherapy）是一個非常酷的詞彙。你甚至不需要真的點燃病人，只需要替患者製造人工的發燒即可。這個概念是發燒如果不會殺不死你，就可以幫助你更快康復，因此由外在因素導致的體溫

升高也可以幫助患者重新站起來。（順便說一句，發燒幫助治癒的機制，以及發燒對多種疾病有多大好處，是醫界仍在研究的課題。目前認為較高的溫度有可能可以提供對某些病原體不太適合的環境，高溫也可能可以加速那些驅使免疫反應的細胞。）[17]

一八八〇年代，奧地利精神病學家朱利葉斯·瓦格納-堯雷格（Julius Wagner-Jauregg）看到一名精神病患者在經歷了嚴重的細菌感染後，精神病似乎康復了，因此他開始研究熱療如何幫助治療各種心理健康狀況。然後，在一九一七年，他不知為何接觸到了一名瘧疾患者，並在用奎寧（quinine）幫他治療之前取到患者的血。這些血液輸送到了瓦格納-堯雷格幾位神經性梅毒（neurosyphilis）患者的體內，這些患者由於進入梅毒的最後階段，認知能力下降，因為梅毒會攻擊大腦等器官。病患輸血後，引發了瘧疾發作的高燒，一段時間之後才允許他們服用奎寧。[18]

現代分析顯示這項技術確實非常有效，雖然因為發燒本身具有死亡風險，而且不是能 100% 成功，但仍然有效。這個方法甚至促使某些醫院在健康的人不知情的情況下，讓他們感染瘧疾，這樣醫院就會有安全的庫存可以用於治療。[19]但面對棘手的神經性梅毒，足以讓瓦格納-賈雷格（冷知識：他是納粹同情者！）贏得一九二七年的諾貝爾獎。此治療一直持續到一九四〇年代，直到青黴素（penicillin）的出現，作為一種更安全且更有道德的選項而被廣泛採用。

淋病從何而來？

淋病（gonorrhea）是世界上現存最古老的性傳播感染之一。[20]

Google 會告訴你淋病有一個叫法：「the clap」（拍擊），是因為有種可怕的治療方法——把陰莖夾在一本大書的書頁之間，並把膿液擠出來。實際上我們不確定這個命名來源是不是真的，有些專家認為這個名字指的是感染者小便時的感覺；另一些人則認為是來自「法國妓院」的別稱「clapiers」，意旨兔子窩。

無論如何，即使把書拍在陰莖上不是常規做法，淋病的一些其他治療方法都很有問題。[21]據說十六世紀的男性將汞（我們的老朋友）注射到尿道中。甚至到了十八世紀，歐洲的治療方法也包括清淡的流質飲食以及尿道灌洗（urethral lavage）或灌注（urethral irrigation），其中男性患者被插入導尿管，然後連續幾天用滾燙的熱水灌洗陰莖。據歷史學家研究，治療的成功與否與感染者所經歷的痛苦成正比。

除了歷史上治療性傳播感染時常見的毒藥、瀉藥和發汗療法外，一八〇〇年代的歐洲人還採用了兩種植物療法。第一個是蓽澄茄（Piper cubeba），一種印尼植物，自古以來就被阿拉伯醫生和煉金術士使用，據說味道介於五香粉和黑胡椒之間；第二個是古巴香脂（copaiba），一種南美樹的提取物，當時可熱門了：一八五九年的前十個月，就有大約118,396磅的古巴香脂進口到英國，這種物質似乎幾乎都是專門用於治療淋病。[22]

但它有效嗎？弗里曼·邦斯特德（Freeman Bumstead）是一位美國醫生，被認為是內戰期間性病的權威人士之一，他回報的植物治療結果中好壞參半。他說這些植物「在許多淋病病例中毫無疑問地發揮了功效，但在其他病例中卻完全無效；也沒有任何方法可以預測結果……這些植物並不是治療每一個淋病病例都一定需要的。」

所以⋯⋯就是這些植物約有 50% 的時候發揮了 100% 的功效。

邦斯特德可能一直致力於了解性傳播感染，但他肯定對其起源的調查不是最堅持不懈的人。

以科學的名義戳下去

和六〇年代的許多人一樣，約翰・亨特（John Hunter）熱衷於性實驗。但現在是一七六〇年代，不是一九六〇年代，所以他的實驗並不是吃迷幻藥或自由戀愛，而主要是用沾滿膿液的針頭戳人。

科學家們正剛開始了解疾病如何傳播，而亨特走在當時代的尖端。同期大多數研究人員都認為，七年戰爭（the Seven Years' War）中受傷的士兵身上出現的滲膿感染，是自然的癒合過程，甚至是健康理想的跡象。但亨特知道這種程度的發炎應該要試著避免。他開創了治療新趨勢，只要子彈不構成直接威脅，就將子彈留在體內，從而避免在不衛生的戰場上進行不必要的手術。的確，在體內保留一塊鉛確實比手術好。畢竟，取出子彈需要先擴大身體上的洞（通常是用一些極不衛生的工具），然後那些全身上下沾滿其他人內臟的外科醫生才可以把手指伸進體內。而亨特的病人之所以能活下來，正是因為他沒有把病人切開來，這在十八世紀的醫生看來就是一個令人意外的劇情轉折。

但是亨特可是一位特立獨行的外科醫生，也是倫敦最受歡迎的多領域專家，他可不只是基本傷口衛生的早期倡導人。亨特在研究領域中還有一個非常特別的爭論焦點。他最終也為此研究感染了梅毒。[23]

就像睡美人滿懷敬畏地伸手去碰一根閃亮的紡錘一樣，亨特（據說）用一根針浸在淋病患者的排出物，然後刺了自己。這是故意的，

算是吧。染上梅毒是個意外，但亨特對此也感到非常高興。對，很奇怪，大多數醫學史都很奇怪。

是這樣的：當時，顯微鏡技術的掌握只能讓科學家辨識載玻片上蠕動的斑點。因此，他們整天爭論各種症狀到底是來自同一種疾病、還是三種、十種疾病。如果一家人都打噴嚏、咳嗽，但只有一個人發燒，現代醫學可以告訴我們他們有可能、很可能都感染了同一種病毒。我們現在知道一種病原體對於不同的個體，影響程度和影響的方式也可能略有不同。但這樣的邏輯推論在亨特的時代只會引起更大的爭議。在性傳播感染的照護和治療中也存在著同樣程度的混亂。

亨特認為梅毒和淋病是由同一種微生物引起的（劇透：並不是）。因為他見過淋病會自行痊癒，所以他反對在某些情況下積極治療梅毒。但為了支持這個論點，他必須證明這些疾病是同一種疾病。而證明的最佳方法，當然就是用淋病患者的膿液來感染別人啦！[24] 亨特對一些人做了這種事，可能包括他自己（是不是感到困惑？許多歷史文獻也有同感）。當研究對象開始表現出梅毒症狀時，亨特就會感到得意洋洋。

顯然他從來沒想到，膿液來源可能本來充滿了各種感染，導致亨特向實驗對象注射了一盤侵略性細菌大雜燴。人體內蘊藏無數可能，在同個肉體上，可以容下兩種以上的性病。

許多現代學者認為亨特真的有在隨機患者身上進行了這些實驗。事實上在當時，讓毫不知情的人感染包含梅毒在內的疾病是很常見的。(也有人是為了治癒梅毒而想感染瘧疾，有點像是用問題來解決問題)，這樣的做法司空見慣，是到了很近代才被終止。[25]

第六章：為什麼我們如此害怕性傳播感染？　　133

直至到了一九七〇年代，美國疾病管制與預防中心的研究人員，在塔斯基吉梅毒試驗（Tuskegee Syphilis Study）中對數百名黑人男子謊報他們的健康狀況，而且刻意不提供青黴素以便觀察受試者梅毒的進展。塔斯基吉梅毒試驗是醫學史上可恥的過去，但並不是唯一一次可怕案例。相比起美國政府針對被剝奪權利的人進行實驗，坦白說，用一根骯髒的針刺在自己下體都沒有那麼駭人聽聞，甚至要理智得多了。更不用說在人類歷史上各種特別對奴隸、囚犯、窮人和身心障礙人士進行的各種特例研究（ad hoc studies）了。

亨特有個會令人感到不安的事蹟，他購買並展示了一位愛爾蘭巨人症患者的骨頭，這位巨人死前有要求自己要海葬。[26] 在海浪下長眠和永遠坐在某個英國人的書架上根本是完全相反的。所以可以看的出來，這位醫師並不是尊重身體自主權的模範大使。

總而言之，亨特絕對是會用髒針刺窮人的那種人。直到最近，大多數醫生這樣做的頻率高得令人震驚。

無論亨特是一位罕見願意冒著性命危險的英雄，還是那種歷史上大多數醫學研究背後的不道德混蛋，他似乎想要讓大眾相信他自己感染了梅毒。他這樣做的故事來源包含他自己學生的筆記、他自己的講座，以及他的科學論文的一位編輯。想像一下：外科醫生自豪地談論自身的梅毒傷口，相比用自身信念推動科學的偉大成就，社會上的恥辱根本不算什麼。雖然亨特的結論非常、非常不正確，但他確實為自己得出結論的方式感到自豪。

亞倫・崔維克（Aaron Traywick）在二〇一八年的生物技術會議上自己注射了基因改造後的皰疹，而從大眾的反應我們可以肯定地說，

亨特的自我實驗搬到今天也是會同樣令人感到震驚，甚至是更為震驚。崔維克決定嘗試一種未經測試的單純疱疹病毒疫苗，結果各種層面上都「發燒」了。

媒體將他描繪成一個叛逆的瘋子，YouTube 和 Reddit 等網站上的許多評論頻道都竊笑，想說他到底是為什麼會想要去注射疫苗呢。同年，崔維克在一場意外事故中身亡，許多文章的釣魚標題眼花撩亂地暗示他的死亡與他的疱疹實驗有關。

不要誤會我的意思：我不是主張要用炫耀性的自我實驗取代嚴謹的醫學試驗。但自一七〇〇年代以來，「以科學的名義讓自己接觸性傳染感染」到了現在似乎變得比以前更不得體，這一事實也許應該讓我們停下來想一想。

冒牌醫生，江湖郎中

在歷史上的大部分時間裡，性傳播感染的治療都是昂貴與痛苦的，而且效果不佳。因此，就像今日患有慢性不適甚至嚴重疾病的人會被健康型網紅征服一樣，那些患有膿瘡和屁股搔癢的人，在抗生素和抗病毒藥物出現之前，經常被庸醫欺騙。畢竟，醫生和外科醫生才剛哄抬水銀的價格，而且聽說水銀治療法非常令人不快。所以何不嘗試看看微笑賣給你的便宜好貨呢？

維多利亞時代的倫敦，庸醫所做的不只是挨家挨戶或在郵局兜售垃圾藥物，也為普通人提供了一些他們唯一可以獲得的性教育。

喬瑟夫・卡恩（Joseph Kahn）的解剖博物館最初是一個優雅高級的地方。他在一八五一年從當時還在法國和德國之間搖擺不定的歐洲

地區，移民到在倫敦牛津街 31 號。卡恩和他的家人開設了一間解剖學和病理學博物館。大眾可以付費參觀各種解剖狀態的人體蠟像，以及用酒精保存的各種標本，卡恩的博物館還展示了顯微鏡載玻片，這從一七〇〇年代開始是一個相當常見的概念。歷史學家 A・W・貝茨（A. W. Bates）指出，這類展覽在十八世紀已經發展相當，但後來逐漸過時，而到卡恩出現後又重新繁榮起來。

這可能主要歸功於威廉・伯克（William Burke）和威廉・哈爾（William Hare）的公開審判，他們在一八二八年殺害了至少 16 人，並將受害者賣給愛丁堡大學解剖學系進行解剖。[27] 採購屍體進行研究一直是一個有爭議的問題，光是這個主題就可以再寫一本書，而且其實應該已經有專書了。不過這兩個可惡的威廉再次讓維多利亞時代的人們對內臟產生了興趣。

這不是馬戲團的餘興表演，也不是庸俗的景點。卡恩贏得了英國醫學期刊《刺胳針》（Lancet）的認可，該雜誌當時以揭發庸醫聞名。卡恩特別受到認可的方面為他的胚胎收集，以及對受精和發育過程的附帶解釋。[28] 但他的博物館還有一個房間（注意，僅供醫療專業人士使用），在那裡可以看到患性病生殖器的精緻複製品。鑑於大多數醫生都已經親眼見過這些症狀，因此要進去僅供醫療專業人員的展覽很簡單，可能只要眨個眼、點個頭就不用出示證照了。卡恩為了討好《刺胳針》的評論家，曾多次聲稱他有減少允許女士參觀的展覽數量，講的好像他和博物館人員真的會看到一條裙子就會收拾東西一樣。然而，他確實有公開允許具備「職業需求」的女性，如護理師和助產士，進入博物館中更血腥的部分。

但這是在卡恩陷入困境之前，在遇見喬丹家族之前。

喬丹家族就是那種《刺胳針》喜歡去揭發的江湖庸醫。他們以「佩里公司」（Perry and Co.）為名，自稱是自學成才的醫生，透過郵寄方式銷售各種治療性病的藥物，並在公共廁所中打廣告。最初卡恩在講座中強烈譴責佩里公司的產品，但很快就被一大筆蠟模型訂單收買了。他們開始合作，卡恩將博物館的焦點轉向性傳播感染，以幫助佩里公司販賣治療方法。

這裡我想停下來想像一下，這原本可能是一件多麼好的事情。對於維多利亞時代倫敦的居民來說，如果能夠看到性傳播感染症狀的蠟像、了解治療方案，並向醫學專家尋求預防建議，這將徹底改變局勢。卡恩的博物館可能就會是性教育的迪士尼樂園，我提議現在我們應該考慮建一個。

不幸的是，有錢能使鬼推磨。卡恩的意圖並不高尚，他不是要將知識在工人階級中流傳。博物館變成僅僅是一個行銷佩里公司療法的地方，販賣對象包括沒理由認為自己患有性傳染病的人。我找不到他們商品的詳細描述，但醫學史的經驗告訴我們，商品成分八成都是水。

到了一八五〇年代中期，幾家醫學期刊曾試圖揭發「這群卑鄙的猶太江湖庸醫」（我不喜歡這種講法，希望原因顯而易見），並將曾受人景仰的卡恩列入騙子醫師名單。他的事業在一八五七年注定垮台，當時因勒索一名要求退款的客戶而受審。據說他威脅要公開指控原告自慰以報復原告。傳聞法官喊說：「哦！就算那是真的，醫生做這件事也很糟糕。」《英國醫學期刊》（The British Medical Journal）指出，沒有一部虛構小說發明過比卡恩「更令人憎惡的人物」。嗯有點超過，但好哦。

第六章：為什麼我們如此害怕性傳播感染？　　137

卡恩很快就消失得無影無蹤，但博物館在喬丹家族的管理下一直開放到一八七〇年代。有趣的是，一八五七年的〈猥褻出版品法案〉(the Obscene Publications Act)（將在色情作品的章節中詳細討論）為該場所的關閉做好了準備。英國沒有辦法直接針對那些兜售江湖藥物的人；一八五八年的《醫療法》(the Medical Act) 僅對有合格註冊的執業醫師進行監管。對於像喬丹家族這樣的人，法律所能做的就只是對他們大喊「你不是醫生」，但潛在的客戶卻忽視了這個警告，就像今天還是有很多人會相信未經認證的營養補充品和順勢(homeopathic) 療法，而選擇性忽視相關警訊。但是，最終以博物館的形式進行的廣告和體驗式行銷被認為是「猥褻的」。這標誌著這種醫學知識（以及江湖醫術）平等交流的結束。

這可不好笑

我沒有任何愛滋病毒的愚蠢好笑故事可以告訴你。人類免疫缺乏病毒（HIV，Human Immunodeficiency Virus）提醒了我們，雖然我們不應該比其他感染更害怕性傳染病，但也不應該忘記對它們保持警覺。

這樣說吧：我們知道另一種病毒（例如：SARS-CoV-2）可能隨時出現，並且很有可能會在未來某個時刻出現，但不會因此就餘生躲在室內不出門。不過，作為一個社會，所有人都應該採取一些措施，以防止新冠疫情再次發生。員工應該要有帶薪病假，這樣他們就不會被迫在地鐵上打噴嚏；各國政府應投資加強可立即生產個人防護裝備的能力；每個人他媽的應該給我好好洗手……等等。

如果說新冠疫情教會了我們什麼的話，我希望它能讓我們認識到病原體的潛在危險，並採取措施避免感染和傳播，而不是過度恐懼或歧視高危險群。這個期望可能很難實現，因為我認為人類在吸取教訓方面做得並不好，即使是針對 SARS-CoV-2 的教訓。

　　至於愛滋病毒的防範，只要你會在未接種疫苗的情況下，在戶外餐廳的露臺上吃飯，就不能說你永遠不會和愛滋病毒攜帶者發生性關係。當然你隨時可以決定不與某人發生性關係。也許這個人感染了愛滋病毒，同時剛好也是超級討人厭的混蛋。每個人都有權主導自己的身體和生活。我只是想說如果「不可能會和愛滋病病毒感染者上床」是你唯一不謹慎對待愛滋病的理由，那麼這個邏輯可能有根本上的缺陷。

　　有件關於愛滋病毒的事情確實令我不自覺地微笑。感染愛滋病毒的人必須服用抗愛滋病毒藥物，以確保他們不會患上重病。但如果定期服用這些藥物，愛滋病毒細胞的數量通常會降低到血液測試無法檢測到（雖然不代表真的沒有病毒）。研究明確證明，那些血液中愛滋病毒無法檢測到的人，不會傳播病毒給別人。[29] 愈來愈多愛滋病毒感染者可以從醫療衛生團隊那裡得到確認，確保他們不會將愛滋病毒傳播給伴侶。而本身沒有感染愛滋病毒，但有從伴侶那裡感染風險的人，可以服用舒發泰（Truvada）等藥物，幾乎可以消除這種風險。除了負責任地使用保險套之外，這類藥物確實肯定有能力停止愛滋病毒的傳播。

　　目前可能還沒有一種簡單徹底的方法來治癒愛滋病毒。但是，這些「抗反轉錄病毒藥物」（antiretrovirals）和「更普遍的安全性行為」(例如使用保險套、使用大量潤滑以避免性行為時皮膚撕裂)，可以使愛滋病毒成為慢性病而非死刑宣判，並防止其繼續傳播。但是這些工

具的公平分配和實施是一個完全不同的障礙，而且我們不知道未來還會出現哪些其他性傳染病。請謹慎、誠實、友善來面對，但不要害怕。

好吧，其實我的確有一個關於愛滋病毒／愛滋病的有趣故事。故事開始嘍。在一九八〇年代初，沒有人知道這種針對男同性戀者的奇怪「癌症」實際上是什麼。這導致了許多可怕的汙名化和荒謬的理論，《洛杉磯時報》（Los Angeles Times）至少有一篇文章報導，熱水浴缸因對愛滋的恐懼銷量下降了。[30] 故事有趣的部分不是這裡。

有趣的點是，一九八五年的一項研究將愛滋病患者經常感染的「卡波西氏肉瘤」（Kaposi's sarcoma）與「亞硝酸戊酯」（amyl nitrites，俗稱 poppers）聯繫起來。亞硝酸戊酯是種血管擴張劑，最初是作為維多利亞時代的心臟藥物。當患者吸入亞硝酸戊酯時，血管會擴張，進而降低血壓並增加血流量，而且會放鬆非隨意肌（involuntary muscles）。綜合起來的結果是一種短暫的欣快感；一種溫暖、刺痛的感覺，而你的孔洞則是會……「準備好並渴望接受」。經常吸入亞硝酸戊酯的話，可能對大腦不太好，如果你是用喝的，那亞硝酸戊酯肯定有害。只是要提醒你，不要服用那些……連 Google 都沒搜索過的藥物。(說真的，不斷有人喝亞硝酸戊酯的案例報導，任何了解此藥物的人都不可能會這樣服用，所以直男直女們，就是在說你們，可以請不要亂喝藥嗎？)

總之呢，目前沒有任何機制會使亞硝酸戊酯導致感染或增加感染 HIV 的機會，但這並沒有阻止「亞硝酸戊酯導致愛滋病流行」的陰謀論全面出現。

事實上，正如記者亞歷克斯・施瓦茨（Alex Schwartz）在《科技新時代》報導的那樣，亞硝酸戊酯實際上可能透過放鬆括約肌和降低出血風險來降低肛交過程中 HIV 傳播的風險。[31] 真是實用新聞！

一個值得犯下的錯誤

性行為時你可能會不小心碰到很多危險的東西：泌尿道感染、性傳播感染、暈船的感覺等等。雖然發炎的尿道很糟糕，而且暈船總是沒有回報，但我們有理由相信，一些性傳播微生物可以帶來很棒的好處。

德州大學的生物學家在二〇一五年概述了 4 個記錄在案的性傳播感染案例，這些感染對宿主有利。[32] 沒錯，4 個！而且這些只是我們已經知道的。有鑑於人類對全世界微生物的複雜性研究才剛起步，很有可能還存在其他真菌、細菌和病毒對身體有益，並且透過性行為最有效地傳播。

例如，蚜蟲（aphid）透過交配傳播一種名為 Hamiltonella defensa 的細菌。當寄生蜂在蚜蟲體內產卵時，這些微生物就會派上用場。感染了 Hamiltonella defensa 的蚜蟲可以在寄生幼蟲還很小的時候就殺死牠們，而不會在蚜蟲體內孵化。[33] Hamiltonella defensa 如此有用，事實上它有可能驅使蚜蟲發生性行為，因為雌性蚜蟲完全可以自己無性生殖，而且大部分時間都是無性生殖。但如果母親沒有 Hamiltonella defensa 傳給後代，就只能透過尋找已經感染的雄性來為自己和自己的後代獲取這種微生物。斯氏按蚊（Anopheles stephensi）

也有類似的交換，雄性會在性交過程中將醋桿菌科（Asaia）的細菌送給雌性。[34] 研究表明，當雌性將這種細菌傳給後代時，幼蟲需要的發育時間會縮短多達四天，也許是藉由某種營養補給實現。有些真菌進行有性繁殖時，牠們可以交換有助於生長和耐熱的病毒，或產生毒素來殺死競爭對手。

信不信由你，人類也有至少一種有益的性傳播感染。

GB 病毒 C（GBV-C）是丙型肝炎（hepatitis C）近親，似乎不會引起人類任何疾病[35]，使病毒很容易繼續傳播。對已開發國家捐血的研究發現，1% 到 5% 的捐血者有攜帶此病毒，而發展中國家中有多達五分之一的捐血者可能有此病毒。對大多數人來說，GBV-C 可能只是無足輕重的存在，只是微生物繁華大都市中的一位匿名居民。

但由於未知的原因，GBV-C 改變了 HIV 感染者的健康狀況。研究表明，同時擁有這兩種病毒，可以使死於 HIV 相關疾病的機率降低 59%。[36] 也有證據表明，攜帶 GBV-C 可以改善伊波拉病毒感染者的患病結果。

請不要以此為藉口去無套幹遍整個星球，像收集寶可夢一樣收集漂亮的微生物。追蹤 GBV-C 用途的科學家們正努力找出分離這種微生物和其他有益微生物的方法，使我們能夠以更安全的方式獲得牠們。

在那之前，使用保險套、牙齒隔離障和其他裝備的好處，遠遠超過了沒有神祕微生物的壞處。美國疾病管制與預防中心（CDC）在二〇一九年提供了最近期的完整資料，美國性傳播感染連續第六年創下歷史新高，而披衣菌、淋病和梅毒感染病例達 260 萬例，較二〇一五年增加了三分之一。

但如果你傾向於認為性傳播感染是一種痛苦萬分、黏稠糊糊、令人恐懼的病症，請記住性傳播感染並不比其他類別的微生物更好或更糟。當然，這些感染絕對可能可以狠狠傷害你，但之所以會造成傷害跟傳染途徑沒有關係。甚至真要說的話，性傳播感染相比其他傳染性疾病還沒那麼可怕。

記得伊波拉病毒嗎？肯定殺得你措手不及。西尼羅病毒？要在餘生避開地球上的每一隻蚊子的話，祝你好運。你可能會被孤星蜱蟲叮咬，並因此終生對肉類過敏。只要在錯誤的時間出現在錯誤的地點，你就有可能感染致命的流感。但我們知道如何預防性傳染。戴上保險套！使用牙齒隔離障！和伴侶做性病檢測！接種HPV疫苗！如果你或你的伴侶有傳播或感染愛滋病毒的風險，請服用舒發泰(Truvada)！不要跟那些不願意談論或實行這些事情的人上床！

實行安全性行為並不能保證你永遠不會感染性傳播感染。例如，疱疹是透過皮膚接觸傳播的，全身矽膠緊身衣也不是很實際。而且我不能保證受感染不會有什麼大不了的。但如果小心的話，感染風險就會大大降低。生活中很少有事情如此簡單，這個人生送分題請不要做錯了。

第七章
嬰兒是怎麼形成的？

精液凝固；毒血凝結；小小人飄浮在微風中孕育生命。

親愛的家人朋友們，我們今天齊聚一堂要討論的是歷史上的一段時間。在這段時間，大家都以為每個精子（或每個卵子）內，都有微小人類摺疊放在裡面。稍後會詳細介紹。

雖然人們很容易嘲笑昔日學者的愚蠢，尤其是那些武斷地談論懷孕如何發揮作用的男性學者，但整件事長期籠罩在神祕之中是可以理解的。我們知道，許多古代民族都掌握了異性性交可以生育嬰兒的基本概念。人們只需要打開《舊約》，了解所有關於某個女士睜眼說瞎話地撒謊，並生下了某位先生的故事，就能看到證據。更多細節仍然模糊是有道理的。在人類歷史的大部分時間裡，了解人體內部情況的唯一方法就是將人體切開，即使那樣，也僅限於肉眼可以看到的東西，更不用說由於解剖對象因為其死亡狀態所以參考價值受到影響。幸運的是，沒有多少學者仗著科學的名義把懷孕的人切成兩半。即使有難得的機會調查已故母親和胎兒的屍體，他們的觀察也無法展示太多胎兒形成的機制。在十七世紀末顯微鏡讓我們看到精子和卵子的活動

之前，對於嬰兒形成過程的研究一直是在黑暗中盲目亂射。而且顯微鏡也是很多年後才強大到足以清晰地觀察這一過程。

例如十二世紀的學者赫德嘉‧馮‧賓根（還記得她跟性痲瘋病嗎？），她認為精液是人類在伊甸園墮落後而凝固且有毒的血液，只有女性子宮才能加熱這種有毒物質，使其適合孕育生命。赫德嘉說，精子的強度決定了孩子的性別，而父母婚姻的熱情則決定了後代的個性。在最壞的情況下，精子虛弱且對妻子沒有愛的男人，可能會生出一個充滿怨恨的女兒。在歷史上更早的時期，亞里斯多德就非常相信精子的繁殖能力，以至於他稱女性為「不孕的男性」。

正如所見，要正確了解受孕非常困難。我們即將踏上一段瘋狂的旅程，祖先認為他們是以各種可笑的方式懷上我們的：從混合男性和女性「精液」（好噁）到需要先讓女性高潮（好主意，但可惜不對）。但在開始嘲笑之旅前我們需要認真審視自己。因為……無意冒犯，但報導真相是我的工作，你對懷孕的理解也可能是錯的。

不要傷心；這不是你的錯。從我們活著以來，「受孕機制」就一直被各種障眼物和保守政治所故意掩蓋。

例如，你可能認為大多數人在分娩前都懷孕了大約 40 週。除非有意外發生，不然胎兒（或更準確地說，先是受精卵，然後是胚胎，然後是胎兒）在子宮中生長 40 週，然後才會離開。但當懷孕達到所謂的 40 週大關時，實際的懷孕時間只有 38 週，甚至連說是 38 週都有點牽強。

我知道我知道，這都是愚蠢的小事，但重要的是要讓你了解懷孕實際上是如何發生的。

第七章：嬰兒是怎麼形成的？　　145

如果你是一個有在排卵的人，一個卵巢通常會在經期到來前大約兩週（誤差值約一、兩天）排出卵子。順便說一句，與其說是「釋放」，不如說是「卵子從濾泡（follicle）中衝出，就像是賽車衝過磚牆一樣」。這個過程只有在腦下垂體釋放正確的激素，來告訴卵巢要產生濾泡時才會發生。「濾泡」是一種充滿液體的囊腫，會分泌雌激素來增厚子宮壁。如果這些濾泡繼續生長近兩週，一旦成熟，其產生的雌激素激增會告訴腦下垂體釋放出一些黃體激素（luteinizing hormone），並使濾泡繼續成長。現在腫脹的濾泡會向輸卵管發送化學訊號，低聲告訴他們靠近並準備起飛，接著濾泡突然爆開，讓卵子踏出門闖蕩。

　　換句話說，這比「精子接觸卵子」複雜得多了。

　　其中一個輸卵管現在應該要準備好進行干擾了；它會用名為「細菌纖毛」（fimbriae）這個像似手指的突起構造輕輕撫摸破裂的濾泡，將卵子從開放的腹腔中掃出來（對，卵子就這樣飄在外面）並使其進入輸卵管，然後滿身肌肉的輸卵管會將卵子擠向子宮，大約八到十天後卵子就會到達子宮。但單身的卵子只能存活約 12 到 24 小時，如果這段時間內沒有遇到精子，它出現在子宮時就已經死了。

　　即便只是一次射精就有數以千計精子，會在受孕期產生的酸性子宮頸黏液中茁壯成長，其中部分精子將在子宮小幅收縮的情況下被推入輸卵管。精子必要時最多可以存活五天，因此即使是在排卵之前幾天發生性行為，精子也有可能找到卵子。卵子會釋放吸引精子的化學物質，輸卵管壁上排列的「纖毛」（cilia）數量增加，最初的精子群中一小部分會在幾分鐘內碰上卵子。在此過程中，荷爾蒙會觸發「獲能作用」（capacitation），精子在此階段完全成熟，尾巴變得更加

自由，幫助它游得更快，而頭部的膜則變得不穩定，準備要與它尋找的卵子結合。

就像排卵一樣，受精過程可能比你知道的更殘暴，卵子和精子不只是互相擁抱並合而為一。首先，精子釋放一種酵素來溶解卵子周圍的細胞「雲」，這群細胞叫作「載卵丘」（cumulus oophorus）。然後，精子（有時不只一個）與卵子的外膜融合並開始消化外膜。一旦精子細胞真正進入卵子的內部，這層膜就會變成堅不可摧的屏障，確保精子向卵子的細胞核擺動前進時，不會有任何東西來干擾。一旦抵達了卵子的細胞核，精子和卵子的染色體將合併成一個細胞「合子」（zygote，即受精卵），並開始分裂和複製。

好了，現在終於可以回到一開始的麻煩時間問題了。產生合子不代表真正懷孕，首先合子必須到達子宮，這需要近一週甚至接近兩週的時間。如果它成功到達子宮，且過程中持續分裂和生長，合子就會變成「胚胞」（blastocyst），但等等，你還是沒懷孕。

如果一切都按計畫進行，無論是激素還是生理方面，子宮會將釋放化學物質，分解胚胞的保護性外膜，而不斷增生的細胞群將牢固地扎根在子宮壁上。這時候離排卵大約兩週，你終於有了一個胚胎（embryo）了。這是一個不小的壯舉：大約一半的合子無法達到這一步，一半！

這就是問題所在。我們計算懷孕天數並不是從胚胞成功附著在子宮壁上的那一刻開始計算，甚至不是從精子鑽入卵子形成合子的那一刻就開始計算，我們通常是從最後一次正常月經的第一天開始算。那可是在受孕前兩週，甚至可能是子宮裡真正有活物生長前將近一個月的時間。

我知道這一切感覺都是在吹毛求疵。

但計算方式很隨便，對吧？誰在乎？你應該在乎，因為這對你意外懷孕時可以採取的選擇有很大影響。

越來越多的「心跳法案」(Heartbeat Bill)，限制針對懷孕 6 週後的墮胎，表面上是因為此時可以透過超音波檢測到胎兒心跳。小附註：醫生在 6 週後可以聽到的不是心跳。醫學界之所以到 11 週或 12 週左右才真正將「胚胎」稱為「胎兒」是有原因的。這是器官形成的時刻，懷孕要做的只是促進生長，而不是創造新的身體部位。所以大約十分之一的懷孕在懷孕初期失敗，也有大約四分之三的流產發生在這個關鍵的發育時期。胚胎在這幾週的時間裡將隨機組合細胞變成了一個將來完整的存在。

在 6 週時（或是實際懷孕的 4 個星期或 2 週，取決於怎麼計算），4 毫米長的胚胎由細胞群組成，這些細胞可能會形成器官，例如心臟或大腦。現代超音波技術足夠敏銳，可以捕捉到這些細胞的電訊號活動，是一種有節奏的脈衝[1]，也就是「心跳法案」中所謂的生命神聖訊號。

除了根基於謊言之外，這些法案還給人一種錯覺，讓人以為我們有足夠合理的時間來終止懷孕。你可能會想說，想要墮胎的人可以在 6 週內完成墮胎不就好了嗎？其實，這就是為什麼追蹤懷孕進展的奇怪方式，會變成一個很大的問題。

一個人受孕時，其實已經處於「懷孕」的第 2 週（歷史修正主義！）接下來至少還需要一週，驗孕測試才有用，然後還要再過一週驗孕才最準。如果沒有要進行比較高級的驗孕測試（尤其不想要懷孕的人，

不太可能會去做高級的驗孕，這是可以理解的)，當你可以知道自己懷孕的時候，已經過了「4個星期」了。如果懷孕的人沒有想到自己可能會懷孕，(許多無意懷孕的人是如此，因為不是刻意安排的)，可能需要再過一週左右，月經才會遲到，到這個時候大多數人才會進行驗孕測試。

這代表懷孕後「5週」時才知道自己懷孕是100%合理的。尤其因為這時受精卵在子宮中只生長了大約一週左右，導致懷孕的性行為可能是幾週之前了，因此後知後覺絕對可以理解。

因此，如果你幸運的話，會有一或兩週的時間找診所、預約並進行墮胎。在美國有實行這些法律的州，診所之間的距離常常很遠，要花費數小時的時間才能到達。需要墮胎的人常常被迫接受超音波檢查，並等待24小時候才能真正終止妊娠。而且就算這個人有個人健康保險，這類醫療服務很有可能沒有給付。再加上工作時間、交通問題、被迫安排住宿、安排照顧寵物、孩子和其他家屬、湊齊足夠的錢等諸多問題，那一、兩週的時間很快就消失了，這還是假設有一、兩個星期的前提下。月經週期可能會因為疾病、藥物、壓力或其他因素不規律，因此在月經遲到後一、兩週才驗孕是很合理的。

這就是為什麼懷孕的科學和歷史很重要，也是為什麼我們沒有什麼權利嘲笑以前的懷孕「科學」，雖然我們還是會嘲笑他們啦。

「精」彩發現

現在我們知道「理解受孕機制」就算是在現代也很困難，應該更可以理解對那些沒有顯微鏡和網路的人類來說是多麼困難。

揚・斯瓦默丹（Jan Swammerdam）和馬爾切洛・馬爾皮吉（Marcello Malpighi）分別在一六六○年代和一六七○年代得出實驗結果讓其他科學家相信，所有生物都是以微小的形式住在母親的卵子內。相較之下，當時其他理論根本荒謬至極。許多博物學家認爲比較單純的動物會自發性繁殖，例如一堆髒襪子自然會生出老鼠。即使是複雜的人類也被認爲是源自「後成說」（epigenesis），也就是男性和女性體液黏成一起，並凝固成其他固體的東西。這個概念包含了人類之上的神聖力量才能將愛液變成人肉，因爲，你知道的，在一六○○年代沒有人知道幹細胞是什麼。因此，雖然嚴格上看似有點正確，但也是錯得亂七八糟。

　　接著是「先成論」（preformation），這個理論基於昆蟲變態和雞蛋生長的觀察，並從中推論而來，其實很符合邏輯。微小但完全成形的小雞可以從雞蛋中孵化出來並長大，那人類不也可能亦是如此嗎？「卵源論」（ovism）是先成論的一個分支，在其最盛時期，主張所有生命在宇宙創造之時就已存在，後代子嗣就藏在每個卵子內，就像俄羅斯娃娃一樣。[2] 這是多麼複雜、異想天開但又符合邏輯、充滿詩意的萬物存在理論啊。先成論讓人類短暫地相信我們已經見證了歷史的曙光，就像所有人都藏在母親的母親的母親的性腺裡一樣。

　　先成論著重於卵子，所以在許多層面都是很進步的，他們認爲男性的射精只是引發小人（homunculus）的某種爆炸性生長，而小人在那之前已經在雌性卵子內沉睡了好幾代。唉，對雌性配子的這種讚美，並不是當代科學家突然崇尚女權意識，而只是因爲自然界中有無需顯微鏡就能看到的卵。精液當時只看的出來是一團蠕動的動物，科學家猜測那是一種寄生蟲，只是恰好與可以產生生命的物質一起射出。

唉，先成論活得太久了，最終黑化成為另一個仇女的反派。安東尼‧范‧雷文霍克（Antonie van Leeuwenhoek）在大約一六七〇年代首次在顯微鏡下觀察到微生物蠕動，他還觀察到了人類精子。他很快就斷定，這些「微動物」（animalcule）似乎很有活力生氣（微動物是他幫所有微生物取的可愛名字），裡面應該有小小人。雷文霍克說他看到「各式各樣大大小小的管道，如此多樣、如此眾多，以至於我肯定在精液中看到了神經、動脈和靜脈⋯⋯當我看到精液時，我確信所有成熟身體的器具都可以在完整的精液中找到。」

喔我覺得好噁。

雷文霍克後來推翻了精子充滿靜脈的概念，但先成論確實是從此開始分裂。卵源論者只是將人類卵細胞誤認為是其他動物中的蛋，但精源論者（spermist）在精液中看到了小人大軍的完美生產系統。[3] 精源論者認為，父親就是將自己的迷你版本發射到母親的開放容器中，我相信你會同意：這真是他媽的胡扯蛋。

先成論導致的最高峰和最低點，和胚種論（panspermism）同時出現。胚種論的理論是：如果精子中含有微小的男嬰（話說他們顯然覺得只有在子宮有缺陷和畸形的情況下，男嬰才會長成女嬰），那不幸沒有射進子宮的精液會發生什麼事呢？是不是每一個精子都是神聖的生命呢？為什麼女人骯髒的子宮比其他地方更能養育小紳士呢？用《金髮尤物》裡女權偶像艾莉‧伍茲（Elle Woods）的話來說：「為什麼是現在？為什麼是這個精子？」

一些學者認為，也許射到外面的精液會散落到風中，在合適宿主出現的地方扎根並創造生命。花、樹、鳥、蜜蜂：任何有生命的東西

第七章：嬰兒是怎麼形成的？

都可能源自於人類男性的夜間夢遺。許多男性科學家似乎全心全意地相信這一點，因為這樣就能解決自慰的道德兩難，不然的話就代表射在衛生紙上的小小人沒有活下來的機會。然而，似乎沒有未婚懷孕的女性成功地利用胚種論的理論來避免遭到社會排擠。科學啊，你是一頭善變的野獸，還是個性別歧視者。

　　後來逐漸有更多科學發現，以及相互矛盾的證據，導致許多理論被多次刪減而慢慢消亡。先成論多次調整修改並生存了數十年。先成論不是不夠力（跟使女性懷孕的精子一樣），但在十九世紀中葉的細胞理論（cell theory）面前，它死得體無完膚，細胞理論讓科學家終於找到了方法，可以讓人類的小碎片成長為完整的人。

　　先成論是不合邏輯的。但可惡啊！至少在顯微鏡不是垃圾之前的時代下，它夠有邏輯了！願先成論在地球上每個靈魂的性腺深處，永遠都有一個特殊的位置。

管道系統

　　在顯微鏡問世之前，男人們對受孕理解的錯誤更加嚴重，沒有人會為此感到驚訝。例如，亞里斯多德在西元前四世紀末於雅典寫了《動物的生殖》（Generation of Animals），其中詳細描述了關於女性生育能力的有趣測試。只要將帶有香味的棉花圓柱物插入陰道，等待一段時間，然後檢查她是否開始透過嘴巴吐出「診斷用衛生棉條」的氣味，藉此判斷女性是否可以生育。除此之外，醫生可能會檢查她的眼睛或唾液有沒有因為插入棉柱改變色調。

亞里斯多德認為，男性和女性的「精液」必須結合在一起才能產生孩子（說句公道話，他不算全錯，只是他指的女性精液是經血）。這個測試可以「證明」患者的身體能夠提供一條暢通無阻的通道，讓精液可以順利通過。但是如果她的陰道和眼球之間沒有通道相連，代表她無法生育。我母親有看過一位病人到了一九九〇年代都還有相似地可怕的邏輯，當時護理師在這位病人分娩時給她 Pepto-Bismo 藥物，之後她憤怒地指控這個藥把她的嬰兒全身塗成了粉紅色。其實她看到的是胎兒皮脂（Vernix caseosa，拉丁語，意為乳酪塗漆，嗯好吃好吃），這是一種蠟質物質，會在懷孕第三期時覆蓋在胎兒的皮膚上。

我可以保證無論你在懷孕期間吃了什麼、喝了什麼，寶寶出來時都不會沾滿那些東西。你又不是蚯蚓，沒有從口腔直接連到陰道的內部管道。

流浪子宮

你可能聽說過：「歇斯底里」（hysteria）一詞最初指的是一系列瘋女人症狀，例如「表現出情緒」和「不喜歡男人」，據說這些症狀源於子宮。你甚至可能已經知道，這些診斷首次出現於古希臘，他們認為這些歇斯底里的問題是子宮在體內的遷移引起的。

接下來故事更精采。

根據二世紀希臘醫生阿萊泰烏斯（Aretaeus of Cappadocia）的說法，子宮本質上就像囓齒動物一樣在體內嗅來嗅去，除了在「身體側腹」進行「不穩定」的來回擺動外，該器官「喜歡芬芳的氣味，並向香味

前進；不喜歡惡臭，會逃離臭味。」總而言之他認爲子宮就像獨立的生物。[4]

有歷史跡象表示這種信念起源於古希臘。柏拉圖大約西元前三六〇年的著作將子宮稱爲 zōion，意指「野生動物」。他寫道：「子宮是個活在體內的野獸，如果太久沒有結出果子，就會變得痛苦並開始徘徊。」[5] 柏拉圖忙著成爲西方哲學之父時，希波克拉底也在成爲醫學之父的路上。希波克拉底也指出，如果子宮漂移並停留在橫膈膜，可能會導致患者窒息。

柏拉圖死後大約五十年，「解剖」才成爲研究人體解剖學的常用方法，這項技術本應結束子宮的流浪理論。畢竟，在健康的身體中，子宮是不能移動的。這裡就不深入上解剖課了，但是長話短說：子宮、卵巢和輸卵管都被闊韌帶（broad ligament）覆蓋著，這是一種腹膜（腹腔內部的膜），可以將這些器官和骨盆壁和底板（pelvic walls and floor）連結起來，另外還有韌帶也有助於保持穩定。當然，子宮本身還會透過堅固厚實的子宮頸壁和靜止不動的陰道相連。子宮和所有器官一樣，能夠承受一定的晃動，但不代表它會跑來跑去。

只要有看過有子宮的屍體，這應該是顯而易見的，但是事實卻不是如此。幾個世紀後，索拉努斯和哲學家加倫（Galen）反對「子宮是有自己思想的野獸」的觀點，他們卻是少數。比較普遍的觀點仍然是子宮隨時可能跑路。儘管索拉努斯知道韌帶會阻止子宮遷移到身體其他地方，但他花了一生大部分時間思考如何解釋子宮的移動程度還是會高到導致歇斯底里。

古希臘醫生會根據麻煩子宮的移動程度開設處方籤，其中包含「煙燻」（用氣味引誘或排斥子宮，來促使它回到原來的位置）和「早婚」（因為社會認為懷孕的子宮就是最快樂的子宮）。基本上就是說，子宮是一個自由奔放的浪人，但可能會為一個好男人的愛而安定下來，並找到落腳安居的地方。

　　「女性只有受孕後才能健康」的觀念並非普世價值。在四〇〇年代的中國，醫生指出過早生育的婦女可能會面臨終生患病的危險。[6] 中國五世紀南齊朝的醫生褚澄甚至說，頻繁的分娩和哺乳，無論在什麼年齡，都可能「枯血」並致命。他建議男性和女性在有生育能力之後，推延幾年再結婚懷孕。在他看來，如果女性在20歲之前懷孕，男性在30歲之前結婚，最輕會導致無法懷孕，而且在大多數情況下則會使嬰兒虛弱和母親死亡。

　　信不信由你，雖然有越來越多的解剖屍體可以提供證據，但子宮有旅行癖的觀念一直持續到相當近代的歷史。一六〇二年，英國化學家愛德華・喬登在伊莉莎白・傑克森（Elizabeth Jackson）的審判中以子宮遊走的理論作證。這名女子傑克森遭到指控，罪行是對十幾歲的鄰居瑪麗・格洛弗下咒，導致格洛弗出現失明、啞巴、抽搐和腫脹等症狀。傑克森最後被定罪入獄，但化學家喬登做出了熱情真誠的辯護，隔年他將辯詞寫成了一本手冊，並用英文印刷，當時大多數醫學文本都是拉丁文，因此一般大眾無法獲得資訊。[7] 在證人席和手冊上，喬登都辯稱傑克森和其他所謂的「女巫」事實上患有「passio hysterica」，意指「母親的窒息」，其中「母親」指的是子宮。喬登寫道：

子宮如果沒有「婚姻帶來的好處」,「體液阻塞」就會導致子宮遊走,「精神混亂」就會導致生理症狀,如「暴怒」、「抽搐」和「哭泣」。

西格蒙德・佛洛伊德(Sigmund Freud)和約瑟夫・布羅伊爾(Josef Breuer)在一八九五年發表《歇斯底里症研究》(Studies on Hysteria),大多數醫生認為子宮與精神疾病之間就算真的有關聯,也不會這麼天馬行空。有些醫生認為是當代社會造成壓力,或是讓女性較難滿足對女性特質的自然需求,可能會對生殖器官和心理健康產生影響。佛洛伊德和布羅伊爾更進一步認為,與歇斯底里相關的症狀,實際上是童年時期經歷過的性創傷導致的身心理表現,與特定器官的健康或移動完全無關。[8] 但是佛洛伊德最終會把問題轉而完全歸因至受壓抑的童年幻想,並以此解釋所有心理健康問題,即使某些人在青年時期沒有受深刻創傷,佛洛伊德還講了其他很多詭異的理論。但這不是一本關於佛洛伊德的書,抱歉啦!不管如何,子宮與情緒波動的直接聯繫就是大約在那個時候,在大多數醫學界被明確地推翻了。

歇斯底里是一個特別扯的例子,但歷史上充滿了許多其他懷孕和生育的古怪信念,以下是我最喜歡的一些例子。

必須嘔吐才能生育

《拉罕婦科莎草紙》(Kahun Gynaecological Papyrus,暫譯)是已知最早的婦科文獻,可追溯到西元前一八〇〇年左右[9],提供了一些評估生育能力的方法。其中一些很難理解,因為莎草紙非常破碎,所以譯文很多省略號、問號和片段的單字。例如,生育力測試有用

到洋蔥、新鮮油、腫脹或軟弱的女性內臟、荷魯斯小牛（the calf of Horus）、女人的嘴唇和女人的鼻孔……等等，但評估這些身體部位的確切過程，以及這些成分的使用方式都隨著時間的流逝而消失。

有一個評估過程算完整，勉強可以分析：讓女人坐在塗有甜啤酒渣的泥土上，在……放上棗子（希望是放在嘴裡？），然後等待她從嘴裡「噴射出來」。（是指嘔吐嗎？還是只是把棗子吐出來？不清楚。）但每一次的「噴射」都預示未來的一次出生，而沒噴射任何東西的女人將無法生育。

必須防止子宮脫落

十九世紀的醫生認為劇烈運動可能會使女性的子宮鬆動[10]，危及她的心理健康，更不用說未來的生育能力了。十九世紀的醫生還聲稱，騎腳踏車會讓女性下巴緊繃、眼睛凸出，他們稱之為「腳踏車臉」（bicycle face）。[11] 感覺他們最終的目的顯然是最想阻止女生做有趣的事。

子宮脫垂（uterine prolapse）的確是一種很常見的病症，子宮下垂至陰道，甚至從陰道中露出來。[12] 諷刺的是，這並不是不孕的跡象，反而容易在多胎妊娠後發生，尤其是因年齡而失去肌肉張力時。我不敢說劇烈的運動和計畫生育，一定可以保證子宮在老化後不會脫垂，但絕對不會增加患症風險（特別是如果你的運動包括凱格爾運動）。

女性高潮是受孕的關鍵

赫德嘉・馮・賓根出生於一〇九八年，著迷於好色癲瘋病和有毒精液，她是一位走在時代尖端的德國修女、作曲家、神學家和學術聯盟。不知何故，她似乎對女性高潮也有很好的概念理解[13]：

> 當女人與男人做愛時，她大腦中會產生一種熱感，帶來感官上的愉悅，在行為過程中傳達那種歡愉，並召喚出男人的種子。當種子落入位置時，她大腦中傳出的強烈熱量，會朝自身吸引並維持住種子，很快女人的性器官就會收縮，在月經期間準備好打開的所有部分，現在會關閉起來，就像一個強壯的人可以用拳頭握住某樣東西一樣。

我們可能永遠不會知道赫德嘉是從站街女那裡得知高潮的資訊，還是她自己親身經歷過。但中世紀人們仍相信女性的⋯⋯「大腦熱能」是受孕的關鍵。在現代，有關這個問題的研究通常是希望尋找女性性高潮的目的。男性射精的實用性顯而易見：畢竟這就是性行為可以製造嬰兒的關鍵。但對許多物種的雌性來說，性行為似乎是絕對不愉快的事，而沒有陰莖的人類卻可以相當享受交配的經歷，這一事實至今仍然讓許多科學家感到震驚。

雖然研究得出的結果參差不齊，普遍的共識是「女性高潮對於成功受孕並不是特別重要」，而且絕對不是必須的。[14] 雖然擁有性高潮通常都是個好主意，尤其是在性行為的過程中發生的話，但我們不

應該為實現這一目標而過度緊張（特別是因為過度緊張會保證你享受不到任何樂趣）。

目前關於女性高潮為何存在的其中一種理論是，這是男性高潮的演化遺留物：就像男性乳頭，但性別調換。另一種理論認為，性高潮的好處是使女性更有可能進行更多的性行為，從而產生更多的嬰兒。

女性高潮是受孕關鍵的古老觀念，有時會被人們扭曲。二〇一二年，美國前眾議員陶德・艾金（Todd Akin）臭名昭著地聲稱，就算是強姦導致懷孕也不應該允許墮胎。他說，如果性侵害是「真的性侵害」，那女性身體有辦法「阻止一切」。換句話說：如果你不享受過程，那就不可能懷孕。

真的找不到比這個錯得更離譜的論點。

首先，正如之前提到，性高潮並不影響受孕；任何其他的性興奮現象也不會。其次，雖然有關性侵犯的研究不幸地很稀少，但其中一些研究發現，強暴受害者中有多達 5% 的人表示曾經在過程中體驗性高潮。

而且一些專家表示，根據他們治療過的受害者提供的軼事證據，5% 這個數字似乎太低了。性高潮會增加受害者的羞恥、困惑和痛苦，但這與強暴是否「是真的」無關。[15] 出於我們尚未不完全理解的原因（可能是一種保護機制，也可能是由於生物學上不幸的怪異現象），身體可能會對大腦感到厭惡或恐懼的刺激做出生理反應，甚至或許是很常見的。高潮並不代表沒有被強姦，也不應該阻止受害者尋求幫助。

第七章：嬰兒是怎麼形成的？　　159

你可以想辦法生出另一個物種

一七二六年，一位名叫瑪麗・塔夫特（Mary Toft）的農婦生下了一隻小兔子。不是活的，實際上就是生出一堆碎塊，所以我姑且使用了「生下」這個詞，但它確實是一隻兔子，而且確實是從她的陰道裡出來的，可能還有一點點虎斑貓，還有虎斑貓吃過的鰻魚。這個「跨物種生產」接下來持續進行了幾週。[16]

學者現在懷疑塔夫特可能是被別人控制操縱，並參與了這一騙局，但無論她的動機如何，這顯然都是一個騙術伎倆。[17] 塔夫特或共犯一直在她體內放入各種哺乳動物碎片，以便她能夠把其他動物從她的產道中生出來。塔夫特有可能只是將這些動物塊從她的陰道中擠出來，也有人認為動物有被推進子宮頸，而子宮頸是在不久前的流產中軟化的。我可以毫不羞愧地說每次我寫這個理論時，整個身體都會因帶有同情的痛苦和厭惡而緊繃起來。無論塔夫特把這些碎塊存在哪裡，這個生產似乎都愚弄了當地的醫生，以及喬治一世國王派來的幾名代表，其中包括皇家外科醫生。直到塔夫特搬到離家很遠的新地點進行觀察，才被發現有人送兔子到她的房間。

但是這個針對醫界的活蹦亂跳惡作劇最令人著迷的地方，在於它為什麼被認為有可能發生。塔夫特聲稱，在產出動物前的幾個月，她在田裡工作時被一隻野兔嚇到了。塔夫特回憶說她和另一位女士試圖抓住，但沒能追到它，然後她們發現了第二隻兔子，但它也躲開了。她因為這些捉弄她們的小動物受到很嚴重的驚嚇，以至於那天晚上夢見了牠們。塔夫特聲稱她在懷孕期間一直渴望吃兔肉，但由於極度貧困而無法滿足。

還記得科學家過去認為精子裡充滿了小人，會被射進他們母親子宮裡嗎？這些「專家」中的許多人都相信一種被稱為「母性印象」（maternal impression）的東西，可以幫助解釋為什麼小孩生來不是父親的翻版，還很方便地替任何出生缺陷，提供一個歸咎於母親的簡單解釋。[18]這種信念可以追溯到古希臘，當時有這樣的故事：父母凝視眾神的雕像或繪畫後，孩子出生時特別美麗（或是具有意想不到、不方便解釋的膚色）。到塔夫特的時代，有部分科學家開始對這個概念持懷疑態度，但其他科學家在接下來的幾十年裡一直堅持這個想法。約瑟夫‧凱里‧梅里克（Joseph Carey Merrick），常被稱為「象人」（the Elephant Man），雖然他活了整整一個世紀，但仍然將他的嚴重畸形歸咎於母親曾經被馬戲團的動物嚇壞了。

　　令人驚訝的是，這其中有包含一點迂迴的真實。研究人員現在知道，妊娠期的各種情況都會影響表觀遺傳學（epigenetics），或某些基因的表達方式。這是一個相當新的研究領域，但部分現象似乎很明確，例如，懷孕期間經歷極端壓力可能會影響子孫後代。[19]這些潛在影響都沒有像過去祖先想像的那樣明顯或神奇。所以我們可以放心觀賞任意數量的大象。

一切都取決於女性

　　你可能已經注意到，上面概述的大多數懷孕和生育技巧都和有子宮的人有關，這在歷史上一直是主要的觀點。亞里斯多德在《動物的生殖》（The Generation of Animals）中指出（可惜這本書不是長輩

把年輕人比擬成動物的酸言酸語，而是一本關於動物如何生育的書），如果夫妻無法受孕，問題可能是出自於男方、或女方、或雙方[20]，但在陳述這一點後，他並沒有就如何治療男性不孕症提供任何建議。他關注的是醫生如何檢查女性身體。古希臘文本可能會為男性提供一些幫助伴侶受孕的方法：例如，在特定時間或特定方式和女方發生性關係；如果想要一個兒子，可以綁住左邊的睪丸。但不孕症通常被認為比較容易透過治療女方解決的問題。[21]

並不是沒有人知道男人有時可能無法生育。約翰・坦納（John Tanner）在《醫學的祕密寶藏》（The Hidden Treasures of the Art of Physick，1659，暫譯）中表示醫生不應指責女性。他寫道「……因此要知道，如果男人無法舉起來、如果他缺少精子、如果他的陰囊腫脹，或者如果他尿道疼痛，那麼他就不適合和維納斯玩(不適合性交)。」坦納接著補充說，如果一個男人特別女性化、沒有鬍鬚、需要很長時間才能達到性高潮，不喜歡做愛，或者射出冷精液（哎呀好冰！），他八成沒射出什麼有用的東西。

但即使在一七○○年代，男人也習慣將任何生育困難歸咎於妻子……雖然常常有相反的證據。以喬治・華盛頓（George Washington）為例：他和馬莎結婚時兩個人都是 27 歲，馬莎當時是個寡婦，過去短短八年內生了 4 個孩子後，華盛頓夫婦再也沒有任何孩子，但我們的國父華盛頓在 54 歲時寫的一封信顯示，他將此事怪在明顯具有生育能力的妻子：「如果華盛頓夫人比我活得更久，那麼我很肯定自己會死而無後，如果我活得比她更久，應該也是如此。因為只要我還有點理性，就永遠不會娶一個年輕女孩；但如果我再婚，和年齡相仿的女人無法生孩子。」[22]

這裡要稱讚華盛頓的是他沒有迫不及待地付諸行動，並娶一個年輕到可以當他女兒的女人。但他認為自己能夠讓年輕女性懷孕的想法，可以說是令人困惑，因為大家都知道，他的妻子在結婚時肯定具有生育能力。

顯微鏡在十九世紀中葉終於變得足夠先進，讓我們真正了解精子和卵子是如何結合在一起並懷孕的，對男性生育能力的擔憂長期以來一直被擱置，到現在終於受重視。一八六六年，保羅・曼特伽扎（Paolo Mantegazza）首次將「人類精子特性」和「使人受孕的能力」聯繫起來。[23] 他指出精液量越高，生育能力越強，並做了一些實驗觀察溫度對精子能力的影響。曼特伽扎提出了精子庫（sperm bank）的概念，接著指出這可能是需要上戰場的男性可以採用的一種方式，可以讓妻子即使在自己死後也能懷上繼承人（不過科學家花了幾十年的時間，才弄清楚如何有效冷凍人類精液以保持其活力）。[24]

到了二十世紀，人們普遍認為精子品質差異可能很大，有可能差到無法懷孕。如今，任何稱職的生育專家都會平等地調查夫妻兩個人，並根據需要，替一個或兩個人提供干預措施。感謝上帝，現在不用再把棗子塞進嘴裡，但希望想要孩子的人都能夠幸運地「把棗子孕吐」出來。

第八章
我們一直都有使用避孕措施嗎？

♥ ─────────────────────────────

鱷魚糞便進到了一些難以形容的地方；卡薩諾瓦（Casanova）身敗名裂；人們到處打噴嚏噴出精液。

───────────────────────────── ♥

一切跡象都顯示墮胎是一種絕對普遍的現象，即使在虛構出來的社會系統中，也不可能讓所有女人都不會至少感到被迫墮胎。

—— 喬治・德維羅（George Devereux），《原始社會墮胎研究：四百個前工業社會中生育控制的類型學、分佈和動態分析》（暫譯），1955。

定期爆發的道德恐慌可能會讓你不敢相信：生孩子從來都不是性行為的首要目標。真不相信的話，只要問問四千年前的一些女性，她們整天把鱷魚糞便塞進陰道。

正如在生殖章節中所討論的，直到一八〇〇年代末，人類才意識到人類受精的確切機制，甚至直到一六七七年才第一次發現精子。但早在研究這些小泳者之前，人們就（相對）聰明地意識到：兩個人合而為一，會變成三個人。

我們不知道這是什麼時候，以及如何成為常識的，因為「性行為」和「嬰兒」之間存在關聯的想法可能比人類物種更古老。原始人類不

需要太高的認知能力就可以歸納出這個事實。社群成員如果有告訴孩子們：胡亂不慎的性行為可能會導致多一張嘴吃飯，這個社群更可能會成功。事實上，第一種廣泛採用的節育方法很可能就是「哺乳」。為了確保母親有足夠的資源來養育孩子直至成熟，定期哺乳會觸發荷爾蒙，至少在前六個月的效果與現代避孕藥一樣有效，這在演化上是個很聰明的妙計。

但對於那些完全不想生孩子或照顧孩子的人來說，有效節育的第一個證據出現在古埃及的文獻中。

從「意識到做愛產生嬰兒」到「有歷史紀錄的最古老時期」，人們認為精液是應該避免的東西。這很聰明：如果射精不能進入子宮頸，就不會懷孕。因此，西元前一八五〇年的埃及婦女將蜂蜜、鹽、有時還有鱷魚糞便混合在一起來製造殺精塞子。糞便和其他成分的酸性，加上蜂蜜的黏性，和塞子本身的物理屏障，能有效阻止和殺死精子。而且雖然我們不確定他們當時是否知道這一點，但蜂蜜強大的抗菌特性有助於防止黏稠的栓劑引起危險的感染。到西元前一五〇〇年代，此配方中加入了磨碎的金合歡葉（acacia leaf）（而我們現在知道金合歡葉會產生乳酸，並抑制精子活力）。

考古學家甚至在古墓中發現了墮胎藥的配方，這或許表示古埃及人希望在死後的世界還是可以打砲做愛，並且不希望「生」出死小孩。

你可能不太相信早期人類知道如何利用母乳哺育作為避孕方法。不過根據這些（理論上）有效的埃及避孕藥的紀錄，人類有近四千年以來「想做不想生」的歷史紀錄，而且從那以後人類就沒有停止過。

一九九七年，心理學家克雷格・希爾（Craig Hill）著手研究人類性交背後最常見的動機，他提出了八種典型動機，而懷孕排名墊底。[1]

拉凱戴孟式跳躍

古希臘人相信，精液以某種方式變成了人類，比起現代人的「生命始於何時」議題，古希臘人的信念肯定引起了更多的狂飆突進運動（Sturm und Drang）。（至於「生命何時開始」，根據現代醫學機構的說法，答案是在「受孕」前兩週，前面才剛學過。）儘管如此，歷史紀錄顯示，終止意外懷孕的技巧或訣竅的紀錄如此之多，以至於在古希臘和古羅馬，墮胎不太可能受到太多的社會汙名。

不是說完全沒有反對者。根據希臘醫生索拉努斯（Soranus of Ephesus）的說法，著名的希波克拉底（Hippocrates）反對墮胎。然而值得注意的是，索拉努斯是在希波克拉底去世後幾個世紀的人，而且有紀錄表示希波克拉底幫助「驅除」了至少一名年輕患者幾天大的懷孕「種子」。

我們不知道希波克拉底幫助這個女孩解除懷孕的動機（據說是他寫的一段文字中表示，似乎是為了防止「歌女」失去她的經濟價值）。但我們知道他聲稱使用的方法⋯⋯聽起來像是青少年的舞蹈熱潮：拉凱戴孟式跳躍（the Lacedaemonian leap）。

把手放在臀部上，膝蓋收緊，但接著不是骨盆往前推（畢竟會懷孕就是因為做太多骨盆前推的動作了），而是跳起來。不知道為什麼，

跳的人跳起來的時候，腳一定要接觸到臀部。希波克拉底表示，幾次用力的跳躍和踢屁股，就能在短短的時間輕鬆將正在發育的胚胎逐出。

朋友們，有一些事情要先講開。首先，雖然踢屁股是一種很棒的有氧運動，並且確實可以幫助增強股四頭肌，但任何運動量都不太可能引發流產。其次，我覺得有必要告訴你，根據這「醫療程序」的歷史文獻記載，希波克拉底聲稱「種子」是跳躍療法的年輕病人身上掉下來的，並且發出了一聲撲通的聲音。胚胎在懷孕的最初幾週內，重量肯定達不到會撲通的程度。祖先普遍對精液中的物質如何真正成為嬰兒感到困惑，因此我們可以不誇張地想像，希波克拉底從病人身上真正聽到的是大量的精液。

我們現在知道健康的精液中充滿了數以萬計的小小活潑精子細胞。因此，無論進行多少性交後清洗或子宮頸探查，都不能保證這些基因郵差無法達到目標。但正如前面在懷孕章節中提到的，直到一六〇〇年代在顯微鏡下發現精子之前，許多人都認為精液本身透過凝結成形來幫助創造胎兒。因此我們也很容易理解，為什麼古希臘和羅馬的醫生會建議女性透過將這些東西從陰道中射出來以避免懷孕，要嘛上下跳動，要嘛用力打噴嚏。

西元一至二世紀在羅馬工作的希臘醫生索蘭納斯（Soranus）提出以下建議：「在性交的關鍵時刻，男人即將排出種子時，女人必須屏住呼吸，將自己抽離開一點點，這樣種子就不會太深地進入子宮腔內。接著女性立即起身蹲下，試著打噴嚏，仔細擦拭陰道周圍；甚至可以喝點冷的東西。」

這裡要講明白：這沒有用。除非你的鼻涕噴射一開始就阻止所有潛在的性伴侶，否則再多的噴嚏也無法阻止你懷孕。

在同一篇文章中，索蘭納斯建議女性在性交前也要用各種樹脂、油、和羊毛纖維塗上子宮頸。這效果可能比較好，古埃及婦女用黏稠的蜂蜜和酸性金合歡葉製成的黏稠插入物也大獲成功，兩者原理類似。

但至少跳躍和打噴嚏肯定能戲劇性地替令人失望的一夜情收尾，也許會讓參與者分心（以及厭煩），而無法繼續第二回合。

當生活給你檸檬時

宮頸帽（cervical cap）在性的歷史中一次又一次地出現，包括傑可莫·卡薩諾瓦（Giacomo Casanova）的越軌行為。你可能會認為成為卡薩諾瓦的情人是一件很迷人的事情。他的名字成為誘惑和浪漫的代名詞是有原因的：卡薩諾瓦的回憶錄講述了大量的求愛和對性滿足的重視，對現今的大多數人來說仍然令人震驚。但讓我們澄清一些事情。

首先，雖然我們傾向於認為所有的祖先都是正經八百、不勝性事的，但十八世紀是一個極其好色的時代，而卡薩諾瓦的好色並不別具一格。而且，他大方承認自己色誘了十幾歲的女兒、誘姦了至少一個小孩，並買了一個年輕的孤兒作為性奴隸。各位，你們是不是想說「喔幹噁爛。」卡薩諾瓦？應該是「卡薩 NO 哇」吧。

卡薩諾瓦也因推廣，甚至是發明多種節育方法而受到讚譽。但是說服性伴侶往陰道裡塞檸檬沒什麼值得欽佩的，許多人認為卡薩諾瓦

就是這樣提出宮頸帽的概念。的確，阻止精子進入子宮頸是預防懷孕的好方法；也的確，檸檬汁的酸度可能有助於殺死一些接近子宮的小泳者。但如果在性交過程中檸檬汁擠進子宮頸的想法沒有讓你全身縮起來，我敢打賭你沒有子宮頸。

（附註：有些歷史學家表示，在美國種植園裡被奴役的婦女也使用掏空的柑橘類水果作為酸性避孕屏障。[2] 但她們是只能利用手邊的資源，生活在暴力和侵害的持續威脅下，把檸檬變成了避孕的檸檬汁，而卡薩諾瓦是一位富有的白人，那個時代的歐洲白人生活可好了。因此，我認為他把檸檬汁噴到了伴侶的生殖器上很混蛋。）

事實上，卡薩諾瓦所謂「發明」的粗劣子宮頸帽並不比古埃及婦女製作的黏糊糊塞子更具創新性，甚至這些物理屏障也不是獨一無二的。和埃及人同時代的印度人使用澄清的奶油或濃稠的油，塗抹在子宮頸開口處作為屏障。同時，古猶太教的《塔木德》（Talmud）推薦使用一種名為 mokh 的海綿狀材料，浸泡在醋中，供太年輕或體弱而無法安全懷孕的女性使用，這種方法其實在整個十六世紀一直是猶太婦女中常用的節育方法。各種時空都充斥著婦女用東西塞住子宮頸以防止懷孕的故事：復活節島上的海藻、古羅馬的青銅子宮托、古代日本妓女的油紙、二十世紀之交美國的雕刻木帽。最後終於在二十世紀，塗有殺精劑的矽膠隔膜又重新流行起來（真是萬幸）。

不只如此，我們也可以不要感謝卡薩諾瓦的男用保險套了，要感謝江戶時代的日本男人，他們用龜殼雕刻的小籠子蓋住陰莖，因為⋯⋯老天鵝啊誰知道呢。任何人都可以在性交前撿起動物腸子並套在身上，跟看到三明治袋就覺得可以當保險套一樣，動物腸子只是在塑膠袋

發明之前。但是在雞巴頂部貼上一個硬殼？真是一個可怕、可怕的天才之舉。

其實歷史紀錄中第一次提到保險套是起源於西元前三〇〇〇年；這意味著保險套比埃及糞塞早一千多年就出現了，雖然是以一種比糞塞更異想天開的方式，而且與避孕措施幾乎沒有關係。第一個保險套首次出現在克里特島，當時著名的米諾斯王（King Minos）據說試圖保護妻子免受性交時精液中出現的「蛇和蝎子」侵害。[3]這些害蟲殺死了他所有最喜歡的妃子，對於需要繼承人和幾個備份的人來說，獨身主義也不是一個選擇。最後「戴上山羊膀胱」起到了作用，保護了妻子帕西淮（Pasiphaë）免受蝎子在陰道中的侵擾，但同時讓她能夠懷上 8 個孩子。

（如果你想知道這些令人毛骨悚然的爬蟲類，是不是某種性傳播感染的隱諱指涉，嘛……當然啦。但這個想法其實提出了一些有趣的問題，因為引起性傳播感染的微生物比精子細胞還要小。近代羔羊腸避孕套中使用的動物膜可以阻止精子，但不能可靠地防止疾病傳播。帕西淮之所以能不被丈夫受詛咒的精液擊敗，並在這情況下懷孕，只可能是山羊膀胱有戳一些洞，要不然就是精液中的蟲子是真的蟲子。但話又說回來，有一些傳說認為帕西淮其實自己詛咒了米諾斯的精液，以防止他與其他女人發生性關係，所以山羊膀胱避孕套也許只是她為了能夠解釋為什麼自己能存活下來。又或者，據說帕西淮和一頭公牛一起給米諾斯戴上了綠帽子，從而懷上了傳說中的牛頭人身怪〔Minotaur monster〕，也許她只是完全不碰丈夫的精液，而是透過其他方式生孩子。但這個故事只是個神話，所以可以不用想那麼多。）

古埃及的男人會穿上亞麻小套，這聽起來徒勞無益，但他們這樣做是為了防止寄生蟲的傳播，而非細菌（或嬰兒）。古代的精液總是和蟲子扯上關係到底是怎麼回事？夥計們，我們現在真的過得很好。古羅馬人升級成滲透性較低的動物皮和膀胱，不過他們主要擔心的是梅毒；節育可能是一種無意的副作用。除了前面提到的日本龜甲陰莖頂飾外，其他東方國家也用絲綢來製作時髦可愛的陰莖覆蓋物。

讓我們繼續嘲諷卡薩諾瓦：從十五世紀開始，隨著梅毒的肆虐和妓女更為放蕩，保險套有了很大進步。到了卡薩諾瓦的時代，保險套已經無所不在。其實卡薩諾瓦的回憶錄表明，身為一個年輕男性，他覺得保險套令人厭惡，並拒絕戴上它。但最後他認為神經性梅毒更嚴重，這可能是他唯一正確的事。

一八五五年，美國商人查理斯·固特異（Charles Goodyear）在橡膠硫化（rubber vulcanization）方面有所創新，橡膠硫化是將天然橡膠和硫混合的過程以形成更堅固、更有彈性的材料。終於可以拋棄動物內臟，轉而採用更有效的材料。不幸的是，這種材料和輪胎內胎一樣厚。[4] 更不幸的是，人們會客製保險套，清洗後重複使用。性健康固然很好，但重複使用的橡膠噁心到不禁讓人懷念神經性梅毒肆虐的日子。

在一九二○年發現的橡膠衍生物「乳膠」，讓生活快樂多了，因為這種材料更薄、更有彈性，而且不會讓陰莖看起來像穿著一件小小的矽膠緊身衣。相信我：現在的人類真的沒什麼好抱怨的。

大混蛋的陰道灌洗

　　透過打噴嚏來達到不孕的方法可能已經過去了，至少醫生不會再這樣建議。但比較近代的歷史中，人們試圖只藉由簡單的事後清理，消除性行為的痕跡。現代女性比打噴嚏的古代女性更聰明，所以她們會把「來舒（Lysol）」注射到陰道裡。

　　一八四三年是當混蛋（douche，也指「陰道灌洗」）的絕佳時機。法國婦產科醫生莫里斯・埃吉西爾（Maurice Éguisier）設計了一種裝載彈簧的裝置，可以透過軟管自動噴水，女性對這種免提精子清洗器非常著迷。它看起來就像一個連接在園藝軟管上的馬桶刷架，也可以一樣有效地預防懷孕。

　　改良了礙事的燈泡和針筒之後，陰道灌洗的下一個創新著重在裡面的液體。人們心想：如果沖水很好的話（其實不好！），那麼用殺精的化學物不是更好嗎（不好！）？到了一九二〇年代，醫生抱怨陰道灌洗無法作為節育方法，並回報患者出現的負面副作用。但灌洗已經沖出去了：女性可以在商品目錄和百貨公司購買此類產品，雖然反淫穢法禁止傳播有關避孕的訊息，它仍然是美國迄今為止最受歡迎的節育方法。[5]因為這是受歡迎的產品，公司在行銷上投入了大量精力。來舒也不例外。

　　想像一下，現在是一九五〇年，第一個荷爾蒙避孕藥距離通過臨床試驗還有幾年時間。你是一位戴著頭巾、希望避免懷孕的家庭主婦。保險套和體外射精都可以，但你曾經慘遇失敗，看來需要丈夫配合的方法都不太理想。感謝上帝賜予來舒！來舒在你最喜歡的雜誌

上宣導「婚姻衛生」（marriage hygiene），大家都知道這表示它可以讓你的子宮保持乾淨整潔，乾淨到不適合嬰兒生存。所以，就像你母親之前所做的那樣，在所有性行為之後，你都會用和廁所清潔劑同種的收斂型清潔劑（astringent cleaner），快速噴射到陰道。

你並不孤單，到現在都不是。雖然一九八〇年代醫學界強烈抗議，表示灌洗對造成燒傷、疤痕和長期的子宮頸損傷，這導致來舒不再默默影射其清潔產品的醫療用途，但世界各地數百萬女性仍在使用大量基本上不受監管的灌洗器。現在我們知道，再多的收斂劑灌洗也不能真正預防懷孕。每次射精都有數百萬個精子細胞，至少有少數精子細胞會在短短幾秒鐘內安全地進入子宮頸，灌洗劑廣告上寫的「清潔」功效已經沒有衍伸的含意。企業讓顧客相信，陰道區域的氣味和分泌物是需要治療的噁心症狀，而且透過陰道灌洗可以保持清新和清潔以解決氣味和分泌物的問題（甚至，有些產品暗示可以讓使用者遠離疾病）。[6]

讓我們直截了當地說：雖然陰道微生物很複雜，有時容易出現輕微的反叛行動，但生殖系統是一個可以自我清潔的洗衣機。陰道本來就應該會分泌東西，本來就應該有氣味。只有看起來不尋常或感到疼痛不適時，才需要醫療干預（至少根據我自己的經驗，大多數時候只要不要整天穿著髒瑜伽緊身衣坐著就會好了）。

諷刺的是，灌洗的行為實際上會讓你更容易相信自己需要灌洗。[7]大量研究表明，定期灌洗會增加細菌性陰道炎（就會有惡臭分泌物）的發病率，因為用任何除了清水以外的東西灌洗這些脆弱的組織，會破壞該區域的 pH 值，甚至殺死有益微生物，進而讓有害微生物

大量繁殖。灌洗甚至可能會增加性傳播感染的風險，因為它會使陰道皮膚受到刺激，在性交時更容易撕裂，為外來入侵提供了一個容易進入的缺口。換句話說，定期灌洗會讓陰道出現氣味和警訊，這反過來又會讓你更堅信自己需要特殊的清洗以控制身體。

現在知道了，灌洗壞壞，陰道自然菌落讚讚。但先讓我們回到熱愛來舒的一九五〇年代，自己 DIY 的緊急避孕藥真的有效嗎？

確實有一些化學混合物可以殺死精子，而像來舒這樣有毒的東西肯定是其中之一。一九八五年，哈佛醫學院的一群研究人員（他們受到一名學生故事的啟發，這個故事講述了天主教寄宿學校的女孩，使用各種液體噴劑來避免懷孕）測試了可口可樂的殺精特性。[8] 他們發現這種飲料確實短短幾分鐘內就破壞了精子，殺精能力還不錯。說真的，那些早期的鱷魚糞和金合歡葉栓劑就可以殺死精子，而且刺激性遠不如汽水那麼強。

但古代殺精系統功效的關鍵不是它們的毒性，最好的方法是將抗菌劑加上一些物理屏障（例如蜂蜜、棉花、黏土狀動物糞便），從一開始就阻止精液到達子宮頸。在性行為後向陰道管內注射殺精劑會錯過跑最快的精子，因為牠們已經被隔離在子宮頸內。所以難道我的意思是說，「將蜂蜜鱷魚糞便塞入陰道」可能比「用來舒噴灑子宮頸」危害更小？沒錯，但也請不要這樣做。

煮沸、搗碎、燉湯

起初，有一種植物。這種植物真的很擅長防止懷孕。但它已經消失無蹤了，就跟渡渡鳥（dodo）、旅鴿（passenger pigeon），以及我

們後代能生活在沒有毀滅性氣候變遷的星球上的所有希望。人類是如此貪婪，以至於徹底摧毀了地球上所有的羅盤草（silphium）。[9]至少故事是這樣說的。

西元七十七年，老普林尼將羅盤草描述為某種巨型茴香，它是古希臘和羅馬各個領域的熱門物品。他們會把羅盤草煮沸、搗碎、燉湯，用它作敷料治療被染病的狗咬傷的傷口，還會引誘蛇喝摻有羅盤草的酒直到蛇撐爆——這草還有什麼不能做的呢？據說在內戰期間，尤利烏斯・凱撒（Julius Caesar）在羅馬的公共金庫中發現了幾乎有一噸的羅盤草，至少有一個城市因種植和銷售其新芽而變得十分富有。[10]但到了老普林尼為這個萬能蔬菜唱讚歌的時候，它幾乎完全消失了：他在自己的著作中聲稱，他一生中只見過一根莖稈。

羅盤草據稱更有趣的特性是預防懷孕和月經的能力。順便說一句，它也被很多人認為是一種春藥。沒有什麼比大型茴香更能表達隨意的性感把戲了，對吧！

當然，我們不可能知道羅盤草跟「打噴嚏噴出精液」和「動現代手術絕育」比起來，避孕的功效有多好。目前地球表面幾乎已經沒有了羅盤草。許多人傾向認為，這場植物受到的絕跡災難，是因為急切好色的男女們，囤積這種植物以維持他們的放蕩生活。但事實是，羅盤草很受歡迎，很難種植，而且只能在養羊戶（和他們的羊）居住的地區野生生長。食用羅盤草對牲畜似乎沒有避孕作用，牠們很高興地吃這種東西，直到羅盤草供應嚴重短缺。

但不要被騙了，不是所有古老的避孕藥草都很蠢。我們可以嘲笑打噴嚏噴出精液，也可以質疑羅馬人做愛做到用光全世界天然避孕藥

的神話。但在科學家想到要發明避孕方法之前，不同時空的許多文化都有使用口服避孕藥。我們有理由相信其中許多藥有起到了避孕的效果，雖然很難百分百確定：一些學者發現歷史上某些時期的出生率明顯下降或平穩，並以此作為證據，表示當時的避孕能力比想像的高，但有其他學者指出這種推論的重大缺陷。[11] 我猜真相應該很普通：雖然很多避孕草藥沒有用，或是效果不彰，但另外一些可能真的有效，而且我們有化學上的證據。

一九四一年，美國農業部公布了一項報告，說明內華達州原住民藥用植物的使用情況。紀錄指出，有個休休尼（Shoshone）的部落相信，一種名為紫草屬（Lithospermum）或石籽的植物，定期配水服用可具有避孕作用。根據十年後發表在《內分泌期刊》（Endocrinology，暫譯）上的一項研究，學術界對這個原住民知識的突然認識導致了一九四〇年代和一九五〇年代的「大規模實驗研究」。當時有一項對小老鼠進行的研究發現 Lithospermum ruderale 確實成功地停止了月經週期，並且導致暫時性不孕。[12] 不幸的是（或幸運的是），研究發現如果長期定期服用該藥物，避孕效果可能是永久性的，也難怪科學家沒有急於將這個藥草製成藥丸。令人驚訝也令人失望的是，研究熱潮幾乎一開始就消逝了。

服用石籽的潛在副作用以及使用的方式都沒有足夠的研究，因此很不建議親自嘗試，除非你有辦法親自習得這個代代相傳的口傳技藝。無論如何，休休尼人可能不是唯一窺見植物祕方的人。一項一九六六年的研究，針對位在蒙大拿州平頭印第安保留地（Flathead Indian Reservation）的部落所使用的食用和藥用植物，他們用

Lithospermum 治療腹瀉[13]，但不太可能經常攝入這種植物又沒注意到（或刻意利用）藥草的避孕副作用。

另一種經得住時間考驗的避孕藥是「安妮女王的蕾絲」（Queen Anne's lace），又稱峨參或野胡蘿蔔。根據澳洲醫學藥草期刊（The Australian Journal of Medical Herbalism）二〇一四年的一篇評論，野胡蘿蔔（Daucus carota）的種子用來控制生育能力已有大約二〇〇〇年的歷史。[14] 一群古希臘作家將這種種子稱為調經劑或墮胎劑。《卡爾佩珀的完整草藥指南》（Culpeper's Complete Herbal，暫譯）於一六五三年出版，是許多一般民眾的首選醫療資源，澳洲醫學藥草期刊在那篇文章中指出這些胡蘿蔔種子透過調節月經週期來促進或阻礙生育能力。這種植物在印度歷史上也被用來引產、避孕和治療子宮疼痛，在印度被稱為 gajar。

同一篇文章中也提及藥草避孕的幾種可能機制，全都是從動物研究中收集的，但研究作者也發現大量的個人軼事證據，甚至是人類身上的非正式研究。但他們的結論是還需要更多的研究，來了解效果以及長期服用的安全性。

二〇〇四年一篇對民間避孕藥的綜述型論文發現，目前有研究過的藥草比例很低，但其中許多種類在實驗室中似乎毫無用處[15]。儘管如此，該論文的作者發現，有幾十種避孕藥草有值得深入研究的前景，甚至已分離出可用的有效成分。植物藥可能是平等主義的科幻夢想中，高科技節育選擇的關鍵。二〇一七年研究人員發現，在芒果、蒲公英根、蘆薈和雷公藤（Tripterygium wilfordii），又稱「Thunder duke vine」等植物中發現的化合物可以作為一種分子保險套。[16]

第八章：我們一直都有使用避孕措施嗎？　　177

pristimerin 和羽扇豆醇（lupeol）可以透過阻斷黃體酮激素來阻礙精子活力。[17] 目前正在進行更多試驗，但排卵者或射精者服用這些化合物，可能可以避免懷孕。如果產生精子的伴侶在性行爲前服用它，精子就會帶著遲緩沒用的尾巴出門。服用由這些化合物製成的藥物，可使排卵方透過限制卵子在旅程最後一站獲得的黃體酮進而削弱精子。

在我們可以依靠水果和蔬菜來滿足避孕需求之前，還需要進行更多的研究，但已有證據顯示大自然中充滿了未來可能有助控制生育的化學物質。

是時候發表一點免責聲明了，夥伴們。我個人認爲草藥不受醫療機構重視有點奇怪，但本書中的資訊無論如何都不足以作爲入門指引。如果你決定採用藥草的方式，請務必小心。請諮詢經驗豐富的草藥師，或研讀草藥師編寫的指南，確保你的基礎疾病或處方藥沒有任何禁忌症，並尋找值得信賴的藥劑來源，或學習製作自己的藥劑。

草藥避孕藥值得更多的關注，但目前醫療監管機構對此缺乏關注，所以你需要自行承擔風險。例如，唇萼薄荷（pennyroyal）在歷史和民間醫學文獻中，被廣泛註記爲有效的避孕藥或墮胎藥，但如果以錯誤的方式服用、過度服用，或和其他對肝臟造成負擔的物質一起服用，它絕對有可能產生毒性。不可以因爲草藥是「天然的」就粗心地服用（人類的死亡也很「天然」喔）。最後也要記得藥草功效不一定會很好。

如果你需要且可以在醫療機構進行墮胎，請務必到醫院進行。醫療診所可以了解你的狀況以及確保妊娠成功終止。這兩件事對你的健康和安全都至關重要。

子宮內……什麼來著?

　　如今,子宮內避孕器(IUD)是最有效的節育選擇之一。主要是因為使用者不太可能犯錯;一旦植入體內,你就不可能錯誤地使用IUD(雖然它可能會掉落,當然掉落就完全沒用了)。現代子宮內避孕器的工作原理是被動釋放荷爾蒙到需要停止排卵,並使子宮頸黏液變稠的地方,僅而最大程度地降低受孕風險,或者讓精子接觸銅來殺死精子。子宮內避孕器並不適合每個人:**放置的過程可能會非常痛苦,銅製裝置會增加月經量和經痛,荷爾蒙避孕環可能會增加某些使用者罹患危險囊腫的風險**。不過總而言之,子宮內避孕器是個很神奇的好方法,可以確保你在接下來三到十二年內幾乎肯定不會懷孕,時效主要取決於選擇的類型。但子宮內避孕器不是一直都那麼美好。

　　子宮內避孕器的頭暈目眩歷史始於一八〇〇年代末。子宮托(pessary)是子宮帽(diaphragm)的前身,可以物理上擋住子宮頸以阻止精子進入。十九世紀末期的醫生有了一個可怕的想法:如果子宮托放進去子宮會怎麼樣呢?

　　現代的子宮內避孕器會從擴張的子宮頸擠進去子宮,但之後就整個待在子宮內(除了一條漂亮的小繩子,取出子宮內避孕器時便可以用)。與現代子宮內避孕器不同的是,一八八〇年代德國開發的金柄子宮托(gold stemmed pessary)可以永久占據子宮頸的開口。[18]這些裝置可能會大大降低生育能力,因為會阻止精子,並在子宮中引起發炎反應,從而使其成為受精卵的敵對場所。但是任何從陰道進入子宮的裝置,都會使身體容易受到各種感染。身體外部經常暴露

於微生物之下，但是體內的部分卻對此毫無準備。而且，痛死了！我在過去十年換過三個子宮內避孕器（不要批評我，人家有選擇障礙），我一想到有一塊金屬長時間拉著子宮，就想把頭放在膝蓋之間。

雖然有柄子宮托的設計各不相同，但大多數都很粗，粗到會讓人說「哦不不不」。[19] 一九〇〇年代出現了幾種使用腸線或蠶絲，製作這些避孕藥具的「內部」部分，這可能會對子宮頸更溫和。但子宮托「外部」的部分會一直放在陰道中，對任何可能感染性傳播感染的人都極具風險，因為感染可能會蔓延到生殖系統的其他部位。直到一九二〇年代，才出現了全部留在子宮內的設計。

一九六〇年代，隨著避孕方法得到更廣泛的接受，以及塑膠的問世，可以製成更靈活的裝置，子宮內避孕器的概念才真正開始流行。一九七〇年代，美國近 10% 的女性使用子宮內避孕器避孕。但到了二〇〇二年，這一比例已降至 1%。[20] 為什麼？因為子宮內避孕器的歷史並不是一條通往成功的直線，而是一個鋸齒狀、跟魟魚一樣曲折的雲霄飛車，有令人興奮的高潮和致命的低潮。

一九七〇年代，美國市場上最受歡迎的子宮內避孕器是「道爾盾」（Dalkon Shield），形狀看起來像一隻會夾人的甲殼類動物。光是在銷售的頭三年裡，醫生就給超過 220 萬名患者開了這種藥。然而，即使在這段時期，也出現了麻煩的跡象：患者回報與該設備相關的嚴重感染和流產。雖然道爾盾可能讓部分使用者不用意外懷孕，但其他使用者卻面臨完全沒有意識到的危險懷孕。美國疾病管制與預防中心在一九七四年的研究花了六個月追蹤了近 17,000 名醫生，以獲取與道爾盾和其他子宮內避孕器相關的健康結果資料，發現該裝置增加了

懷孕期間細菌感染的風險。一九七五年的一項後續調查得出結論：和其他的子宮內避孕器相比，道爾盾有更高風險可能導致「流產相關的死亡」。

這導致該防護罩下架，但道爾公司沒有召回已經植入患者體內的數百萬台設備。該公司在一九八五年申請破產時，他們在每個州都面臨訴訟，他們也向因為產品導致骨盆腔炎、流產和不孕症的人，支付了數億美元的和解金。

很多人指出道爾盾的致命副作用，背後的罪魁禍首是在陰道中懸掛的編織繩。一些專家表示，這種材料容易磨損，變成就像吸管一樣，會將有害細菌吸進子宮。[21] 現代子宮內避孕器仍附有細繩，以便於判斷避孕器是否脫落，取出時也方便。但現今的設備是使用像釣魚線的細絲，將細菌遷移的風險降到最低。其他研究人員懷疑道爾盾的許多不良結果，可能更主要是因為錯誤的插入和放置方式，而不是設計造成的。

無論是何種原因，所有子宮內避孕器都受到了打擊。[22] 即使到了二〇一八年，避孕器試圖重新獲得大眾信任已經過了數十年時間，但調查顯示使用避孕方法的女性只有13%使用子宮內避孕器，與使用保險套的比例相同，而且保險套的效果差得多。[23]

選擇避孕方法是一個複雜的個人決定，子宮內避孕器也有可能不適合你。像蜜蕊娜（Mirena）的現代子宮內避孕器也經常因罕見但危險的副作用而面臨訴訟。[24] 沒有任何藥品是完全沒有風險的，子宮內避孕器也不例外。但是如果你的醫生完全沒有提供這個選項，那就值得問問他們為什麼。可能他們對這些設備抱持過時的偏見，或者只是假設你也是如此。

不要做就好啦

　　每種節育方法都有兩種有效機率。首先,有一個「完美使用」的百分比。如果 100 對夫婦每次發生性行為時,都使用保險套,並且使用得當,那麼到年底,只有大約 2 對夫婦會懷孕。但還有一個令人討厭的數字,稱為「典型用途」,納入了所有可能的錯誤使用,例如:使用過期的避孕套、把保險套放在貓可以抓到的地方、放在後口袋裡導致體溫分解乳膠、方向套反、性行為的開始到結束沒有全都戴著(以為戴一下就有安全了嗎?你們這群笨蛋)。到了年底的時候,這 100 對夫婦中有多達 15 到 18 對會生出點東西。

　　而「禁慾」這種節育方式,完美使用和典型使用之間的差距最大了。它確實非常非常有效,卻轉瞬間就會失效,但這沒有阻止人類嘗試禁慾。在所有令人翻白眼的過時節育方法中,「保證雙腿緊閉」的方法最具影響力。二〇一六年,美國學校將「反對婚前性行為」的性教育預算增加至每年 8,500 萬美元[25],即使這種性教育一次又一次地被證實無法解決或減少未成年懷孕和性傳染感染。截至二〇一四年,高中健康課程平均花不到 8 個小時討論所有性傳播感染和避孕措施,甚至有 87% 的學生監護人甚至可以將孩子排除在這門課程之外。

　　研究表明,承諾禁慾的人一年內懷孕的幾率幾乎是 50%。[26] 你還不如每次想做愛的時候,擲硬幣來決定要不要真的做,至少感覺比較有情調。

避孕的黑暗祕密

不幸的是，我們不能在不談論納粹的情況下提及節育。對不起！真的很抱歉。但如果我們不討論納粹，我就會留給你們非常不完整的性教育。我很想說這是這本書中唯一提到納粹的部分，但我不敢保證。在西方醫學的歷史上到處都是納粹。

我想請你同時牢記兩個真相。第一個真相是：獲得節育措施應被視為一項基本人權。只有這個方法可以確保個人能夠對身體擁有自主權，並自由決定自己想要過什麼樣的生活。對許多人來說，這是生死攸關的問題。

第二個真相是：要不是有毫不掩飾的階級主義、種族主義者以及他們的可疑動機，我們今天可能不會有避孕選擇。

美國計畫生育聯合會（Planned Parenthood of Greater New York）於二〇二〇年宣布：他們要在曼哈頓下城的旗下診所中，將創始人瑪格麗特・山額（Margaret Sanger）除名。[27] 山額理所當然地被認為是使避孕措施主流化的大功臣，但她也涉足優生學（eugenics），即人類可以且應該要控制繁衍，以產生更優秀的後代。

山額絕非孤例。美國優生學運動被認為是二十世紀初的主流科學，查爾斯・達文波特（Charles Davenport）等生物學家，積極說服全國人民相信他們可以透過阻止某些人繁殖來影響人類天性。像亨利・戈達德（Henry H. Goddard）這樣的心理學家對充滿「弱智」的墮落家庭，進行寓言式的案例研究，作為某些血統不值得繼續存在的證據；像哈里・克萊・夏普（Harry Clay Sharp）這樣的醫生制定法律，以公共

利益的名義，對數萬人進行非自願絕育。每天都有公民參加州立集市，參加「優越嬰兒競賽」，孩子們像牲畜一樣被稱重和測量，以顯示其血統的優越性。研究人員發表論文、新聞文章，甚至廣告，懇求大眾不要支持殘疾人，否則會削弱競賽品質。即使只是早產兒，也被認為對遺傳完整性構成風險。美國第一批新生兒加護病房是建在海邊的木板路上，費用由好奇的遊客買門票的方式支付，因為醫院不願意花費資源來保住基因庫中的弱者。[28] 然而，這些所有都經不起科學考驗，假設優生學學者提出的大部分信念可歸結為：某些種族優於其他種族；貧窮、犯罪、文盲是家庭出身造成的結果（不正確），而不是遭受邊緣化或壓迫的自然後果。

　　山額是不是真的支持優生學，這是一個有爭議的問題，但無論如何，她確實利用該運動的人氣，將節育的可能選擇交到了美國婦女手中。[29] 她和其他早期的支持者讚揚「社會衛生」（social hygiene）：其願景包含小家庭，小到足以在美國資本主義的壓迫下保持健康、整潔和良好的行為。節育成為主流的過程中，她協助正常化了一個觀念：有些人應該比其他人生育更多的孩子，而有些人只可能在人口族群中生下墮落和退步。

　　也許你不會相信，阿道夫・希特勒（Adolf Hitler）等人會閱讀有關優生學的美國書籍以獲取靈感。[30] 在第二次世界大戰期間，美國醫療機構開始對優生學與納粹主義的聯繫感到有一點可疑，優生學開始變成一種潛台詞。

　　山額的工作確實得到了回報。一九五四年，她與醫生約翰・洛克（John Rock）一起幫助開創了第一個口服避孕藥的臨床試驗。[31] 但醫

學研究的道路從來都不是一帆風順的。洛克在波多黎各測試了藥丸，從而逃避了美國的管制，他的數百名研究對象幾乎沒有收到任何消息，如果受試者回報了負面的副作用，就會被認為不可靠。洛克的藥丸研究不道德且不完善，此避孕藥的行銷包裝為「月經週期控制」，試圖愚弄天主教會，洛克基本上將此藥描述為一種穩定經期的方法，就更可以避開受孕日，不過它的作用其實是防止排卵和著床。如果你沒結婚就很難得到此藥物。另外此藥也可能會引起致命的副作用。但到一九六二年，約有 120 萬美國女性有在使用。「性」就此改變。

到目前為止的總結：人們幾乎總是希望有可靠的節育措施。但是墮胎呢？

打胎夾娃娃

現代藥物節育通常會阻止排卵、阻止精子成功與卵子結合、或是阻止受精卵在子宮內著床。儘管許多人可能認為墮胎是一項現代發明，但在人類歷史的大部分時間裡，墮胎是極其有效的控制生育方法。任何有在關注的人都會注意到，避孕藥和墮胎藥之間經常重疊。在可靠的懷孕測試、對生育有深入了解的時代之前，「以防會懷孕的藥物」和「以防已經懷孕的藥物」之間的界線更為模糊。

亞里斯多德和柏拉圖都將墮胎視為一種控制人口的好方式，比殺死或遺棄剛出生的嬰兒更可取。順便說一句，亞里斯多德曾經評論埃及人「撫養所有出生的孩子」，並表示此習俗值得注意，我們可以推論棄嬰的行為受古希臘的廣泛接受。[32]

（古希臘羅馬文化輕易地默許家族丟棄還活著的嬰兒，對此感到震驚是合理的。但我認為值得指出，美國在二○二○年有四分之一的受訪者認為墮胎在大多數情況下應該是非法的，並且幾個州的政客正試圖推翻羅訴韋德案〔Roe v. Wade〕，同時有 610 萬兒童生活在糧食供給不穩定的家庭中[33]；同年大約有 440 萬美國兒童沒有醫療保險。[34] 許多政客想讓我們相信美國是個「捍衛生命權」〔pro-life，也指反墮胎派〕的國家，看來這個國家顯然有在「捍衛」許多孩子的「生命權」。）

舊約時期的希伯來人對於懷孕同樣持相當務實的態度。最接近胎兒權利的評論出現在《出埃及記》（Exodus），其中明確指出，如果有人攻擊孕婦並致其死亡，加害者將面臨死刑。如果她只是流產，加害者就要向她的丈夫處以罰款，這表示「胎兒死亡」更被視為潛力的喪失，而不是生命的喪失。[35] 猶太教的《塔木德》進一步鞏固了這樣的觀點，即人格權只在出生時授予，在嬰兒的頭部從產道中出來之前，猶太律法始終將保護母親的生命和健康放在第一位。[36]

雖然印度教和佛教法律在西元前都譴責墮胎，但主要來自印度教和佛教文化的古代醫學文獻，也描述了如何進行墮胎。在緬甸、泰國、馬來西亞、印尼和菲律賓，希望終止懷孕的人們有時仍然會求助於一種痛苦且危險的外部子宮按摩，在東南亞九世紀的雕刻中，這種按摩被描述為一種懲罰或罪孽。[37]

現代有關墮胎的爭論大多與基督教有關，但即使是教會也一直和實踐墮胎有複雜的關係。早在西元第一世紀，人們就對計畫生育提出了強烈譴責，一些基督教領袖將墮胎視同於謀殺。但有些人似乎不

同意，認爲在某些情況應允許終止懷孕。歷史文獻告訴我們，即使將墮胎視爲謀殺的人，也只有在兩種情況下會這麼認爲。一種情況是「胎動」之後（懷孕的人第一次感覺到體內的胎兒在移動），第二種情況是胎兒「形成」之後，也就是胎兒呈現出可辨識的人類形狀。在懷孕初期墮胎「未成形」胎兒，比較有可能被視爲輕微的違法行爲，甚至被視爲是可接受的節育形式，而非殺害無辜的靈魂。[38]

十九世紀的美國法律仍如此規定，這就是爲什麼未經訓練的「醫生」可以在一八〇〇年代初期於報紙上公開兜售墮胎藥和墮胎手術[39]，僅使用「子宮補品」等稍微含蓄委婉字眼來解決「女性的煩惱」。有些人透過將具有不同功效的民間草藥商品化，獲得了豐厚的收入，例如：安・特羅・薩默斯・洛曼（Ann Trow Lohman），常被稱爲雷斯特爾夫人（Madame Restell）或紐約最邪惡的女人，取決是誰在稱呼她。這些服務的對象不只是「不檢點的年輕女性」和「賣春妓女」；尤其是雷斯特爾夫人採用浮動收費標準，向富有的客戶收取高達 100 美元的費用。

我不敢說雷斯特爾夫人是女性主義的模範。我們無法知道她的治療方法是否多少確實有效（許多郵購醫生出售有毒物質，這些物質使患者處於極大的危險之中，而且藥的副作用有時候會導致流產），也不知道她是否負責地執行了干預手術。不過，雖然她和其他人可能都是江湖郎中，但這並不是一九〇〇年墮胎非法的原因。

很遺憾地，我們必須再次指責父權社會。其實我們可以相當合理地特別責怪一位美國醫生：荷瑞修・史托勒（Horatio Robinson Storer）。[40]

第八章：我們一直都有使用避孕措施嗎？　187

這一切始於一八四七年，當時美國醫學會（AMA，American Medical Association）剛成立。「醫學」才剛成為一個具有統一標準規範和最佳化專業實務的領域。因此，十九世紀的內科醫生（physician）很希望將自己與手術醫生（surgeon）、助產士（midwife）和「醫生」（doctor）區分開來，因為他們不像「一般醫生」會出售毒藥，他們可以提供信譽更良好的健康諮詢。史托勒出生於波士頓，是畢業於哈佛大學的產科醫生，常被稱為「婦科之父」。他是倡導廢除女性醫療保健現狀的先趨，當時女性醫療保健一直是種圈內壟斷業務。但該如何說服女性不再依賴女性助產士提供醫療服務呢？就是要妖魔化她們的做法。史托勒從一八五〇年代開始領導「內科醫生反對墮胎運動」（physicians' crusade against abortion），他認為胎兒是人、女性生來就是為了懷胎，並聲稱任何不想懷胎的希望都是精神錯亂的表現。但他也認為切除卵巢是治療精神疾病的好方法，所以，嗯……好哦？

他似乎認為墮胎是一種如快時尚般的惡習：「有句話是這樣說的，苦難不單行。這點在墮胎罪的歷史中最為明顯。根據我們的經驗，很多受人尊敬的女士，她們自己也經歷過墮胎，之後引誘幾個朋友墮胎；也許是在努力說服不安的良心，藉由使這種行為普遍化，試圖合理化此行為。」

史托勒對胎兒人格的個人信念可能是真誠的，他皈依天主教，希望有一個有共同信念的教會。但無論史托勒的真實動機為何，美國醫學會轉向強烈反對墮胎的立場很「恰好」地將助產士（通常是助產士執行墮胎手術）誣陷為落後和邪惡。對於像史托勒這樣的婦產科新醫生來說，這不會損害到自己的生意。在他的努力下，美國醫學會在一九六〇年代之前都反對墮胎。

這確實產生了影響。一八六〇年至一八八〇年間，至少有 40 部反墮胎法規入法，其中許多法規的基本原理都引用了美國醫學會的立場，即「生命始於受孕」。到一九〇〇年，幾乎整個美國都宣布墮胎非法。

即使在法律轉變期間，墮胎仍然很常見。考古學家最近在紐約市堅尼街發現了大約 30 週大的胎兒骨頭，在一個十九世紀中產階級家庭的廁所坑裡。[41] 紀錄顯示居民有數個孩子，研究人員還在現場發現了克拉克女性藥丸（Clarke's Female Pills）的空瓶，這是一種含有新疆圓柏（savin，一種知名墮胎藥）的郵購藥。

本章卷首語中引用了一本一九五五年的書籍，匈牙利裔法籍民族學家兼精神分析學家喬治·德弗羅（George Devereux）試圖將 400 個「原始」社會對墮胎的態度，按照動機、方法等進行邏輯分類。[42]（奇怪的是，他聲稱這樣做不是為了教我們墮胎，而是為了教我們分類。這令我感到困惑，但我至少可以肯定地說他的顴骨真是尖到可以割玻璃。）由於這本書是由白人在一九五〇年代的歐洲撰寫，其在人類學中的引文有一種地雷區，可能對各種原住民產生誤解或明顯的失實陳述，所以我不會列出其中包含的特定文化及他們的墮胎方法。

但值得注意的是，德弗羅的學界同儕準備了數十個例子供他分析和整理。由於各種原因，世界各地都存在著墮胎現象。如果繁殖是一種自然行為，那麼歷史一次又一次地告訴我們，想要控制繁殖當然也是天性。人類渴望控制的不僅僅是性導致的結果，我們還癡迷於掌握性能力，雖然大家都知道這非常難控制。

第九章
為什麼身體總是不配合色色的慾望？

> 我們會在本章盡最大努力讓雞雞硬起來。

到目前為止，我們已經扎實地（甚至是太嚴肅）了解到「性」對於生命、宇宙和一切事物來說都是至關重要、不可或缺的，它的重要性影響了身理和心理的演化，而且至少有三分之一的煩惱和各種麻煩事可以歸咎於性。所以做愛一定是世界上最容易的事了，對吧？只需要雙方或多方同意，就可以做愛做的事，對吧？絕對不是。對許多人來說，性行為幾乎是一種肉體上的痛苦，因為它是一種不用動腦的肉慾行為。

我還是大學一年級新生時，接觸了經典的美索不達米亞文本：《吉爾伽美什史詩》（Epic of Gilgamesh）。此文本被高度認為是現存最古老的偉大文學作品，這使得其中有四千年歷史且過程長達兩週的性愛場面，成為現存最古老的色情文學作品之一。恩奇都（Enkidu）是個命運多舛的野人，他被創造出來的唯一目的就是與主角互動。在極其短暫的一生中，恩奇都花了兩週的時間與一位女祭司進行持續不斷的性愛。(其實在二〇〇八年還是「一週」的性愛，但有人當年發現

了一頁新內容，其中包含了更多性愛場景，我是直到核實手稿時才知道這點。）經典的「16歲幽默感」讓我決定以一名年輕陰莖擁有者的假身分，寫信到學校報紙的建議專欄，謊稱我被恩奇都的事蹟嚇到：「我就是覺得自己那裡不夠好⋯⋯我該怎麼做才能增強床上的體力呢？」

坦白說，負責該專欄的學長姐具有成熟的遠見，嚴肅地回答了這個荒謬的問題。當時，我很生氣他們沒有聽懂我開的玩笑，也沒有接續笑點。但十年後，我才意識到對他們來說，直白地看待青少年男孩的性表現焦慮是多麼重要。大多數人認為勃起功能障礙（ED, erectile dysfunction）是一種只影響年老男士的疾病。但與普遍看法相反，即使是性慾旺盛的年輕人也可能難以享受性事。雖然對青少年性行為的研究很少，但法國的一項小型研究發現，超過十分之一的年輕男性受試者患有輕度至中度勃起功能障礙。[1] 近一半的女性受試者回報她們有性慾低落、性交疼痛、和性高潮困難的問題。

令人遺憾的是，女性性功能障礙的研究和紀錄嚴重不足，許多女性甚至沒有意識到她們可以透過醫療或人際介入可以改善性體驗。另一個新興的研究領域是跨性別和非二元性別者的性功能障礙。雖然改善「身體形態和性別認同的關係」可以在心理上為更好的性生活鋪平道路，但許多典型的荷爾蒙療法和手術可能會產生新的生理問題，例如性慾降低或疼痛，或至少出現新的學習曲線（learning curve），有太多的醫療專業人員因新的學習曲線不願意、或無法幫助病患探索。[2]

重點是：無論你年齡多大、褲子裡裝的是什麼，「戰不起來」都是完全正常的。自古以來，人們一直在努力改善這些困擾（或是利用相關焦慮獲利）。

聽著，朋友們，不是所有一切都是病態的（pathological）。有時，恢復久違的勃起很簡單，就是找一些好看的人類接吻，盡量不要給自己太大的壓力，給自己時間了解怎樣硬起來或腫起來。有時，缺乏身體上的興奮代表你只是不想發生性行為，這永遠值得注意和尊重。但當腦袋決心要做愛，身體卻不配合時，尋找捷徑絕對沒什麼好丟臉的。所以這裡有一些技巧，從「山羊睪丸」到「陰莖注射」，人類在歷史上一直試圖讓彼此興奮起來。

半軟不硬

奧地利醫生威廉・斯特克爾（Wilhelm Stekel）在一九二七年出版的《男性陽痿》（Impotence in the Male，暫譯）一書中提出，不合時宜的陽痿是一種「與現代文明相關」的疾病。身為一位狂熱的佛洛伊德擁護者，斯特克爾最關注各種性困擾背後的心理動機，毫不意外地將陽痿歸咎於他那個社會環境中的心理缺陷。但斯特克爾大錯特錯。其實有關勃起功能障礙的文字記載可以追溯到西元前八世紀。[3]

不聽話的陰莖首先在《妙聞集》（Sushruta Samhita）中起了頭（也有可能「頭起不來」），這是一部由偉大的印度外科醫生妙聞仙人（Sushruta，音譯為蘇胥如塔）撰寫的梵文醫學著作。這篇文章的作者並沒有找到導致這種不幸疾病的明確原因。他猜測生殖器官或其他系統的各種疾病可能都有影響，但也歸咎於「惡毒思想」和「強迫與令人不愉快的女人發生性關係」。

不過這個很有問題的診斷，並沒有阻止他提供可能的補救措施。

一種解決方案是將芝麻醬和豬油,與藥用的特定豆類和大米混合,用鹽和甘蔗汁調味,然後食用前用無水奶油煎炸。妙聞仙人聲稱這道菜可以讓男人拜訪一百個女人後才感到疲累。各種睪丸也依序出現,人們在牛奶中煮山羊睪丸,然後與芝麻和海豚脂肪一起食用,或者可以簡單地將一袋袋鱷魚、老鼠、青蛙和麻雀放在酥油中滾煮,然後將這些油塗在腳底上。

　　古埃及人經常認為性功能障礙是詛咒或巫術的結果。[4] 單純的生理問題可以透過草藥和其他天然物質的複雜混合物來解決:一篇古代文獻推薦使用天仙子、柳樹、杜松、金合歡、棗子、沒藥、黃赭石和紅赭石等成分。我們不確定局部使用這些藥膏是否會有幫助,但在生殖器上塗抹一種有刺痛感的酊劑(tincture)肯定會有某些效果。不過若這些問題涉及神奇魔法力量,醫學治療就會需要祈禱和儀式。據歷史學家稱,至少有一種療法是將宿敵的名字寫在一塊肉餅上,然後餵給一隻貓。象徵性地將敵人餵給有神力的貓科動物,可能無法解決潛在的泌尿系統問題,但他們事後肯定感覺好多了,這不可否認。

　　古代醫生開出的性愛增強療法背後的邏輯已不可考,這使得現代研究人員只能猜測各種酊劑和藥劑的實際用途。但根據對古希臘人的一些研究,人們要感到炙熱慾望的一種可能機制,是先讓他們感到溫暖和想放屁。

　　西元二世紀的醫生加倫常被認為是那個時代最傑出的醫學家,他為那些希望保持堅挺的人提供了許多建議。如果公牛在泥土中撒尿並產生一小灘泥,可以將其像膏藥一樣塗抹在陰莖上,這會為你帶來兇猛的繁殖力。飲用由蜥蜴腎臟製成的藥水可能會引起令人懼怕的勃起。

第九章:為什麼身體總是不配合色色的慾望? 　193

但在加倫和他同時代人的作品中，我們一次又一次看到的一個共同點：胡椒和芝麻菜等辛辣成分。因為性興奮（sexual arousal）無論在過去和現在，都與臉紅和溫暖的感覺有關，所以很容易了解為什麼古代醫生會認為辛辣食物是通往性福的捷徑。但這不僅是辣舌的問題，會導致脹氣也可能是關鍵。

如果像加倫那樣思考，那麼透過放屁來達到健康的勃起是有道理的。他相信除了血液之外，人體的靜脈還攜帶著一種稱為「普紐瑪」（pneuma）的「生命之靈」：一種賦予生命的氣，以補充賦予生命的液體。加倫認為勃起是血液和普紐瑪湧入陰莖動脈的結果。他至少說對了一半。柔軟的陰莖充滿海綿組織，充滿血液後會變得堅硬。但辛辛納提大學（University of Cincinnati）的古典學家布倫特・阿雷哈特（Brent Arehart）認為，由於加倫認為空氣也是重要成分，他可能會鼓勵男性患者，在體內創造盡可能多的風，來幫助推動他們的性接觸。[5] 加倫認為，一位肚子裡充滿了氣體和熱食物的男人，擁有進行猛烈抽插所需的一切。如果你有曾經試圖將「墨西哥捲餅星期二」（Taco Tuesday）變成一個浪漫之夜，那你就會知道這個建議雖然無疑是出於善意，但卻大錯特錯。

為女士們準備的小東西

大約十六世紀的某個時候，在伊斯蘭中世紀學術繁華的大都市廷巴克圖（Timbuktu），終於有人意識到女士們的存在。他們撰寫了一份名為 *Mu'awana al-ikhwan fi mubshara al-niswan* 的手稿，譯為

《給男性的指南：如何和女性伴侶發生性關係》。這並不是一本走在時代尖端的女性主義著作。手稿大意是讓男性讀者利用新發現的性能力，重新贏得任性妻子們的青睞。其中許多都是針對增強男性活力的典型春藥，提高性能力的建議包括：飲用乾燥並磨碎的公牛睪丸（經典選擇）、用公雞右腳指甲燒焦時產生的煙霧熏蒸自己，以及舔舐與蜂蜜混合的蜥蜴陰莖粉末。另外手稿也建議透過祈禱來改善和延長性剝削。

但與大多數有關提高性滿意度的歷史文獻不同，廷巴克圖的手稿還包括了激發女性性慾的方法[6]，但不代表他們的建議是好的。有一個建議是一名男子「用狐狸的膽囊擦拭他和妻子的眉毛和手」（根據研究人員的解釋摘要）。另一個小撇步：在性交前將公雞血擦在陰莖上（請勿模仿）。想讓妻子達到「強烈到瘋狂」的高潮嗎？只要宰殺一隻黑雞，擦在雞雞上，然後走進城就可以了！（請千萬不要模仿）。

勃起糾察隊

那些因偶爾陽痿而感到尷尬的人，最好不要去中世紀的歐洲。（實際上，我希望這本書充分闡明，就算有機會，任何人都不應該造訪中世紀的歐洲。）在當時的英國，丈夫無法硬起來，幾乎是女性可以提出離婚或婚姻無效的唯一原因，因為沒有能力生育孩子的男性根本不應該結婚。

不僅婚外性行為被禁止，即使是已婚夫婦也被要求要限制交配行為簡短、直接、以受孕為中心。

整個中世紀的教會文件都在譴責已婚異性戀的罪惡淫蕩：

- 在不太可能受孕的時間發生性行為；
- 對受孕做了任何花哨且不必要的事情，例如：**傳教士以外的任何體位**
- 每兩週發生不只一次性行為；
- 射在外面。

有鑑於性的目的、對象和地點的苛刻，可以想像教會認為不舉的男人，沒有資格擁有幸福的婚姻生活。由於婚姻的存在只是為了創造一系列環境讓兩個人勉強可以有一點點非常狹隘的性行為（那一點性行為是防止宗教消亡的必要之惡），所以不能僅僅擁有妻子，但不讓她懷孕。不能讓她懷孕的話，就別占著可以懷孕的子宮了，兄弟！站著茅坑不拉屎！

從現代的角度來看，我有點讚賞中世紀女性有那麼微小的離婚機會。中世紀的婦女通常除了死於分娩，或被燒死在火刑柱上之外，別無其他機會。但無論對丈夫還是妻子來說，情況遠非理想。

首先，女人必須等待至少三年，才能宣布她被欺騙，嫁給了一個性無能的男人。這段時間大概是為了允許其他可能：丈夫只是害羞、營養不良、對婚姻性行為一無所知，或者被一長串教會教的各種性行為禁忌嚇暈了。在這種情況下，教會向他保證，他不應該與他的妻子發生關係。其次，原告必須有當地居民的品格證明（沒錯，這完全是公共事務）因為我們都知道，女人本質上是邪惡且不值得信任的。最後，也是最有趣的是，法庭必須收到證據，證明的確有性無能的

情況。在十二世紀，一群「聰明的主婦」會花幾個晚上在這對夫婦周遭閒逛，以獲得證據。[7] 因此，十二世紀的法庭文件中，充斥著受人尊敬的已婚婦女的證詞，這些證詞涉及各種男性陰莖的不足。[8]

但男人怎麼做才能避免失去婚姻和名譽呢？如果他有辦法接觸到學者，他可能會從突尼斯醫生伊本・賈扎爾（Ibn al-Jazzar）的巨著獲得建議，這些巨作於十世紀寫成，被廣泛認為是整個中世紀的最佳著作。賈扎爾主要技巧是堅持讓睪丸保持溫暖和濕潤，他說這可以透過吃鷹嘴豆、蘿蔔、生薑、長辣椒和豆類（辣味和放屁）等食物來實現。

然而對於大多數被拋棄的丈夫來說，大部分責任都歸咎於巫術，書中記載了從「友善地要求女巫停止對你的生殖器施咒」到「掐住她的脖子」等各式各樣的建議。

除此之外，還有一些殺氣稍微沒那麼重的解決方案可用。十三世紀，艾爾伯圖斯・麥格努斯修士（Albertus Magnus）指出，麻雀的瘋狂交配使牠們的肉成為治療性冷淡的完美療法。狼的烤陰莖可能更有效，但最淫蕩的食物是海星，他警告說海星的效果可能太好，以至於病人會射出血液。不用擔心：這些劇烈的排放可以透過「清涼」的膳食來治癒，例如……一盤生菜。[9]

山羊睪丸模擬器

美國歷史上最臭名昭著的醫療小販是販賣山羊睪丸，充分展現了我們對性能力的關注。

約翰・R・布林克利（John Romulus Brinkley）一八八五年出生於北卡羅來納州，他並不是真正的醫生：一系列不幸的事件使他無法支付和完成醫學院的學業，因此他從文憑工廠購買了學位。[10] 布林克利聲稱他治療「性軟弱、精神錯亂」和許多其他疾病，賺了數百萬美元。我們至少可以說，他選擇的方法相當新穎：布林克利聲稱將健康雄性山羊的睪丸，移植到數以萬計的患者的陰囊中，從而使他們重獲性活力，讓疲憊、不育的男性變成精力充沛的父親們。後來，布林克利與新成立的美國醫學會（American Medical Association）多年爭執不休，甚至和美國聯邦通訊委員會（Federal Radio Commission）起衝突，因為他就像當時代的性治療專家露絲博士，而且還經營當時最為強大的輸電線塔之一。在這之後，他聲稱著名的山羊移植手術，啟發了一種簡單的注射配方，這種配方可以治癒幾乎所有的疾病，全都是藉由……山羊睪丸之力！

如果你還沒意識到布林克利是個騙子，他還販售抗癌牙膏。[11]

當他最終因自己的胡言亂語而受到正義審判時（順便說一句，這場審判原本只是因為布林克利在醫學界起訴一位反對者誹謗，但訴訟慘敗並引起大批憤憤不平的病人和失去親人的親屬準備要求賠償），布林克利被迫承認他的「睪丸移植」根本不是移植。雖然許多滿意的病人都認為他們得到了強大的新蛋蛋，但手術實際上只是在陰囊和皮膚之間滑入一小片山羊組織。誹謗訴訟中的一位專家證人作證說，如果沒有與血液供應相連，移植的組織只是類似碎片的異物，只會被吸收或形成疤痕。布林克利並沒有向病人灌輸山羊的超強性慾，而只是讓他們面臨感染和失望的風險，並且希望手術引發強烈的安慰劑效應。那那些替代假手術的配方呢？一項獨立的化學分析顯示，配方

是 1,000 份蒸餾水搭配一份藍色染料的混合。他以一支 100 美元的價格出售注射劑，每位病人平均注射 5 支。

布林克利可能是史上最臭名昭著的睪丸推銷員，但他不是唯一一個。謝爾蓋・沃羅諾夫（Serge Abrahamovitch Voronoff）在咆哮的二〇年代（roaring twenties）和齷齪的三〇年代（dirty thirties），於法國進行異種移殖（xenotransplantation）實驗，並決定專精於將猴子睪丸塞入人類陰囊。[12] 值得注意的是，布林克利肆無忌憚，但沃羅諾夫很可能只是被誤導，至少他眞的有將移植的組織插入到患者的陰囊中。根據他的動物實驗，沃羅諾夫確信將年輕動物的睪丸移植到患者身上，可以使他們重新煥發活力（事實上，他本來想使用人類死囚的器官，但最後是建了一個猴子農場作爲來源）。他的手術日漸失寵，可能要「歸功」於布林克利，但對睪丸之力的類似研究仍在繼續。

一九三五年，荷蘭科學家最終分離出睪固酮（testosterone），沃羅諾夫和其他人的研究似乎很短暫地得到了證實。睪固酮是睪丸排出的一種物質，代表也許移植新睪丸有可能會爲帶來一些精力。遺憾的是，雖然睪固酮水平提高確實能提高許多男性患者的性慾，但研究未能表明腺體移植無法帶來醫生承諾的年輕和活力。關於這種荷爾蒙，還有很多東西要了解，睪固酮是所有性別各種身體功能的重要組成部分，但肯定不是有陰莖者的靈丹妙藥。

健康光澤

感覺不夠活潑雀躍？在一九〇〇年代初期，你可能嘗試過服用鐳丸（radium pill）。一八九八年，瑪麗・斯克沃多夫斯卡・居里（Marie

Skłodowska-Curie）和她的老公皮耶（Pierre）發現了高放射性元素「鐳」。在許多人看來，它具有無限廣闊的商業應用前景。可以用鐳製作在黑暗中發光的拖鞋！還有在黑暗中發光的時鐘指針！甚至是在黑暗中發光的玻璃！哇哇哇！

　　無論是因為鐳很新潮，還是因為它會發光，人們都認為鐳是讓疲倦的身體恢復活力和治癒各種疾病的關鍵。飲用輕微放射性的水可以治療痛風；服用鐳鹽可以改善關節炎。這些產品都在報紙上刊登廣告，還可以郵購買到。就像任何被商業化的靈丹妙藥一樣，鐳也被當作性慾低落的解決方案來銷售。

　　許多補充劑隱晦地表示商品可以帶來「魄力」或「精神」（欸這肯定是在講床上功夫吧）。但其他人則開門見山：Nu-Man 和 Vagatone 腺片分別承諾恢復「性能力」和「治療性冷感」。[13] 你也可以會嘗試 Radioendocrinator 或 Adrenoray：這些含鐳的產品會直接放置於內分泌腺（endocrine）或腎上腺（adrenal gland）上，使其充滿性力量。有陰道感染嗎？還是有些痔瘡？只要你插得進去，維他鐳塞劑（Vita Radium Suppositorie）就可以修復那裡的問題，還會讓你興奮起來！睪丸雷射器具和支撐器（Testone Radium Appliance and Supensory）很特別，使用者會將睪丸塞進一個裝滿鐳鹽（radium salt）的絲綢小袋中，然後用布帶綁在腰部和腿部以固定到位。保持睪丸具有放射性一直都是個好主意呢。如果你想讓性器官感覺溫暖、豐滿和些微刺痛，而不是冰冷、濕冷和死氣沉沉（適用任何性器官喔，哇嗚！），你可以用 Magik 輻射按摩膏愛撫那些冰冷的部位。

　　但講真的，請不要在生殖器上放置任何放射性物質。

邏輯低音管

賈爾斯·布林德利（Giles Brindley）無疑是一位多才多藝的人。一九六〇年代，這位英國人開發了一種神經義肢（neuroprosthesis），能夠使盲人恢復部分視力，並隨意地發明了一種他稱為「邏輯低音管」（logical bassoon）的樂器。二〇一四年在《英國神經外科雜誌》（British Journal of Neurosurgery）上的一篇相關資訊中，布林德利表示他在六〇年代參加馬拉松和接力賽。當這本書付印時，他已經90多歲了，正在研究假聲（falsetto）的起源。[14]

布林德利不容質疑是一位博學多聞的人。但如果他希望被世人銘記——無論是他在義肢方面的創世發明、60多歲的體育精神、還是為創造更完美的低音管所做的努力——嘛，他就不應該在拉斯維加斯對一屋子的人當眾露鳥。[15]

想像一下：一九八三年的內華達州。是不是會想到浮華曼麗、魅力溢滿的時代呢？容我向您介紹美國泌尿動力學學會（American Urodynamics Society）的年會。世界頂尖的尿道專家齊聚一堂，討論點滴、睪丸和異味、排尿和射精的最新研究進展。有些與會者聲稱，當布林德利上台展示他的作品時，他面對的是一群特別高雅的觀眾。那是當天安排的最後一場演講，因此他的許多同事盛裝出席晚間的招待會。聽說有些大人物甚至帶著他們的約會對象，穿著派對禮服和晚禮服。

你要想像一個房間裡擠滿了盛裝打扮的人，人們急切地想要去參加招待會的開放酒吧。想像得到他們的端莊樣貌嗎？可以？太好了。

第九章：為什麼身體總是不配合色色的慾望？　　201

因為現在你要想像布林德利穿著寬鬆的運動褲，踏上講台，然後向觀眾展示他的陰莖在不同腫脹階段的投影片。

布林德利並不是因為性慾暴漲到精神崩潰。這位謙遜不招搖的英國人花了幾年給自己注射了他認為有機會引起勃起的物質：這一概念在當時的主流醫學界幾乎前所未聞。**勃起功能障礙通常被認為是個人的問題，是種要跟精神科醫師討論的事情。**過去山羊轉移販子和猴子養殖夢想家的失敗，玷污了所有較具物理侵入性的治療。如果涉及物理治療，患者通常需要非常大型的外科手術，回報卻微乎其微。例如，在一九七〇年代和一九八〇年代，數十萬名男性將充氣矽棒插入生殖器，以求更好的勃起，但代價是設備容易出問題，導致下體頻繁感染。

但布林德利在神經修復學方面的研究，使他比大多數人更可能解決陰莖鬆塌的問題。他原本試圖開發骶神經刺激器（sacral nerve stimulator），以幫助脊髓損傷患者改善膀胱控制和活動能力。在過程中，布林德利也研究並實施了使癱瘓男性射精的技術。[16] 正如前面所述，身體健全的人出現性表現上的問題，在當時被認為主要是心理問題。但對於因無法勃起而無法生育的癱瘓男性來說，這個問題明顯是臨床的問題，而且值得解決，至少在布林德利看來是如此。在一九八四年的一篇論文中，他發表最新系列的震動按摩器和電刺激（electrostimulation）試驗的結果，協助患者生育出了 9 名健康兒童。

不過，電擊陰莖使精液溢出是一回事，但為了愉快的性交，而引發可用的勃起是另一回事，布林德利從中看到了潛力。

透過給自己注射一種名為酚妥拉明（phentolamine）的鬆弛劑

（這只是他嘗試過的多種藥物中的一種，各種藥物取得了不同程度的「成功堅挺」），布林德利成功地放鬆了構成人體血管的不隨意平滑肌的血管壁。陰莖中的鬆弛動脈壁代表有更多給液體的空間。這使得血液立即湧入，從而使陰莖開始活動。

布林德利的投影片令觀眾措手不及，並展示了這些成果。但因為長期以來人們一直認為勃起主要是一種心理現象，他覺得有必要證明自己並不是為了拍漂亮的屌照，所以在鏡頭外偷偷先硬起來。畢竟如果他當時本來就已經處於性興奮，誰會在乎他注射了什麼藥物？布林德利向觀眾保證，沒有人會因為泌尿科講座而感到性興奮（這絕對是錯的，因為世界上所有東西都可能會激起某人的性慾，但接下來一、兩章先讓我們忽略這一點）。布林德利告訴觀眾：就在幾分鐘前，他已經給自己注射了好東西。這就是為什麼他要穿寬鬆運動褲：布林德利走下講台，讓薄薄的布料展示他的辛苦成果。

接下來發生的事情造成了各種轟動效應和道聽途說。有些人說布林德利驕傲地脫下了褲子，有些人則說他羞怯地脫下褲子。有很多版本是說，布林德利頂著勃起走下舞台，精心裝扮的女士們驚恐地尖叫，而其他報導則說他的學術同儕們出於職業好奇心，平靜地要求仔細觀察（甚至觸摸）。這到底是一片混亂地獄，還是高雅的科學討論，還是混亂又高雅的科學地獄呢？無論如何，布林德利在舞台上脫下褲子，展示了一個巨大腫脹的陰莖，永遠改變了泌尿學。

自行注射藥物風靡全球，作為突破性解決勃起功能障礙的方案，並為現在無處不在的藍色藥丸威而鋼（Viagra）鋪下了道路。布林德利是無數人幾十年來能硬起來的功臣，毫無疑問，在他去世後很長一段時間內，他的研究成果仍將繼續激發勃起。

第九章：為什麼身體總是不配合色色的慾望？　203

威而鋼本來不是要讓你硬梆梆的，它本來應該是拿來治療心絞痛，心絞痛是一種心臟病，也稱為缺血性胸痛。[17]（有趣冷知識：popper 透過擴張血管和放鬆不自主的肌肉，來提供強烈的性體驗，以至於它成為同性戀文化中無處不在的一部分。popper 最初在維多利亞時代也用於治療心絞痛。[18]）威而鋼，通用名稱為西地那非（sildenafil），可阻斷一種叫做 PDE5 的酵素，以擴張血管並增加血流量。

但當輝瑞公司（Pfizer）對西地那非進行臨床試驗時，他們發現這種化合物離開人體的速度非常快，以至於患者必須每天服用多次才能看到真正的心血管改善。如此頻繁服用的缺點是會引起肌肉疼痛。

對輝瑞公司來說幸運的是，它也引發了硬梆梆的勃起。

隨著治療心絞痛的結果越來越令人失望，以及有關勃起副作用的數據越來越多，輝瑞決定將重點轉向測試該藥物專門用於治療勃起功能障礙。由於未知的原因（性別歧視），他們沒有選擇追求用它治療子宮疾病，我們現在才知道它可以幫助治療月經來潮。[19] 輝瑞公司選擇全速朝「勃」納「威」爾前進。

接下來的故事大家都知道了。威而鋼於一九九八年上市，至今已經成為美國最受歡迎的藥物之一。一項二〇一五年的研究發現，美國國防部在二〇一四年為軍人提供「勃起功能障礙支助」方面花費了 8,400 萬美元，而威而鋼就花費了超過 4,100 萬美元。（不怎麼開心的冷知識：性別肯定藥物和性別重置手術的醫療保健每年估計只會花費軍隊 300 萬至 800 萬美元，但此類費用預算卻更具爭議。[20]）現在有陰莖的人可以在網路上尋找勃起功能障礙藥物，無需去醫生診間或藥房尷尬致死。

但如果你沒有陰莖怎麼辦？醫界目前仍在努力尋找「女性威而鋼」。Addyi（氟班色林，學名：flibanserin）最初是作為一種抗憂鬱藥，但在臨床試驗中失敗了。它於二〇一五年以作為治療女性性慾低下的藥物問世。[21] 但是，雖然威而鋼的機制非常簡單（血管擴張，血管血流量增加，更多的血液流向陰莖，陰莖變硬），Addyi 則是對大腦起作用。Addyi 還需要每天服用，和威而鋼形成鮮明對比，後者只要在想開心之前大約一個小時服用即可。Addyi 可能會改變大腦化學物質（眾所周知的棘手事情），每天服用這種會導致低血壓、噁心和昏厥的藥物，從而更享受性愛，坦白說，有點神經病。由於剛才列出的所有原因，Addyi 上市後直接炸裂。之後 Addyi 在二〇一八年華麗地以新包裝重新上市，並且可以輕鬆、便宜地線上購買。[22]

二〇一九年，美國食品藥物管理局（FDA，Food and Drug Administration）批准 Vyleesi（布美諾肽，學名：bremelanotide）作為另一種「粉紅小藥丸」選擇。[23] 從好的方面來說，Vyleesi 的服用時間表與威而鋼相似；只需在性感時間之前使用。它的副作用相較 Addyi 也較少，但 Vyleesi 仍然是從大腦化學下手，因此功效必然會有很大差異，而且它根本也不是「粉紅小藥丸」，而是自動注射器。

因此，對於有陰道的人來說，如果無法感受到自己想要的生理活力，目前確實沒有很好的藥物選擇。比較好的選擇可能是和諮商師討論你和伴侶如何改變現況，以便更好地「開啟」開關，或是重新思考你是否真正想要性行為，想要的話又是什麼時機想要。

永遠不想發生性行為也沒有關係，或是只將性行為視為有趣、好玩的身體活動，而不是基於理性或感性的原因，這也是正常的。

雖然會令人沮喪，但身體方面的困難使你無法隨心所欲地進行性行為是完全正常的。

無論你有什麼生殖器，當它和大腦不同步時，請不要認為你有問題。如果性慾缺乏對生活產生負面影響，你可以而且應該要尋求解決方案，但請嘗試尋求整體性的解決方案。找到有耐心並願意溝通需求的伴侶。也可以嘗試不同的性行為方式（**插播一則快訊：不一定插入別人才能享受美好歡愉！**）；嘗試將你對親密和愉悅的渴望，與你認為性「應該」的樣子分開。

有些人很少高潮，甚至不會高潮，但在過程中卻能享受到很多樂趣。有些人很少經歷或從未經歷過性慾，但仍然喜歡與伴侶進行身體上的親密接觸，例如親吻和擁抱。有些人想要每天做愛 5 次，卻愛上了與期望相反的人。有些人根本不想要肉體上的親密關係，而必須自己了解，如果想要親密關係的話，理想的親密關係對他們來說是什麼樣子的。

這全都沒有問題。如果你和歡愉時光之間唯一的障礙就是難以控制的陰莖，那麼當然可以嘗試威而鋼或類似的東西（記得要和醫師諮詢）。但是，如果事情比這更複雜一點，請不要感到驚訝，並且不要害怕探索你可能需要什麼。尤其如果你只需要一點色情作品（porn）的話。

第十章
到底什麼是「色情作品」？

♥━━━━━━━━━━━━━━━━━━━━━━━

本章「沒辦法」定義色情作品，只能接受它無處不在的事實。

━━━━━━━━━━━━━━━━━━━━━━━♥

回顧一下我們目前學到的知識。人類一直以來有很多性行為。更重要的是，人類經常執著於如何以不同的方式做性行為，如何做得更好，以及是否應該這樣做。專注於有發生（以及沒有發生）的性行為，是世界上最人性化的消遣之一。

幾乎自從人類發生性行為以來，就找到了描繪性行為的方法。

二〇〇八年，考古學家在德國司徒加特（Stuttgart）附近的一個洞穴中，挖掘出一尊估計有三萬五千年歷史的雕塑；它是世界上已證實最為古老的雕塑之一（與一些更古老的「雕像」相比，這些雕塑比較像是⋯⋯呃，稍微有點豐滿的石頭）。這個歷史性的藝術品描繪了什麼呢？臀部厚重的女士。[1] 在史前時期的不同地點，都發現了幾個這樣形狀優美的物品，這暗示著人類最早的工匠在雕刻胸部和臀部上保留了很多石頭原料。

但肉肉的裸體女士是否就意味創作者有色情意圖？我的 Instagram 主頁八成有很多反對的觀點（不過 Instagram 的不雅管制政策會說：是的，絕對要阻止這種有格調的裸體，因為這肯定是色情內容！）

的確，畢竟我們無法要求舊石器時代的祖先，來評論他們的文化是如何看待這些物品的。因此透過假設碩大的乳房和誇張的性器官就是為了性挑逗，更多是揭示我們自己對性的敏感想法，而非他們的。

這些雕塑和其他作品，如描繪巨大陰莖和外陰部的雕刻和洞穴繪畫，以及追溯到最早的塗鴉，都有可能是鼓勵生育；或致敬人類形態；又或是以一種完全無色眼光的方式崇拜身材豐腴的女神。[2] 我們根本無法知道這些奶子的目的。

有關猥褻淫穢的主題，美國大法官波特·斯圖爾特（Potter Stewart）在一九六四年的最高法院，用「一看到就知道」（I know it when I see it.）的評論，定義了硬核色情（hard-core pornography）。在深入研究色情片的歷史之前，我們必須停下來接受斯圖爾特的定義，雖然這個定義方式肯定很容易被嘲笑，但仍然是最為正確的。色情並未嚴格地以特定類型的圖像或聲音來劃分；色情是我們創造的一個類別，用來表示那些對一般消費而言，感覺與「性」過於相關的內容，相對於世界上所有其他的藝術作品和娛樂素材。色情內容與其說是一種東西，不如說是一種氛圍，而且是最近發明的氛圍。

那些古老的德國胸部優雅地向我們顯示，如果不就「色情作品」的定義達成一致，我們就無法確定色情的最早證據。我偏好韋氏字典的定義，將色情作品定義為任何「以引發性喚起為目的」且描繪色情行為的作品（書面、繪畫、拍攝等作品）。勃起陰莖的照片本質上不一定是色情作品；它可能是醫學教科書中的示意圖，或是一幅非常悲傷的自畫像。「一看就知道」與一般對色情的概念產生了很好的共鳴，因為並非物件實質上的內容使其成為色情作品；而是它呈現給我們的方式，以及我們消費它的方式。在看到色情作品並知道那是色情作品

的那一瞬間之前，它一直處於一種介於解剖學研究、潛在的色情藝術描繪和尻槍神器之間的過渡狀態。

坦白說，我們所知道的「pornography」（色情）這個詞只能追溯到十九世紀。卡爾・奧弗里德・繆勒（Karl Otfried Müller）是一位專注於希臘的德國古典學家，他受希臘語「pornographos」的啟發，創造了「pornographie」這個詞，用來指他研究古代世界的過程中，發現的「淫穢」遺跡。但希臘原文非常具體地是指撰寫有關妓女（pornai）文章的人。繆勒選擇這個詞的意思是「喔噁心，把這些東西拿開！」並將其廣泛地應用於那些冒犯到他自己時代情感的古代藝術品。《牛津英語詞典》（Oxford English Dictionary）直到一九〇九年才收錄此詞至英語版本。

真的很抱歉，我知道色情的語義學實在不怎麼有趣，但重點是：只有知道歷史脈絡，確認當時人們製作和觀看特定的藝術作品時，有將性興奮考慮進去，我們才能真正確定某物是我們現在所謂的「色情作品」。

為什麼這很重要？因為如果我們將色情作品定義為「任何可能可以用來激發觀眾性慾的東西」，可以肯定地說，人類自從開始製作東西以來就一直在製作色情作品。在人類歷史上，對性器官或性行為的描述在絕大多數的時空都很常見。真正有趣的是，有時候——而且只有特定時候——這些素材被認為是淫穢的。也許，只是也許，這意味我們應該不用對當今性相關媒體的消費方式那麼緊張。

美索不達米亞人出現後，情況至少變得不那麼模糊了，就像大部分史前時代跟歷史時代之間更迭的情況一樣。他們的色情黏土牌可以追溯到大約四千年前，雖然可能並不是專門為了讓人們手淫而

第十章：到底什麼是「色情作品」？

製作的——因為黏土牌是在寺廟、墳墓和私人住宅的廢墟和遺跡中發現——但毫無疑問是富有挑逗意味的。與最早祖先的肉感小雕像不同，這些頗為流行的石板描繪了異性戀明確性交行為的各種姿勢。他們也開了視覺上的玩笑：一塊特別著名的牌匾上，畫著一對男人和女人在激情抽插中停下來補充水分。一些學者推測，這張圖片顯示了彎腰的女人用吸管喝著酒，而插入她體內的男人則將一杯酒舉到唇邊，這是為了讓看的人聯想到口交。

並不是所有古代文化都會出產裸體的描繪和淫穢的場景，古埃及的寺廟和墳墓對伴侶的描繪出了名地正經古板[3]，但在埃及的牆上尋找色情藝術，可能就相當於現在在公共圖書館上「野性妹網」（Girls Gone Wild）：不能因為色情內容沒被自豪地展示，就推斷人們沒在製作色情作品。

絕大多數有保存下來的埃及古代藝術品大體上都很文雅，但研究人員找到至少一張大約有三千年歷史的莎草紙，齷齪猥褻到被稱為「世界上第一本男性雜誌」[4]。莎草紙描繪了一系列迷人的年輕女性與非常粗大的男性進行露骨的行為，藝術史學家蓋伊·羅賓斯（Gay Robins）在一九九三年分析，這些男性完全不匹配當時上層階級的主流審美。考慮到這一點，再加上現在被稱為「Turin Erotic Papyrus」（都靈色情草紙，內容描述擬人化動物做色色的事），這老式的色情雜誌似乎不太算是嚴肅的硬核色情作品，更像是那種國中學生會看著咯咯竊笑的作品。儘管如此，羅賓斯和其他人指出，這些圖畫的高品質表明，無論畫家的預期目的是什麼，其目標是高雅上流的受眾族群。所以，雖然我們可能不清楚古埃及人如何使用（或沒使用）不雅圖像來發洩性慾，但我們確實在猜測，至少有一些上流社會的成員對不雅作品感興趣。

既然作爲一個社會，我們似乎無法就什麼是色情作品達成共識，而且也不知道古人實際上用什麼當作自慰的素材，所以我無法從「古人的淫蕩壁畫」到「我年輕時看的露骨 Tumblr GIF 動圖」之間畫成一條直線。綜觀歷史，人類以各種不同的方式畫胸部，多到無法整理成一個統一的淫穢作品理論。雖然我們可以舉出一些跨越漫長歷史的潛在色情物品例子，但我們對這些物品如何融入社會卻知之甚少。

這可能是一個教訓。也許這種模糊性是在提醒我們，無論是想要性、不想要性、擁有性和沒有性，都和我們是誰以及如何生活是如此緊密相關，硬要將其描繪爲一個奇怪的類別，與所有其他藝術和媒體分離開來是沒有幫助的。當然不是說這代表應該要允許小朋友在 iPad 上觀看硬核色情內容。但也許他們不應該這樣做的原因，與他們最好不要在雜誌上看到修圖模特兒對比照的原因並沒有什麼不同：因爲它不現實，可能會讓小朋友感到困惑，小朋友這時的大腦仍然很容易被影響。我認爲將所有裸體圖像歸類爲「色情」確實是一種傷害。對色情的現代觀念常常把性視爲本質上骯髒、本質上淫穢的源起，在禮貌的場合對性避而不談，而人體本身也被視爲潛在的色情。考古紀錄暗示了人類過去一種不同思維方式。

性愛壺

大多數考古學家和人類學家現在都同意，將莫切（Moche）傳說中的性愛壺（sex pot）稱爲「色情作品」，就算不是完全錯誤，也是一種過分簡化。但這些確實就是性愛壺，就像本章討論的許多物品一樣，那些斷章取義的殖民者發現性愛壺時也感到震驚。

（暫停一下，我們來想像一下著名的埃及古物學家霍華德‧卡特（Howard Carter），將一支蠟燭舉到圖坦卡門（King Tut）的神祕墳墓的小開口前面，卡特身後的貴族贊助人穿著維多利亞時代最好的衣服。他們問：「你能看到什麼嗎？」他回答說：「有，我看得到很棒的素材。」）

莫切人（Moche／Mochica）因位於現代祕魯北部海岸的繁華首都而得名。他們生活在西元二至八世紀左右，其中約三至六世紀為鼎盛時期。

我們對莫切文明知之甚少，因為他們沒有留下書面紀錄，而且當西班牙殖民者在一五二六年左右抵達祕魯時，莫切社會早已不復存在。事實上，莫切人似乎已被奇穆王國（Chimú）所吞併，而奇穆文化又在十五世紀中葉被印加帝國（Inca）征服。不過，除了幾座寺廟、灌溉渠道系統和活人祭祀的跡象外，莫切人還留下了數百個露骨的性愛壺。沒錯，就是性愛壺[5]（sexpot 也指性慾旺盛的女人）。

我不想說莫切性愛壺是人類應該關心該文化陶瓷的唯一原因。自西班牙人到來之後發現的數千個水罐、杯子和甕，證明他們有使用模具來大規模生產容器，並傾向用逼真的圖像來裝飾它們。哥倫布時代之前的南美洲，如果你想要印有自己臉的手工杯子，莫切就是你該去的地方。但莫切現在最臭名昭著的是，天主教殖民者在發現這些容器後，驚恐地砸碎了這些容器（幸運的是，我們後來又發現了數百個）。由於未知的原因，莫切人在他們的陶瓷上裝飾了生動的性愛場景，其中大多數以肛門或口交為特色，比陰道性交更常見的是，許多描繪了女性乳房哺乳嬰兒。十六世紀的宗教殖民者非常認為這一切都太

糟糕了，而這些遺跡繼續突破當代敏感的界限，不過就算是婚姻內的陰莖插陰道式的性愛描繪，西班牙人可能還是不太能接受。

可以說歷史學家和人類學家對這些容器的創作提出了數十種可能的解釋，這些容器曾經被認爲是的專用於喪葬的用具，但後來不只在墳墓中也在住宅區中被發現。也許莫切人明白母乳哺育會降低生育率，因此將其納入非生育性行爲的圖像中，以鼓勵計畫生育。有些人認爲，或許莫切人相信來世是一個對立相反的世界：使用描繪非生育性行爲的花盆來埋葬親人，可以讓他們在死後生孩子。描繪場景也有可能揭示了我們目前尚不明瞭的「生育能力信仰體系」一部分。莫切人並不是唯一一個相信除了陰道性交之外，還需要其他東西來導致健康懷孕的文化。一些器皿呈現活人玩弄骸體，這一事實可以支持後兩種可能理論，第一種理論是至少在某些情況下，這些罐子是爲了影響死者的性生活；第二種理論是也許「與祖先的聯繫」對於延續家庭傳承來說，比「與活著的伴侶發生身體性行爲」更爲重要。[6]

當然，也有可能莫切人只是喜歡創作和觀看性愛場面，而肛交和口交的傾向只是反映了當時的品味（或至少是願望)。經常出現嬰兒則可能是爲了展示描繪對象的生育能力，或者表示這不是女性的第一次性行爲。也許他們認爲肛交會提高母乳的品質。近代歷史上還有對性和生殖更加奇怪的看法。

所有關於莫切性愛壺的學術論述，都與一五〇〇年代中期西班牙殖民者的反應形成鮮明對比。當時西班牙殖民者進行了大肆破壞，並利用這些文物作爲證據，證明被偷走土地的人們墮落且卑鄙。即使拋開對殖民統治的明顯嘲諷，這種框架似乎也特別不公平，因爲莫切

壺已有大約一千年的歷史，而歐洲人在自己的近代歷史中，也做過各種奇怪的事情。

但色情作品就是「作者無心、見者有意」，西班牙人發誓他們一看到就知道了。

被誤導的審查制度

日本在性方面也並非沒有禁忌。同性戀仍然是一個社會和宗教爭議問題，日本的淫穢相關法律也極其嚴厲：二〇一四年，一位藝術家因發送代碼而被捕，這些代碼可以翻譯成她的陰道 3D 模型以便在家打印。[7] 但是，你卻可以在日本的自動販賣機中購買原汁二手內衣。[8]

這可能是日本幾千年以來對色情作品廣泛接受，但倉促地為西方訪客和他們敏感情緒而調整情況的結果。在明治時期二十世紀之交，日本當權者就是試圖做到這一點。歷史學家認為在此之前，偶爾有人試圖打壓露骨的藝術作品，但更多是出於政治原因，而不是文化上對色情內容真正的厭惡。一七〇〇年代短暫的審查制度被認為是針對恰好以性為主題的尖銳政治漫畫。由於日本流行的宗教神道教（Shinto）和佛教都將性視為自然現象，因此日本人長期以來一直透過相當中立的視角來看待性。[9] 神道教尤其以神參與性的故事為特色，並使用陽具符號來提倡健康和生育能力。

討論春宮圖（shunga）時，我們對色情作品定義的無能變得更加清晰，春宮圖是一種色情藝術風格，十七世紀和十九世紀之間在日本達到了鼎盛時期。倫敦大英博物館舉辦春宮圖展覽時，以葛飾北齋的

《章魚與海女》最爲出名，館長提摩西・克拉克（Timothy Clark）告訴BBC：「以前沒有看過春宮畫的人，會對其直白程度感到震驚，但這是露骨的藝術，而不是色情作品，其完美的製作技術與同一個人其他形式的藝術作品完全相同。」[10] 但在同一篇文章中，他又告訴記者，也許春宮圖是露骨的藝術兼色情作品：「藝術和淫穢色情作品之間的區別是西方的觀念，在日本，沒有人認爲性或性快感是有罪的。」如果要感到罪惡的東西才可能是色情作品，那我從 14 歲起就沒有看過色情片了。重點是：如果你的文化以色情作爲主流藝術，你就會被局外人困擾。他們要不認爲你所做的一切都是色情；要不認爲你所做的一切都不是色情。

日本色情藝術先是主流，然後被匆忙地掩蓋起來，然後又艱難地重新成爲主流文化現象，歷經了幾個世紀的奇特演變後確實造成一些問題。首先，日本在二〇一四年十一月才徹底將兒童色情作品非法化。[11] 二〇一四年。從一九八〇年代至今，有一種規避審查法非常流行的方式：審查法禁止展示陰毛，但沒有明確規定禁止展示赤裸裸的兒童。卡通、動畫和遊戲仍然允許描繪兒童色情內容。[12]

不知道這之中有沒有什麼教訓。但如果有的話，我認爲無論做了什麼，人們都會製造色情內容，所以眞的不應該在有關虐待兒童的淫穢法律中出那麼大的漏洞。

能設立一個祕密博物館嗎？

如果你認爲硬核色情片是最近才發明，或者至少是最近才蔚爲流行，那是可以理解的。畢竟，我們大多數人並不是在學校歷史課本

上聽著色情作品的故事長大，也沒有在自然歷史或古典藝術博物館的牆上看到色情內容。

這並非偶然。祖先製作的許多潛在色情素材大部分被故意隱藏起來，爲了保護現代大眾。我不是要試圖讓你相信什麼重大的歷史陰謀，例如當權者想讓我們相信人類並不總是喜歡色情內容。這樣說吧：假設每出現一個「祕密博物館」，只是爲了防止古代色情作品被窺探，我都可以拿一塊錢，那我就會有幾個硬幣。好啦，不會有非常多一塊錢。但光是不只一個硬幣就有點奇怪了，對吧？

當歷史性的色情藝術撞上不可移動的物體（即拘謹的社會）時，有說服力的例子之一發生在十九世紀初，當時那不勒斯國王法蘭索瓦一世（King Francis I of Naples）決定與家人一起在國家考古博物館接受文化薰陶。當他於一八一九年訪問時，該設施收藏了來自龐貝（Pompeii）和赫庫蘭尼姆（Herculaneum）的一系列文物。這些羅馬城市在一千七百多年前就被維蘇威火山摧毀了，直到最近幾十年才被認眞挖掘。

我們不知道法蘭索瓦和他的家人那天在博物館如何表現，但據說他非常震驚，以至於下令將幾件作品藏在鎖著的門後，以保護臣民脆弱敏感的神經。無論這個起源故事是否完全準確，我們都知道這些失落城市中最招搖外顯的藝術品和裝飾品確實從主樓層移走了。「那不勒斯的密室」（Gabinetto Segreto，指的是「古董櫃」，而不是指空間很大，因爲物品太多，無法裝進單一個儲藏室）花了一個多世紀的時間遠離大眾視野，只有在一九六〇年代等自由主義高峰期曾短暫向大眾開放。[13]

一方面，十九世紀觀眾對古羅馬的藝術感到有點驚訝的情況屢見不鮮。壁畫和雕塑描繪了露骨的性交場景，展示了大量的生殖器，並將男神、女神和其他神話人物描繪成強大的性實體。[14] 龐貝和赫庫蘭尼姆的廢墟顯示的大量陰莖和乳房不僅僅是對色情的熱愛，色情藝術只是日常生活中的一部分。對我們來說（更不用說十九世紀的人來說）難以想像。換句話說，沒錯，他們「一看到就知道了」。

例如，龐貝古城遺址上有一個飛翔著的巨大青銅陽具形狀的風鈴。巨大的陽具，無論男人有沒有附在上面，顯然都是家居用品上常見的裝飾特徵，人們不太可能認為這些日常物品特別令人興奮。如果小鎮上的某個人用最喜歡的矽膠假陽具和肛塞製作了風鈴，鄰居可能會認為向大眾展示明顯的性物體有點色情古怪。物品的主人不一定會對這些獨特的裝飾感到性興奮，但這些物品會合理地被視為頗具顛覆性，是一種毫不掩飾的享受自慰宣言，而製作物品的藝術家一定是期望作品至少會讓某個人感到性趣。另一方面，如果假陽具風鈴在網路購物平台 Etsy 上流行起來，並突然成為大多數門廊前面的一個特色，我們就會認識到這種裝飾除了性挑逗之外還有其他意義。這就是龐貝古城的情況，歷史學家懷疑那些巨大得滑稽（有時還長著翅膀)的陽物是生育象徵、農業賞金和財富護身符。

這並不是說法蘭索瓦國王所反對的所有藝術都純粹是象徵性的。那不勒斯的密室也展示了來自各個失落城市的淫蕩壁畫，這些壁畫來自公共場所、浴室和妓院，描繪了人們在各種歡樂聚會中的各種姿勢。

龐貝和赫庫蘭尼姆的一段歷史尤其臭名昭著。這座名為「潘與一隻山羊交配」（Pan copulating with a goat）的雕塑，正是標題上寫的那樣，但山羊似乎真的很享受過程。誠然這有點令人不舒服。

第十章：到底什麼是「色情作品」？　217

說到山羊：猜猜在十九世紀中期，還有哪裡「找不到」山羊和獸人性交的雕像？那就是大英博物館，除非你是個所謂「成熟且道德健全」的人，那麼你絕對可以看到一座山羊獸人交的雕像。

倫敦的神祕密室（Secretum）於一八六五年開業，以響應一八五七年的〈猥褻出版品法案〉。有趣的冷知識：這項立法是首席大法官坎貝爾勳爵（Lord Campbell）提出的，當時他同時主持了一場與銷售色情製品有關的審判，同時還參加上議院關於毒藥販賣的辯論。這兩件物品的銷售（真的希望我們能同意兩者根本不一樣）確實讓坎貝爾腦汁流淌。他有一句名言，宣稱淫穢販子正在銷售「一種更比氫氰酸、番木鱉鹼或砒霜更致命的毒藥」。他的解決辦法是提出一項法案，徹底禁止色情銷售，儘管他非常合理地瞄準了「淫穢」，但沒有定義什麼算淫穢。(為什麼他們總是不好好定義勒？)

出售色情內容在當時其實已經是一種輕罪了，因此審判給了坎貝爾一個好主意，進一步將色情材料定為犯罪，〈猥褻出版品法案〉將其定為法定犯罪，賦予法院權力扣押並銷毀發現任何用於出售的淫穢素材。我們必須再一次停下來反思這樣一個事實：沒有人定義什麼是「淫穢猥褻」。

鑑於這項反色情立法的模糊性，完全可以理解學術機構需要煞費苦心地努力表明他們擁有的所有裸體都是有格調而非猥瑣，並且任何帶有色情氣氛的東西都會被隱藏，除非有錢人想看這些作品。因此，在某些方面，維多利亞時代的英國對色情作品的定義，與觀看者的社會地位有很大關係。

根據大英博物館的說法，倫敦祕密博物館在創建時，包含了大約200件物品，這些物品被標為「人類放蕩的可憎紀念碑」。[15] 成熟有道

德的紳士可以進入這個骯髒的聖所參觀，還有前面提到的山羊雕塑、龐貝古城對陰莖的迷戀、老式避孕套、從印度寺廟牆上摘下來的性場景等例子，以及其他可能實際上不是色情作品的東西。

直到二〇一一年印刷指南之前，那不勒斯的密室只是另一個普通藝廊（儘管表面上禁止11歲以下的孩子進入）。英國祕密博物館的衰落更不劇烈，從一九六〇年代左右開始，策展人逐漸將其收藏分散到整個博物館。但山羊在現代展覽中仍然明顯缺席。

然而，儘管維多利亞時代的人可能對自由輕鬆地接觸色情作品猶豫不決，這些人在私生活中卻遠遠沒有那麼正經。

從銀板攝影到《深喉嚨》

我第一次接觸色情作品是在9歲的時候，那時候的色情作品非常糟糕。我偶然發現了一款用戶生成的線上冒險遊戲，開場很基本：走出前門並決定（a）左轉（b）右轉（c）回到裡面……等等，但因為任何人都可以添加自己的行動選擇，並為這些行動的結果寫下故事，整件事情很快就變成喧鬧（而且充滿打字錯誤）的性愛冒險。

我感到著迷、我感到挑逗。花幾個小時瀏覽色情故事成了一種迷戀，當我終於有勇氣向一位年紀稍大的朋友透露這個新興趣時，她說：「呃，你聽說過同人小說嗎？」讓我告訴你，從那時起我的世界就此改變。

我並不是唯一一個沉迷於網路色情的人，而且網路色情選項遠遠不止用戶生成的文字。畢竟，我發現淫蕩內容的時間點，就在網路第

一次提到「第 34 條規則」（Rule 34）的幾年前：「如果存在某種東西，網路上某處就會有關於它的色情內容。」關於性的笨拙討論普遍到讓我在小時候偶然發現，性行爲的圖畫、照片和影片也同樣常見，那些知情者可以找到任何可能激起他們興趣的東西，而且可能是在一天中的任何時間。從畫質模糊的素人自拍到高產製作的名人直播，網路時代意味任何類型的色情內容總是隨時點擊一下即可取得。

根據許多倡導團體的說法，這種造訪性的容易程度使我們所有人都成爲色情成癮者。例如，美國反性剝削中心（National Center on Sexual Exploitation，由神職人員於一九六二年成立，舊稱「媒體道德中心」〔Morality in Media〕）痛斥從 HBO 到《柯夢波丹》，所有媒體都在美化不道德和危險行爲；該中心認爲情況嚴峻到希望美國圖書館協助審查圖書館的公共網路使用情況。的確，我們對性的消費確實上升了：《性研究期刊》（Journal of Sex Research）二〇一五年的一項研究發現，從一九七〇年代到二〇〇〇年代，回報前一年看過 X 級電影的年輕男性增加了 17%[16]，年輕女性增加了約 8 個百分點。

這種上升是好、是壞還是中性是一個複雜的問題。但是，雖然數位生活方式使色情內容變得更容易獲得（並且更容易被接受)，但人類對色情文字和圖像的欣賞卻遠非新鮮事。在整個技術發展史上，人類一直在利用科技來製作和傳播色情作品。

請想像一下維多利亞時代。想像的到嗎？穿著高領禮服的端莊女士、整齊修剪的鬍子的男士。端莊、典雅、雅緻！

現在想像一下維多利亞時代的色情作品。群交、同性戀、舔陰、假陽具，無所不在，還有很多尿。

人們對維多利亞時代社會的普遍印象是令人難以置信的冠冕堂皇（無論是字面上還是比喻上），這不是錯的印象：社會富裕成員在公共場合遵守嚴格的禮儀標準，並且女性也被期望保持美德（通常還有無知），直到她們的新婚之夜。但許多維多利亞時代的男人和女人都沉迷於性，他們對挑逗性內容的渴望是無止境的。

就像網路讓二十一世紀的人類擴大了對色情內容的胃口一樣，維多利亞時代的科技也創造了一個蓬勃發展的色情新產業。路易斯・達蓋爾（Louis Daguerre）於一八三九年發明了銀板攝影技術（daguerreotype），這是照片的前身；到了一八四〇年代，有人開始流傳描繪插入式性愛的銀板照片。直到二十世紀之交，性愛影片已變得司空見慣，雖然最初的幾十年裡都是祕密製作，幾乎全部都是在妓院和其他男性空間中傳播。這些地下業餘色情片（stag films）簡短切題；通常是 10 分鐘左右的安靜激烈的性愛場景，沒有其他內容。

事情在一九六〇年代和一九七〇年代發生了轉變，安迪・沃荷（Andy Warhol）等藝術家嘗試製作色情電影，而《深喉嚨》（Deep Throat）等業餘電影則成功在院線廣泛上映。《深喉嚨》遠非高雅藝術。（根據其演員琳達・拉芙蕾絲的說法，電影包含她被侵犯的鏡頭，而且是在脅迫下行事，所以你可以相信我的話——不值得一看）。但它與迄今為止一直流傳的色情片形成了鮮明的對比，因為《深喉嚨》至少嘗試了喜劇的元素和俐落的製作。電影設計不是為了讓帽子拉得很低的男人在黑暗的角落裡觀看，而是為了和朋友一起坐在豪華的劇院座位上觀看。

當時的文化使人們興奮地觀看和談論這部影片以及其他新製作的色情電影，而這種方式在以前認為是不被社會所接受的。在一九七三年《紐約時報》的一篇文章中，拉爾夫・布盧門撒爾（Ralph Blumenthal）指出，這部電影「已成為曼哈頓客廳、長島海灘小屋和滑雪度假勝地的首要話題，人們會在酒會和餐桌上討論」，文章吸引了情侶約會、甚至單身女性到全國各地的劇院去觀看。布盧門撒爾總結道：「簡而言之，《深喉嚨》催生了一種色情時尚。」[17]

當然，最高法院在同年採取行動，制定淫穢法律，限制露骨電影在特定有限的院線上映。但有那麼一小會兒，純粹為了性本身而去電影院與朋友一起觀看性愛是完全可以接受的事情（至少在某些圈子裡）。

隨著 VHS 錄影帶在一九八〇年代普及，色情片變得很容易在自己家裡觀看，對著影片自慰不再那麼尷尬。現在又回到了那些以露骨的色情 GIF 形式出現的無聲 stag 色情片，可以無限循環地為你提供抽插和福利鏡頭，而沒有浪費時間的複雜情節。人類還真是很多變化呢，哈哈哈。

第十一章
爲什麼很多人喜歡「不正常」的性行爲？

各種性怪癖即將登場。

讀者們，我有件事要坦白：我盯著窗戶外看了大約 10 分鐘，試著回想起我第一次意識到「特殊性癖好」（kinkness）這個概念是什麼時候。在青少年時期，是什麼時候有人無意中透露出性行爲可能會很怪異的呢？我實在想不起來了。與你手上這本潦草巨著中的許多主題不同，我沒有任何童年時期的事件可以建立成統一理論，無法整理出討論性癖裝備時要討論什麼。

然而，我倒是記得有關「變態」（pervert）的討論——性變態、骯髒的性慾惡魔、思想扭曲不乾淨。我第一次接觸變態這個概念的記憶非常清楚。我不確定當時幾歲，但一定很小，因爲聖經學校老師在教我們有關所多瑪（Sodom）和蛾摩拉（Gomorrah）的知識時，竭盡全力避免告訴我們什麼是肛交。

不熟悉所多瑪和蛾摩拉的人有福了，這罪惡的雙子城出現在舊約《創世記》中，當時上帝告訴亞伯拉罕，他們的居民非常邪惡，將受到地獄之火的懲罰。亞伯拉罕這個正人君子，問上帝是否可以重新

考慮一下，只要凡人可以證明所多瑪有 50 個正義的人（這個數字隨著時間的推移而下降，以顯示亞伯拉罕發現所多瑪人是多麼墮落，並表明上帝相對於當時舊約的背景下，是多麼慷慨和仁慈）。同樣重要的是：這次不幸的冒險有兩位天使在場，原因我不記得了，也不是特別重要。

接下來是真正有趣的部分：兩位天使在亞伯拉罕的侄子羅得（Lot）那裡住宿時，受到越來越多城裡人的搭訕。這裡的翻譯各不相同，但人們普遍認為，所多瑪的好市民想要上這些天使。羅得作為好主人，回覆說：「不，你不能強姦我的天使客人」，但是他同時身為舊約人物，也說「作為替代，請你考慮強姦我的兩個處女女兒吧。」但群眾拒絕這個提議（讓人懷疑意思是上帝希望他答應嗎？）。之後天上在所多瑪和蛾摩拉上降下硫磺雨（這似乎不公平，因為這個鄰近的城市地區，似乎只是被連帶受罰），而正義的亞伯拉罕那群人物則逃走了（羅得的妻子除外，她對自己的城鎮著火感到有點悲傷，所以被懲罰變成了一根鹽柱）。

不知何故，至少在我長大的圈子裡，這個故事中普遍接受的基督教觀點是，上帝不喜歡所多瑪的男人想與天使小男孩發生性關係。許多研究這些文本的現代學者指出，無論性別，當時「請求允許強姦某人的房客」都是很不好的行為，而且這個寓言關注天使的性別以外，似乎同樣關注城市地區缺乏對窮人的支持，及居民猖獗的消費主義，所以也許這不應該是故事希望我們關注的邪惡。不管怎麼樣，這些天使可能不是「男孩」，因為這些天體通常是無性別的，雖然這種細微差別在我的主日學中總是被隨便帶過。另外，真的很需要停下來問問羅得獻上他的女兒到底是怎麼回事。

最近出現相反的證據，但我來這裡並不是為了給你上一堂草率的神學課，我要講其他重點。

我作為一個睜大眼睛的主日學校學生，聽到性偏差的概念：性變態是如此可厭，以至於他們自己被完全摧毀。老師們不需要詳細說明什麼樣的齷齪下流，會構成如此高度的性變態。他們甚至沒有關注強姦的威脅。所多瑪和蛾摩拉只是男人喜歡做愛的地方，非常喜歡。當然，這意味著他們比「正常」程度更喜歡做愛，有時也會和其他男孩一起。所多瑪和蛾摩拉的女士們從來沒有真正出現過，所以我不確定我們是否應該想像女性的好色，以及隨意的女同性戀行為也是上帝憤怒的罪魁禍首。

在我漂亮的小腦袋知道人們喜歡在臥室裡互相使用鞭子、鐵鍊、腳或蛋糕之前，性偏離（sexual deviance，又譯「性變態」、「性反常」）有一個簡單得多的定義：那些熱衷於搞亂的人，讓上帝感到不舒服。

如果你正在閱讀這本書，我想你不會覺得「享受性愛」或「被來自天堂的雌雄同體生物吸引」很「奇怪」。然而，雖然標準的基督教對所多瑪和蛾摩拉的扭曲只是一個極端的例子，但直到非常近代之前，「同性吸引」和「一般性慾」被列入扭曲病態清單的事實被廣泛接受。只是在過去的幾十年裡，科學和醫學對性偏離行為的看法才稍微偏離了「除了順性別男人和順性別女人，在一夫一妻制關係中，以傳教士姿勢一個月進行數次的性行為之外，任何讓我們感到奇怪的性行為」，與更專注於至少可以說是較邊緣化的性行為。

但現在有越來越多的數據可以了解世界各地的人們喜歡什麼。人們有越來越多的機會找到社群，表達他們曾經認為只有自己才有的

願望。因此，越來越明顯的是，我們中有更多人偏離了一般性討論所暗示的「性正常」。

關於硬核性事的硬核研究很難取得。但在一項針對魁北克省約一千人的調查中，研究人員統計出，約有三分之一的受訪者有偷窺癖（voyeurism）或暴露癖（exhibitionism）的經驗；超過四分之一的人表示沉迷於某種性癖好（fetishism）。[1]根據進行這項研究的研究人員的說法，被視為「統計上異常」的閾值約為16%，低於這個數字的癖好就會被認為是「不正常」。20%的受訪者聲稱有過受虐狂（masochism）的經驗，這聽起來可能不多，但這意味著如果隨機召集十個人參加一個聚會，其中兩個人很可能會爭論誰需要侍奉「攻」。

這一切都提出了一個問題：到底什麼才是「正常」的？

其他名稱的怪癖

在進一步討論之前，讓我們就術語達成一致共識。正如我在本章引言中所思考的那樣，近來人們通常認為的「偏離」（deviant），或者更親密的行話「癖好」（kinky），與某些主流思想流派認為的「變態」（perverse）之間，在不同歷史或文化中的不同時空下，存在著巨大的鴻溝。試圖創造一種通用語言，來編纂和描述人類行為的所有範圍時，語意脫節是必然會遇到的問題。

但還有一個更簡單的問題，即大多數現代人只是隨口亂說，而沒有（1）真正了解或關心；（2）認真同意詞彙的意思。我將在整個章節中試圖摸索第一個問題，你可能已經注意到，我已經在好幾章裡摸索它了。但現在就可以解決第二個問題。如果想完成這個主題，

需要分享以下一些單字的理解。當下次可以在性愛地牢裡進行智力辯論時，你可能也會發現它們很有用。

性變態（persersion）

1. 變態的一種形式；特別是指異常的性行為或性興趣，尤其當它成為了習慣。

例句：出於懷孕以外的原因想要發生性關係，對某些人來說可能會被視為性變態。

變態（人）（pervert）

1. 變態的人；（特別是）某種形式的性變態。

例句：對於有些人來說，連想要與配偶發生性關係可能會讓你成為變態！

性怪癖；性癖（kink）

1. 某物本身對折或纏繞，而引起的「又短又緊的扭曲或捲曲」。

例句：彼得的癖好是被園藝水管打結的那端拍打。

2. 精神或身體上的特殊性；怪癖，古怪之處。

例句：朱迪很喜歡那傢伙的古怪之處。

3. 一種聰明、不尋常的做事方式。

例句：她一邊盯著自己發明的新結一邊想：「真是個很棒的聰明方式。」

4. 身體某些部位抽筋。

例句：他喜歡以壓力大的姿勢坐著，直到脖子的抽筋變得難以忍受。

5. 可能導致某物操作困難的缺陷。

例句：你不願意和我發生奇怪的性行為，肯定會讓這段關係出現操作困難！

6. 非常規的性品味或行為。

例句：彼得的性癖是被園藝水管打結的那端拍打。

性癖；戀物癖（fetish）

1. 一個物體或身體部分，其真實或幻想的存在，在心理上對於性滿足是必要的，並且是一個固定的物體，可能會干擾完整的性表達。

例句：巴里的靴子癖與喬的腳趾被咬癖不太相容。

2. 異常依戀；固戀

例句：我是否對握住你的手產生了異常迷戀，還是這就是愛？

性慾倒錯（paraphilia）

1. 一種反覆出現、不尋常的性興奮心理意像或行為模式，尤其是社會上不可接受的性行為（例如施虐狂〔sadism〕或戀童癖〔pedophilia〕）。

例句：馬克想和諮商師談談他的性慾倒錯，但韋氏字典如此隨意地將施虐狂和戀童癖混為一談，這讓馬克非常不安。

性癖症；性偏好障礙；性慾倒錯症（paraphilic disorders）

1. 會導致性慾倒錯患者感到痛苦或正常生活上的問題；或是（可能）傷害他人。

例句：馬克找到了一位具有性癖意識的諮商師，之後他意識到他的幻想雖然不尋常，但並不是性偏好障礙，因為這些幻想不會困擾自己，或促使他對其他人造成傷害。

性癖從何而來？

現在人們認為什麼是性癖呢？性癖是從哪裡來的呢？

首先：我想，這裡的「我們」指的是美國的大多數人。但是坦白說，我的大腦在這個問題上可能有點偏頗不中立，因為我可不「無聊」。

上一章我們在人類學檔案中搜尋色情作品，遇到了很困惑的問題，在這章探究性癖的起源時，也會遇到許多相同的問題。例如，我們不能假設有一幅被皮帶牽著的男人的壁畫，在繪製的當下具有與今天相同的性癖調性。有可能用皮帶拴住男人，只是當時會做的普通事情，而如果稱這種行為變態，就相當於暗示現代互相發送色情短訊的年輕人都正在從事禁忌的行為。或者，皮帶可能有實際用途，又或是某種與性無關的儀式一部分：例如象徵家庭紐帶，或讓人回想起某種犬類創造神話的儀式。（注意：這完全是編造的。請不要在網路上寫有關人類歷史的怪性癖時引用這一故事，並開始造謠有關以狗為中心的美索不達米亞性邪教。）

被視為「正常」的事物來來去去、隨波逐流，在每個地方各不相同。相反的，「反常」的事物也是如此。

別擔心，我們仍然可以在嘗試定義混亂的過程中獲得樂趣。但這裡將回答兩個獨立的問題：（1）在不同的時空文化中，有哪些主流行為，大多數現代人會認為是怪癖？（2）他們哪些做法是真的很奇怪嗎？

在性不存在的地方看到性

在思考性的廣泛歷史時,重要的是要知道:我們對性應該抱持什麼想法,在很大程度上會使我們對世界的看法出現偏差。我的意思不僅是扭曲了我們對「性」的看法。人類一直想把「性」界定出整齊乾淨清楚的界線,這也會導致我們在性行為不存在的地方看到性。

例如,夏威夷島民對嬰兒進行的生殖器準備傳統。根據早期對這些島嶼的殖民統治,以及二十世紀人類學家的紀錄,女性親屬向嬰兒男性的包皮吹氣曾經是很常見的事情。這樣做是為了慢慢鬆弛包皮,從而減輕大多數男孩在 6、7 歲左右會經歷的割禮手術。雖然割除小男孩部分陰莖的道德和安全性存在極大的疑問,但沒有理由相信這個吹氣過程背後有任何性意圖。據說,女嬰的外陰要用母乳和油按摩;男、女嬰兒的臀部按摩可以使臀部變得更圓,這些生殖器準備習俗,都被視為需死記硬背的家務活和基本嬰兒的照護,目的是幫助孩子成長為一個有性吸引力的成年人,並能夠獲得最多可能的性快感,但這些做法本身,並不比換尿布更具性含義。不過,毫不奇怪的是,基督教外國人對他們所見所聞感到非常震驚,並把它誤解成戀童癖。

另一個導致反感的例子是一個基本上已過時的傳統,拉比(rabbi,猶太教領袖和經師)會用嘴清除剛受割禮的嬰兒身上的血,每隔幾年就會有新聞報導說這種做法會導致致命的感染。的確,這種做法通常對嬰兒不好(紐約布魯克林有太多老人會帶著唇疱疹親嬰兒了。)但是這行為與性無關,而且我們應該問:為什麼人們常常如

此評論嘴巴接近嬰兒尿道附近的想法。除非我們將成人的性意識強加於嬰兒的生殖器上，否則嬰兒的生殖器根本與性無關。

另一方面來說，歷史生活的有些方面肯定與性有關，但在適當的脈絡下，實際上沒有聽起來那麼淫蕩。例如，維多利亞時代之前，在許多歐洲文化中，人們通常共用床鋪，包含各式各樣的人。如果有人在進城途中經過你家，他們可能會和你一起在床上過夜。你可能還記得求愛和約會的章節中，有提到此做法的一個版本（以及人們為了避免在床單下踰矩，而想出的一些方法）。

但請考慮一下這對人們何時進行性行為的影響。孩子會跟父母共用一張床。僕人可能都睡在一個房間裡。維多利亞時代將房屋分成許多獨立的房間。在那之前，如果你不是很富有，隱私就是不可奢求之事。[2] 如果一個人想在晚上與伴侶在床上發生性關係，他們可能需要在其他人在附近睡覺的情況下偷偷做（或至少是在其他人假裝沒注意到的情況下）。這難道代表在人們擁有自己的臥室之前，暴露癖就已經存在了嗎？可能不能這麼說。（雖然的確暴露癖當時就存在，因為有一些不應該發生性關係的地方，總是會有人想在那裡做愛。）另外一個相關例子：在小巷或穀倉裡快速啪啪完事。在現在看來這種行為帶有一種離經叛道的氛圍，因為性行為應該是在床上，或至少是在私人空間裡進行的，但這可能曾經是正經八百的人從事性行為的最佳選擇，因為晚上在臥室裡做這件事，代表被他人看到的可能性要大得多。

第十一章：為什麼很多人喜歡「不正常」的性行為？　231

性變態與性慾倒錯

對於性變態者的定義不斷變化，而且這絕不僅限於我們人類的遙遠歷史。正如許多與性有關的事情一樣，我們目前對「正常」性慾的看法，大致上可以追溯到二十世紀初，那時事情發生了根本上的變化。但我們到現在仍然在一九〇〇年代初精神病學家設定的相同基本框架內，朝著打破常規的方向緩慢前進。

《性病態心理學》（Psychopathia Sexualis），首次出版於一八八六年，直到下個世紀才重新出版並受到歡迎，但其中對於「變態」詳細描繪的意象並不怎麼友善。作者理察‧馮‧克拉夫特-埃賓（Richard von Krafft-Ebing）博士採取了典型的立場，譴責任何他認為不正常的性行為，包括同性戀。書中收集的案例研究（最初為 42 個，但最後出版到第十二版時達到 238 個）來自他在精神病院工作的時間，但這一事實並沒有幫助軟化框架。作為一名法醫心理學家，克拉夫特-埃賓對那些因慾望而犯罪的罪犯性傾向特別感興趣。[3]

《性病態心理學》的有趣之處在於一般大眾接受了。你問他們如何接受？他們接過書並大肆宣揚。這本書是我們第一次深入探討性病理學，旨在幫助犯罪偵查家、醫生和優生學家了解變態從何而來以及如何治療。但這也是大多數人第一部變態深入探討的出版物，就沒有其他來源了。據說克拉夫特-埃賓在他後來的版本中，添加了更多的專業術語，甚至將更多淫穢的段落翻譯成拉丁語，試圖阻止大眾像閱讀色情作品一樣，閱讀他的學術論文。一些學者認為，《性病態心理學》非但沒有進一步汙名化已經受到邊緣化的族群，反而透過向非

傳統性別或性取向的人表明：他們並不孤單，進而創造了一種社群意識。哎呀糟糕眞不小心！

性學家約翰・曼尼在一九七〇年代左右開始流行「性慾倒錯」一詞，他將其定義爲「對正規意識形態所規範的性色情加以修飾或另類替代」，他試圖創建一個中立框架來討論性偏離。在性研究領域，曼尼並不是一個完全正面的人物。臭名昭著的生殖器受損嬰兒強迫變性實驗（第三章有討論）就是他在幕後主使。據說他對受害者及弟弟進行性虐待「治療」，很可能是導致他們兩人成年後自殺身亡的原因。他的方法是不可原諒的。

儘管他的存在可能讓人不舒服，但曼尼依舊不斷出現在醫學文本中。因爲他確實對性、性別和慾望如何運作有一些想法，幫助我們擺脫了一些清敎徒的傳統蜘蛛網。例如，他引入「性傾向」（sexual orientation），以取代「性偏好」（sexual preference）。曼尼從中鞏固了這個概念：成爲非異性戀，並不只是一個可以避免的階段，也不是一種可以治療和治癒的狀況。

曼尼和同時代其他學者幫助讓《精神疾病診斷與統計手冊》（DSM）稍微將「奇怪」的性行爲視爲正常（不過他還是認爲性慾倒錯應該被歸類爲精神疾病，從他那個時代起這個概念持續至今）。在一九八〇年的《精神疾病診斷與統計手冊》第三版（DSM-III）之前，這本醫學巨著曾提到「性偏離」，這個術語包括同性戀和戀童癖等不同的傾向，並將一般的施虐狂與強姦和身體殘害混爲一談。很難相信，想要與另一個男人發生普通性行爲的男人，曾經被認爲可以與想要吃女人臉的男人相提並論，但這就是精神醫學令人費解的歷史。

從那時起，我們看到了一系列的小調整，不再只爲了性而將性病理化。例如，一九八七年 DSM 的再版將「異裝癖」（transvestism）替換爲「戀物性異裝」（transvestic fetishism）。這改變代表不是任何異裝癖或希望伴侶這樣做的人，都患有可診斷的疾病，而是只有對這些事物有不健康的迷戀才是不健康的。當然，「可接受的戀物癖程度」的定義仍然相當模糊，而且這樣的措辭可能仍邊緣化一些原本快樂、健康、情願的成年人。二〇〇〇年 DSM-IV 的更新採取了一些措施來解決這個問題，增加了第二個診斷標準：性慾倒錯必須「導致臨床上顯著的痛苦或社交、職業或其他重要功能領域的損害」。關於暴露癖、自虐癖和戀童癖的附加說明指出，完全按照衝動行事不可被接受；除了同意的伴侶之外，對任何人實施施虐衝動也被視爲病態。這個訊息終於至少有點合理了：只要不是隨便的打別人耳光，打別人耳光產生性興奮本身並沒有什麼錯。繼續堅持互惠互利的打耳光，絕對沒問題。

　　二〇一三年發布的 DSM-5 進一步明確了另類性慾和精神疾病之間的差異。現在，「性慾倒錯」和「性慾倒錯障礙」之間存在著診斷上的差異。「性慾倒錯」是我們大多數人稱之爲性癖或戀物癖的東西，如果喜歡的那個東西給你帶來痛苦、損害你的生活能力，或者對自己或他人造成傷害，那麼就會出現這種疾病。這裡所說的「傷害」當然是指實際的傷害，包含對另一個人的虐待和不當對待，而不是以安全、理智和同意的方式徹底幹壞伴侶。

　　DSM 現在也欣然承認，無數的性慾倒錯未在頁面中列出。一些專家認爲，有包含一些特定的怪癖，但沒有包含其他怪癖，這可能表

示出針對某些傾向的價值批判。如果這是真的，那麼精神科文本就應該簡單地指出，任何令患者痛苦或對他人造成傷害的性衝動都是可以診斷並就此結束的。編寫 DSM 的團隊認為，他們選擇定義的 8 種特定性慾倒錯障礙：窺視障礙、露體障礙、摩擦障礙、性受虐障礙、性施虐障礙、戀童障礙、戀物障礙和戀物性異裝障礙，都是相對常見的，並且在刑事案件中具有偵查重要性，因此值得強調以方便診斷。

暫停一下，我想說任何性衝動本質上都不是真的邪惡。然而，某些怪癖、迷戀、固著和其他偏離「常態」的行為，顯然無法在「不傷害他人」的前提下付諸實踐。比如說，一位著名喜劇演員在毫不知情的同事面前，掏出自己的雞巴（完全是舉例而已），他被抓時可能會公開哀嘆自己不幸且難以控制的暴露癖。但是那顆大腦告訴你性器官怎麼爽，絕對不應該是傷害他人的藉口。在未經他人熱情同意的情況下，利用他人來發洩性慾是會造成傷害的。

不是說沒有人會因為性癖傾向而感到真正的痛苦。例如，研究人員才剛開始研究有戀童癖衝動的人，他們不想對兒童採取行動，但處於這樣的境地顯然會引起強烈的內心混亂。[4] 心理治療可以有所幫助，但有這些傾向的人可能有合理理由擔心心理健康專業人士不會適當對待他們，或是聯繫法律當局，即使他們沒有採取行動的意圖。[5]

如果你感覺到性衝動引誘你做出傷害行為，我無法確切地告訴你應該做什麼，或者為什麼你會有這些衝動。但我可以向你保證，每個人有時都會有衝動去做自己知道在道德上錯誤的事情，而擁有這些衝動——就算是出於充分理由而受到極大汙名的衝動——並不會讓你變得無可救藥或十惡不赦。我強烈建議你尋求專業支持，來控制你的衝動，我真誠地希望這能幫助你擺脫巨大的情感負擔。

同時，可以考慮為自己制定並遵守規則：遠離可能有傷害他人衝動的情況；也許你不能和青少年單獨相處；也許你不能在飯店房間和粉絲喝酒。將傷害你或旁人的風險降到最低，做這個選擇並沒有什麼錯。如果規則本身會對其他人造成傷害，例如說：政客如果為了避免受女同事誘惑，而拒絕她們會面，進而影響他人權益，那麼你確實需要盡快尋求幫助。但這並不可恥，只要你能尋求你需要的支持。

目前，我們對獨特的性傾向從何而來知之甚少。不幸的是，這代表沒有明確的方法，來控制會造成痛苦的性傾向，但逃避現實的慾望並不是答案。

戀足癖是怎樣？

討論變態的概念從何而來時，你可能還想知道更多比較常見的怪癖從何而來。可能是每次看到星際大戰裡的凱羅・忍（Ben Solo）用原力掐住某人時感到心跳加速，又或者是迫切想要舔腋窩，你都會很自然地想知道，為什麼某些讓你興奮的事情對其他人來說是無感，甚至是反感的。

不幸的是，目前還沒有足夠的數據，來讓人們創造一個關於「厭惡或喜愛」的統一理論，沒辦法撰寫《性癖的起源》（On the Origin of Kink）。但為什麼有些人會被對其他人來說不尋常的事物所吸引呢，對於這個問題，科學有一些有趣的想法。

有一種性迷戀具有特別簡潔（雖然遠未得到證實）的科學解釋，那就是對腳的迷戀。戀足癖也被稱為戀腳癖（podophilia），是戀體癖

(partialism)的一種：傾向於將注意力集中在身體的某個特定部位之上。某些形式的戀體癖被認為是相當正常的（例如，異性戀男性對女人的胸部或屁股著迷），而其他形式（腳）則被認為很奇怪，不過戀足仍然很常見。

我似乎對那些特別喜歡鼻子的男人具有吸引力（?!），所以我對此的看法可能略有偏差。但我個人見解是，在所有可能的身體部位被視為一個整體時，對於特定身體部位的喜好顯得相當平凡。但有道理的是，「傳統性別」或「身體性別特徵」更密切相關的身體部位，其關注通常被認為比較正常——相比於關注「通常不屬於性行為的部位」。而腳特別兩極化，尤其是腳的位置處於較低處，且象徵性或實際上都較為骯髒。

波隆納大學、拉奎拉大學和斯德哥爾摩大學的研究人員在二〇〇六年進行了一項研究，該研究分析了數千名參與者數百條有關性癖的網絡聊天，結果顯示，某些戀體癖是迄今為止最常見的癖好。像屁股這樣的傳統部位則被排除在外，而腳和腳趾是最常被迷戀的身體部位。另一項研究發現，想聞臭腳或臭襪子是「與身體相關的物體」的戀物癖中最常見的。就連伊卓瑞斯·艾巴（Idris Elba），這位毫無疑問的現代最性感演員之一，也公開承認自己對女性的腳情有獨鍾。

人們很喜歡這些腳丫，而且有不容忽視的人數，或許你就是他們的一員。戀足癖到底是怎麼回事？

正如前面承諾的那樣，戀足癖有一個獨特而清晰的可能解釋。神經科學家維蘭努亞·拉瑪錢德蘭（V. S. Ramachandran）研究了大腦中的交錯神經會導致截肢者出現幻肢症候群。拉馬錢德蘭給出了一個可能原因，解釋了為什麼腳是熱情的常見目標：接收足部觸摸訊號的大

腦部分就在性刺激部分的旁邊。[6] 他在一九九九年出版的《腦中魅影》（Phantoms in the Brain：Probing the Mysteries of the Human Mind）一書中寫道：「也許我們中的許多正常人也有一些交叉接線，這解釋了為什麼我們喜歡被吸腳趾。」

這種聯繫雖然簡單得令人滿意，但還遠遠未能達成科學共識。而且因為許多怪癖和戀物癖根本不涉及身體部位，所以我們當然不能將所有更奇怪的傾向，歸因於不尋常的神經線路。

佛洛伊德認為「變態」（他做的幾乎所有事情就很變態）很可能源於童年發展的混亂時期。他也認為，戀足癖者可能從小就將腳與陰莖等同，這理論對我來說實在太牽強了。

許多人如今將佛洛伊德的大多數理論視為過於簡化，也有可能就是寫性別歧視的垃圾話。不過，最基本的性衝動可能是在童年時期形成，這一觀點還是有一定的道理。這個想法被廣泛接受，主要基於個案研究和軼事證據：小時候感受到的原始性興奮或吸引力感受，可能會導致對某個刺激情境的某些方面留下一些印記。我有聽說精神科醫生認為，當人類還是孩子的時候，我們離腳很近，因為低地面最容易看到的身體部位就是腳，這可能會讓小孩在感受到一些有趣的新感覺時，很容易將腳當作視覺對象。

事實上，發展出戀物癖的途徑可能有很多，就跟戀物癖可以迷戀的物品一樣多，甚至更多。其中可能有一些演化的成分，也許相比全部人都想要並競爭追求完全相同的東西，多樣的性偏好和慾望使人們更有可能繁衍。[7] 如果是這樣，那麼我們可以合理地假設，有些人在基因層面上，有可能對怪怪的癖好持更開放的態度。

有些怪癖可能是社會壓力的結果。一方面，可能看到電視和電影暗示某件事值得追求，影響了我們的發展；另一方面，我們甚至可能僅僅因爲禁忌的事情使人興奮，反而反抗被教導的正常或文明事物。大腦中很容易交換的感覺或物體（如生殖器和腳）也有可能是看似奇怪的性傾向常見來源。

許多有性癖的人很可能在有意識地考慮性行爲之前，就已經形成了這些性癖，至少在某種程度上是這樣，更不用說是實際參與性活動了。因此，隨機的經驗或想法有大量的機會，鞏固性行爲的各個方面，這些性行爲可能會讓一般人覺得不尋常，甚至值得擔憂。

有時我們想在書上或電視上看到的幻想與在現實中想要體驗的東西相差甚遠。一個明顯但不幸被汙名化的例子是「強姦幻想」，在二〇〇九年的一項研究中，超過 60% 的女性參與者表示曾有過這種幻想。[8]

即使只基於對大約 300 名女性的調查結果，這個詞本身也是過於簡化的。近一半的人報告說，這些幻想混合了情色和厭惡的感覺，但研究並沒有進一步區分細微差別。兩者間有個很大的區別。例如，想像一個你覺得有吸引力的人，並希望能在你完全失去控制並著迷的情況下，和對方發生性關係（這是一個很常見的白日夢，胸衣撕裂文學也許就是跡象）；這和想像陌生人或討厭的熟人猛烈地侵犯你有很大的區別。注意：這兩種幻想都沒問題，但這裡顯示光譜上存在相當多的潛在場景。因此，越來越多的怪癖者，和具有怪癖意識的研究人員使用「合意的非合意」（CNC）這個術語，作爲更好的概括性名詞，來形容合意地希望有人把你扔到床上，並惡劣對待你的所有方式。[9]

第十一章：爲什麼很多人喜歡「不正常」的性行爲？　239

順便說一句，對於非女性認同的人來說，有這樣的幻想也是完全正常的。一項針對 4,000 名美國人的調查發現，自我認同為男性的受試者中 CNC 傾向的發生率，僅略低於自我認同為女性的受試者（分別為 54% 和 61%，不過男性的報告稱實際執行 CNC 的情況較少）。對於非二元性別的人來說，這一比例甚至更高（68%）。

當然我不能代表每個人，但我要大膽地說，從統計數據來看，幾乎沒有人真正願意受性侵犯。那麼，為什麼我們這麼多人喜歡幻想它，或至少是與之相鄰的場景呢？

沒有人有明確的答案。就像其他怪癖一樣，也許本身的純粹錯誤，就會讓我們感到刺激，而這種興奮有時會轉化為真的性興奮。對某些人來說，這種慾望可能反映出放棄控制的衝動，特別是如果他們因為創傷、社會條件或自卑而對主動參與性行為感到焦慮。有時這可能是一種方式重新處理並控制一個人過去發生的真實暴力事件。無論如何，嘗試 CNC 並不是什麼值得害怕或羞恥的事情，儘管其中的「合意」一如既往地重要。

在現實生活中嘗試這些幻想之前，請先問自己很多問題，了解你喜歡這些幻想的部分以及原因，這一點很重要。如果你的願望和界限不明確，就會面臨被無良白痴跨越界線並傷害你的風險。即使你盡了最大努力，這種情況也可能發生，而且如果確實發生，也不是你的錯。但是，在讓其他人加入之前，透過徹底探索自己的願望，可以避免很多潛在的痛苦。如果你喜歡在 CNC 場景中扮演有攻擊性的一方，但不會花太多時間確保伴侶 100% 舒適且合意，那請回到性癖的淺水區，直到你準備好到成人區深水池。

如果你因為突然出現的不快幻想而感到困惑，請不要太擔心。實際上，有時會有很大量的社群對肯定不想經歷的場景而集體興奮。例如：猶太孩子和納粹的色情作品。

一九六〇年代初，以色列充斥著有關納粹的色情作品，簡直多到不勝枚舉。根據希伯來大學的一項調查，以德國戰俘營中的酷刑和強姦為主題，名為《戰俘營》（stalags）的低俗小說在一九六三年是18歲以色列男孩的閱讀首選。[10] 這些書當時看似是英文作品的譯本，但是我們現在知道是由以色列人製作給以色列人看的。這種小說通常會有美國或英國軍隊的外邦人受到豐滿的女性納粹親衛隊特務侵犯，直到他們掙脫束縛並報復……用更多的強姦報復。[11]

以色列對色情作品出了名的嚴厲，但這種低俗小說卻像野火一樣蔓延開來。最後一根稻草似乎是一本出現在報攤上的書，主角不僅是女性，而且是猶太人。這禁忌實在太痛了，因此這種文類被禁了。其中大部分都被銷毀，為了保存歷史紀錄，一小部分選集被祕密藏在國家圖書館的隱藏館藏中。[12] 二〇〇八年的紀錄片《戰俘營》認為，這一類型在納粹大屠殺相關的沉默文化中蓬勃發展。一九六一年，電視轉播了納粹高級官員阿道夫·艾希曼（Adolf Eichmann）的審判，首次揭露了許多戰爭恐怖，這讓許多倖存者的孩子面臨複雜的創傷。

這個故事的重要性並不是因為納粹分子衣著暴露（嗯）。而是因為它提醒我們，在其他情況下會讓人感到恐懼的事情，讓人感到興奮也是正常的。有時候天時地利人和，整個國家的年輕成年男性可能會將如此令人震懾的事情正常化，以至於半個多世紀後的我們仍然感到困惑和不舒服。

叫我皮條爸爸

在過去十年左右的時間裡，每到了 LGBTQIA+ 驕傲月（在美國是六月舉行），就會出現激烈的爭論，討論是否應該要將驕傲月主軸放在展現性癖好傾向的人，或是討論他們是否有資格在驕傲月中出現。當然，無論是否是同性戀，一個人可能會以多種方式從事怪性癖行為，但是同志遊行上很典型會出現驕傲展示的是皮革愛好社群。屁股挖洞的皮套褲是否在遊行中占有一席之地？我不打算採取立場。身為一個與順性別男人有關係的雙性戀順性別女人，我會出現在各種酷兒聚會上，只要他們臉上帶著微笑和一盤餅乾來歡迎我，我就會管好自己的事。（如果你是性癖社群的一員，並且在酷兒場所占據一席之地令你感到自在，那麼加油前進吧。只要你意識到，並努力討論自身異性戀特權，我真誠地希望你感到受歡迎和認可。）

不管怎樣，我們不是為了爭論同志遊行的性癖，而是為了討論性癖最初是如何形成的。

第一家坦蕩明確的同性戀皮革酒吧，直到一九五八年才在美國開業，但皮革文化自二戰結束以來一直在醞釀。摩托車俱樂部的出現是為了讓男人享受與軍隊相鄰的男子氣概，同時迴避了主流文化。這些顛覆性的社群空間，吸引了那些覺得自己在其他地方沒有立足之地的人。接著很快就出現了由男同性戀者組成的酒吧，然後是摩托車酒吧。成為機車騎士是與其他酷兒一起出去玩的好方法：這種次文化的標誌性活動，正常化了成團旅行的概念，而其風格則允許以另類的方式穿著來展示身體。在一九七〇年代，女同性戀開始組建以性癖為主題的皮革社群。[13]

這樣看吧：認為自己是異性戀、順性別的人生活在一個以他們為預設的社會。這並不代表他們每一個人都完全符合框架。例如，如果你是一個不想要或不能生孩子的異性戀女性，你必須應付很多言論攻擊，因為當今的大多數文化圍繞著核心家庭的形成。這有點像美國白人和基督徒，白人可能不認為自己特別擁有白人文化身分，或從小到大去教會的文化認同。但實際上，他們經常能夠取得聖誕節和復活節用具，甚至即時在最小的鎮上，也可以買到媽媽會煮的那種食物。白人文化，尤其是基督教文化（不同於烏克蘭文化、蘇格蘭文化、或任何美國白人經常為了充分擁抱白人特權而放棄的文化）非常無聊，但對於那些美國人來說，它一直存在。我們之所以沒有注意到它，因為它被視為預先設定。

異性戀文化也存在，就是大多數人所說的「正常」。和異性戀對象約會並結婚，你們倆都擁有不會讓任何人感到不舒服或困惑的染色體和生殖器，結婚後合併兩人的財務狀況，並生育 2 到 3 個孩子。距離異性戀順性別越遠，那種特定的文化就越難以接近，尤其是過去十到二十年的時候。這其中有痛苦，但也有自由。創建第一個皮革社群的男人、女人和非二元性別者，正在利用這種自由為自己創造新的空間。在二十世紀的大部分時間裡，同性戀在美國是不被接受的。在一九六九年的石牆暴動（Stone-wall Riots）中，跨性別者因「異裝」而在美國各地被捕。(毫無疑問地，在某些地方，一九六九年之後還有更久都是如此）那麼，和朋友相聚時，為什麼那些驕傲的酷兒要費心去模仿異性戀文化呢？

無論你現在或未來如何自我認同，我希望這本書已經清楚地表明，

我們對於所謂「正常」的性、愛情、浪漫、組建家庭、和戴假陰莖肛男朋友，這些概念實際上都過於武斷。你可以接受這些概念，也可以不理會它。「常態」並不是為大多數人服務。如果你想做某件事、或是思考某事、問你未來的伴侶某件事，而這件事不會對另一個人造成傷害或過度的情緒壓力，但你仍然覺得它可能……太不正常了。請問問自己是誰、是什麼讓你有這種感覺。問問自己，他們讓你有這種感覺會得到什麼，然後盡情做想做的事吧。

我很奇怪嗎？我正常嗎？
我太正常了嗎？到底該怎麼做才對？

對性完全不感興趣是正常的。出於純粹的身體原因，或純粹的情感原因而喜歡性是很正常的，無論是願意做任何事，還是只願意做一件你從未聽說過其他人願意做的一件事情。大家都說大腦是最大的性器官，因此像我們這樣有複雜腦部的動物，有時渴望複雜的東西也就不足為奇了。喜歡你喜歡的，不要有壓力。

如果你的性衝動驅使你傷害他人，應該要得到富有同情心的幫助，在不造成傷害的情況下控制這些慾望。另一方面，不要用性癖當藉口。「我知道謀殺是錯的，但我一直非常非常想這麼做」，這將是一個非常糟糕的謀殺辯護說辭，「我知道在同事面前掏出我的陰莖是錯誤的，但我只是真的真的很想做」，要辯護你在 Zoom 線上會議中脫褲子，這樣的防守辯詞實在是太爛了。如果你找不到一種安全、理智且合意的方式來做你想做的事，那就不要做。如果這意味著你感到痛苦，

或感覺有崩潰的危險，那麼你需要幫助。需要幫助並沒有什麼錯。如果你找不到專門治療特定性慾倒錯疾病的人，請尋找「具有性癖意識」和「性積極」的諮商師進行交談。

為了以輕鬆的方式結束本章（和本書），這裡有一些我最喜歡的歷史變態。朋友們，請記得，以下大多數人會認為是性偏離的人物，我（大部分）只納入有確鑿歷史證據證明的例子。這份名單中遺漏了無數的歷史性變態人物，他們的性行為只是道聽途說──真的，數量不勝枚舉。

例如，網路上的幾個小地方都傳言前任俄羅斯帝國皇帝凱薩琳二世（Catherine the Great）僱用了全職「足部癢癢者」來幫助她放縱自己的怪癖。不幸的是，我深入的網路探索顯示了幾頁 A 片片段搜尋結果，但沒有歷史「事實」的主要來源。凱薩琳二世在她的時代和之後都是一些淫穢謠言的受害者（不，她並沒有操一匹馬），所以我們必須考慮類似撓癢癢僕人也可能是被捏造的。歡迎你在自己腦海中想像任何可能有點變態的歷史人物，搭配上任何小眾的性癖好故事，但我只報導事實。

我還遺漏了無數歷史上有權勢的人物，他們的怪異性行為與虐待行為太過相關，不值得被包括在內。卡薩諾瓦誘姦兒童和購買性奴隸一點也不有趣或可愛。換句話說，在歷史軼聞中，可以找到比以下清單多更多也更怪的性癖。以下清單只是博君一笑。

詹姆士・喬伊斯，放屁愛好者

這位愛爾蘭小說家與他的長期伴侶兼最後一任妻子諾拉・巴諾克（Nora Barnacle）享受著狂野的性生活，我們有信件證明這一點。根據喬伊斯的說法，在一九〇四年他們第一次約會時，她毫無歉意地放了他鴿子。當他們成功見面時，她幾乎馬上給了他擼管服務。如果按照字面意思理解喬伊斯寫給巴諾克的信，一段漫長而充滿愛意的關係就這樣開始了，其中包括大量絕對齷齪的性行為。[14] 根據喬伊斯的說法，巴諾克喚醒了他內心真正的性變態。一九〇九年，當他外出出版《都柏林人》（Dubliners）時，他給他的「下流的小母狗」寫了一樣多的話：「如你所知，親愛的，我說話時從不使用淫穢短語。你從來沒有聽過吧？我在別人面前說過不恰當的話。當人們在我面前講述骯髒或淫蕩的故事時，我很難保持微笑。但你似乎把我變成了野獸。是你這個頑皮不要臉的丫頭先帶路的。」

那年晚些時候，他讓大家知道他多麼重視她的放屁，並將其視為一種色情娛樂：

那天晚上你放了一屁股屁，親愛的，我把屁從你身上操了出來，大響屁、風吹許久、快速的小爆裂聲、和許多小頑皮的屁，最後從你的洞裡長長地結束。如果每次操她都能操出一個屁，操一個會放屁的女人真是太棒了。我想無論在哪裡，都可以聞到諾拉放的屁。我想我可以從一屋子放屁的女人中挑出她的。肯定是一種

相當少女的聲音，不像我想像中的胖妻子所發出的潮濕風屁。就像大膽的女孩晚上在學校宿舍裡玩耍時所發出的聲音：短促、乾燥、淫蕩。我希望諾拉能在我臉上不停地放屁，這樣我也能知道它的味道。

胃脹氣癖也被稱爲戀屁癖（eproctophilia）。正如喬伊斯的信件如此豐富多彩地表明的那樣，戀屁癖可以成爲完美忠誠關係的一部分。

與所有性癖一樣，戀屁癖可以有多種口味，並以各種方式呈現。在二〇一三年的一個個案研究中，一名有戀屁癖的 22 歲年輕人回憶道，小學時的一個暗戀對象在他面前釋放了一些氣體，他就此就開始了這種迷戀。而就在「典型的」性交過程中對性的渴望而言，他是異性戀，但他開始意識到自己會被任何性別的人放的屁激起性興奮，放屁越臭、越大聲、離臉越近越好。[15]

班傑明・富蘭克林，熟女殺手

雖然班傑明・富蘭克林（Ben Franklin）表面上爲了自己的健康，常常花幾個小時裸體閒逛——他稱之爲「空氣浴」——但他也喜歡另一件更明顯的性行爲。富蘭克林在一七四五年寫給一位年輕朋友的信中，就如何最好地處理婚前的性衝動提出了建議，他提供了一篇詳盡的論文，辯護在這種情況下和老年女性上床的行爲。

因爲他特別提到不會有討厭的受孕風險，作爲偏好老年情婦的理由，所以我們可以假設他談論的是 40 歲左右或年紀更長的女性。

他告訴他的朋友，皺紋是從臉上開始，並且需要更長的時間才能在衣服下的身體部位變得明顯，這代表他甚至可能指年齡更大的女性。他提出了一些合理的觀點（床上比較有經驗，廳堂上有更好的判斷力）和一些完全令人反感的觀點（當女人因衰老而變得沒有吸引力時，她們更注重學習如何身為替代品，在身體和精神上取悅男人，她們會比年輕女孩更感激受到關注）。

富蘭克林不太可能對老年人有「戀老」癖（gerontophilia），因為他的其他性行為表明他是一個全齡通吃的色狼。真要說的話，富蘭克林有一系列理由解釋某些類型的女性可能是花心的理想目標，使他與現代把妹達人（pickup artist）有更多的共同點，而不是與值得我們欽佩的怪癖者。

尼祿，古代獸迷？

是的，我保證會堅持使用有信譽的來源，但這個消息來源，並不來自超市小報。西元一一〇年，尼祿皇帝的統治時期在大約四十年前就結束了，羅馬歷史學家蘇埃托尼烏斯（Gaius Suetonius Tranquillus）提出了一些有關尼祿皇帝令人震驚的事蹟。其中有一則軼事，尼祿穿上獸皮，像動物一樣被束縛，為了掙脫束縛，並以野獸模式蹂躪各種性伴侶。[16]

蘇埃托尼烏斯基本上是一個世紀之交的名嘴，所以不能認真對待他所說的任何事。但值得一提的是，因為它顯示這種做法確實存在於當時羅馬社會的某個地方，或者說蘇埃托尼烏斯有著絕對豐富的想像。

如今，喜歡打扮成動物並扮演動物角色的人通常被稱為「獸迷」(furry)，儘管這種次文化中有許多人並沒有扮演野獸中得到任何跟性有關的東西。蘇埃托尼烏斯的尼祿幻想還具有大多數現代怪癖者歸類為「原始癖」（primal）的特徵，也就是一方或雙方屈服於獸性衝動，這個幻想故事也暗示了某種 CNC 遊戲（希望是預先商定的)。

如果在身體上壓倒某人（或被如此壓倒）對你來說聽起來很興奮，那麼你必須與伴侶溝通這些計畫及其影響，並事先就限制行為和安全用語達成一致，這一點非常重要。玩弄性同意的概念並不可恥，但不要拿任何人的真實性同意來做這件事！

莫札特可能支持舔菊

我並不是說沉迷於肛門是特別變態的。坦白說，將舌頭放在伴侶身體的部分上，是一種顯而易見的性互動方式，因此將其視為禁忌都是荒謬的。屁股會髒嗎？會的。屁股能乾淨嗎？也可以的。在我看來，這個行為的變態程度與屁股的清潔程度成反比。

無論如何，我不知道還能在書裡哪裡談論「降 B 大調卡農」（Leck mich im Arsch，直譯為「舔我的屁股」），這是沃夫岡·阿瑪迪斯·莫札特（Wolfgang Amadeus Mozart）在一七八〇年代左右創作的六聲部經典歌曲。雖然它經常被在網路分享，作為莫札特喜歡屁股被舔的證據，但仔細看看歌詞就會發現，其傳達的比較是「去你的，親我屁股啦」的語氣，而不是對歌手臀部法式舔吻的指示。

然而，他的遺孀同時提交出版的另一首歌，「Leck mir den Arsch

fein recht schön sauber」（直譯為：乾淨利落地舔我的屁股）似乎沒有那麼含糊，因為他敦促聽眾「來吧，嘗試舔一下吧」。儘管現在人們認為莫札特只是寫了歌詞，並將它放在另一位作曲家的作品之上。

尚 - 雅克・盧梭，仇女的受虐狂

儘管盧梭寫了很多關於平等的著作，但他並不是一位女權主義者。他的作品整體上尊重女性，但前提是她們被降級到家庭生活和母親身分的範圍內。然而，在私生活中，盧梭似乎很享受受到有權勢女性的蔑視。在他死後才出版的中年自傳中，他宣稱：「跪在一位專橫女士的膝下，服從她的命令，不得不乞求她的原諒，對我來說是最甜蜜的快樂。」[17]

他將這種渴望追溯到童年時期對打屁股的熱愛，這種愛好是如此明顯，以至於毆打他的女監護人不再將其作為懲罰。

這裡有一個重要的強烈反差。至少根據歷史文獻，盧梭並不是個暴力的厭女主義者，但他也認為女性應該在社會中占據順從的地位。那麼，他為什麼要讓她們私下對他施展性權力呢？

在性癖群體中，有許多軼事證據顯示性順從的男性具有反女權主義的政治傾向，或是一種更為陰險的虐待和操縱婦女的祕密傾向。對某些人來說，感覺有些不對勁，或難以獲得的感覺都可能會增加性興奮，為那些討厭（或至少不尊重）女性的男人打開一扇門，讓他們享受被女人猛烈地痛打。

我指出這一點是因爲，這也可能有助於啟發，爲什麼你會有某種完全不符合自己現實生活哲學的性幻想。也要了解到性怪癖並不代表全部人格。不要因爲有人想讓你在臥室裡貶低他們，就認爲他們是無害的。一個極度順從的性伴侶仍然可以有能力實施身體和情感虐待，甚至可以利用他們違反直覺的傾向作爲盾牌來隱藏他們的危險。

瑪麗・雪萊，歌德風女友

我沒有任何證據表明瑪麗・雪萊（Mary Shelley）是個性變態，這位天才在異常天氣事件期間度過了一個極其喜怒無常的暑假，期間創造了《科學怪人》（Frankenstein）。我只是覺得你應該知道，她在她第一次發生性行爲的地方是在她母親的墳上，她母親是位具有神話地位的女權主義偶像。而且，在她丈夫去世後，有傳言說她把他的心臟藏在了桌子裡。這可能不是性變態的證據，但正如現在年輕人會說的，眞是太潮了。

結論
只要沒有人受傷，一切都沒問題

爲什麼要寫一本有關整個性史的書呢？我說眞的，請告訴我。因爲此時此刻，我獨自坐在公寓裡，一隻 15 歲的貓正朝著我尖叫，這週已經工作了 60 小時，還面臨嚴格的文稿截止日期，所以爲什麼要寫這本書呢？我有點記不得答案了。

不過我想答案大概是……。

從前有一個女孩在美國的南澤西州長大，那裡根本和阿拉巴馬州差不多。她比大多數人懂得多。她的媽媽是婦產科醫生，是那個鄉村裡少數的女醫生之一，因此女孩耳濡目染，接受了一定程度的性教育。例如，她不像九年級健康教育課上的同學，他們得知愛滋病毒是透過性行爲傳播時感到很震驚（學校性教育還眞是成功呀）。她開口說話的時候，就知道月經是什麼了（雖然她在 7 歲之前都以爲棉條的原理跟浴缸水塞一樣）。她第一次打工是在 12 歲時，整理一架有關外陰部疾病的教科書（她毫無髮傷地度過了二〇〇八年網路上的「藍色鬆餅挑戰」〔Blue Waffle〕）。

這女孩從小就拿著甜甜圈形狀的子宮托（pessary）樣本，當作是紓壓玩具。所以她從小就知道，只是想拉屎的時候，子宮有可能會掉進在馬桶裡（？）。

但這不是故事全貌。

她還去了福音派基督教教堂。在那裡，她學會了「墮胎血淋淋、大屠殺嬰靈」等有趣口號，並聽了關於端莊衣著的講座，叫她不要穿可能會「誘惑教會弟兄」的衣服。有個穿 polo 衫和工裝短褲的青少年事工並告訴女孩：「和男孩牽手肯定會減少她對她未來的丈夫的愛。」她開始意識到這只是一堆屁話。但是有關親密關係的資訊，並沒有像她對基督教另類搖滾的欽佩那樣，消失得那麼快。

她知道性是不能說的祕密。所以，她不說了。當過程疼痛時，她認為這很正常。她被教導說男孩是動物，只想讓她失身，而女生根本不喜歡做愛。所以，16 歲的時候，當事情就是這樣時，她想⋯⋯嗯，果然事情就是這樣。

後來她長大了，認為自己有力量。她以為自己已經吸取了所有的教訓。但將來多年的心理治療會告訴她，人類非常擅長以略有不同的方式一遍又一遍地重複相同的模式。

她遇到了一個自稱沒有任何社會包袱的男人，這些社會包袱在性方面的議題受限了大多數人。他讓她相信，擴展視野的方法就是讓他衝破她的界線。他狠狠傷害了她，傷害了很長的時間。**然後她決定弄清楚自己是誰，而不是將性行為視為承載著她靈魂的生或死。**

她了解到：那個男人對於性解放的理解大錯特錯。因為床事（或是在浴室、牆上、隨便哪裡）唯一只有一件事不可以，就是以滿足自己慾望的名義傷害另一個生命。這是粗俗庸鄙的。

（嘿，有時在所有人同意的情況下，還是可能對某人造成一點或很多傷害，身體上或心理上。但最重要的是，這份同意是熱切積極的，這樣他們就不會在心理治療中花費數年時間。因為雖然照顧心理健康是很好的事，但成為他人需要去諮商的原因可不好。）

結論：只要沒有人受傷，一切都沒問題

那個女孩所學到的性知識，是成為一個快樂和健康的人的關鍵（儘管如前所述，她仍然被截稿日期所困擾）。這本書分享了她所學到的知識：

1. 我們認為理所當然的許多性和性別規則，都是武斷且有害的（這尤其惡劣，考慮到我們在社會層面上，確保人們不會利用性來傷害他人的努力如此之少）。
2. 性不一定是為了生小孩。
3. 酷兒不是什麼新鮮事（甚至一點也不新鮮），也並不奇怪（當然你想多奇怪也可以），而且也不是荒謬的（無論其他人怎麼說）。
4. 對性不感興趣沒關係，今晚、今年、永遠沒興趣都是完全正常的。「想要和發生性行為」並不是健康成年人的先決條件，也不是你虧欠任何人的東西。
5. 我保證，不管你對什麼東西性致勃勃，你不是唯一一個。
6. 如果你認為自己可能會傷害他人，請停止。如果你想要的東西本質上對其他生物有害，你可以（而且應該）尋求幫助。
7. 你的自慰次數可能不會超過正常數量，雖然不敢保證沒有高於平均。
8. 注意是誰掌握著主導權。你確定你自在嗎？你確定伴侶自在嗎？你們中的一個人是否感到有壓力？
9. 我們總是把文化中的沒有道理的瞎扯，投射到「性」之上，也會投射到「如何擁有性」和「談論性」上，代表性總是複

雜的、奇怪的，也是世界上最正常的事情。現在的正常情況並不總是如此，也不會永遠如此。
10. 我無法告訴你你需要什麼。但我可以告訴你，「問自己想要什麼」很重要。

請聽好了：你沒有問題。

致謝

　　我會決定寫這本書是很多人的錯。因爲不知道從哪裡開始,所以我打算從最開始說起:我永遠感激經紀人 Jeff Shreve 幫我買了咖啡、聽我熱情地談論疱疹,並在我完成和出售提案的兩年時間裡一直支持我(甚至現在仍然如此)。感謝 Remy Cawley 在 Bold Type 上爲這份奇怪的手稿找到了一個家,感謝編輯 Ben Platt 讓我相信我可以寫一本書,然後一遍又一遍地說服我。

　　感謝 Sara Krolewski 辛勤的查核工作,沒有她,我永遠沒有勇氣發表一個字。感謝 Jen Kelland 細心友善的文案編輯。感謝 Katie Carruthers-Busser 在本書的製作過程中提供的幫助。感謝 Pete Garceau 爲本書提供了我夢想中的封面藝術。感謝 Hillary Brenhouse 從頭到尾監督整個過程。TK 宣傳感謝 TK TK TK TK TK TK TK TK TK。

　　感謝每一個問我專案進展如何的人,雖然我真的非常不想告訴你。特別感謝 Paige、Josh、Lily、Arielle、Abe 和 Ryan,他永遠不會厭倦聆聽,也永遠不會厭倦我。

　　有時候,我覺得除了擔任一家擁有 150 年歷史的雜誌的執行主編之外,我其實沒辦法寫一本書。我能做到這一點完全歸功於《科技新時代》工作人員,和 Recurrent Media 提供的恩惠、理解和無限支持。Corinne、Purbita、Rob、John、Stan、Claire、Sara、Jess、Sara Kiley、Mike、Sandra、Charlotte、Jean、Katie、Russ、Chuck、Susan、Philip、Monroe、Ben、Lauren,謝謝你們。

當然，我今日的成就完全歸功於我的父母，還有靈魂美麗又才華橫溢的手足。Arden 和 Chelsea：你們永遠擁有我的心，我很高興這個宇宙把我們放在同一個時間和地點。爸爸，謝謝你一直當我的頭號粉絲，謝謝你把我的名字放在火星上，寫上名字就代表火星是我的所有物，對吧？媽媽，謝謝你讓我知道什麼是力量，讓我永遠不會忘記我是一個勇敢的女人。

我的心裡充滿了對心理諮商師和醫生的感激之情，他們在我心碎時幫助我找到了治癒的力量。很少人會從性虐待的受害者，變成性積極的書籍作者，看來你們真的很擅長你們的工作。

對所有我獲得專業幫助之前的交往對象：抱歉，那段時光我真的很怪。

最後，我將這本書和我的生命歸功於兩個最重要的人。Amy，光是「最好的朋友」不夠形容你對我的重要。更廣泛地說，你是我生命裡「最好的人類」，因為你存在於這個世界上，我對世界的美好更有信心。

致 Oliver：在新冠疫情期間，被困在一個陌生新城市的一間陌生新公寓裡，比地獄更糟糕，更何況還要在書籍截止日期和繁重日常工作中尋找平衡。謝謝你每次幫我洗衣服，幫我買 Saigon 咖啡館的麵，並接受「我不想談論這本書的進展」這件事。你猜怎麼著：書寫完了！謝謝你如此愛我，願意和我結婚兩次。如果是我，也會願意跟你結婚兩次。

延伸閱讀

　　我之前有說過，但還要再說一次：我何德何能有資格告訴你「性」是什麼呢？本書只是一本幽默的入門書、一個輕鬆愉快的引子，介紹了一些簡單的基礎知識。這章會分享一些更進一步的延伸閱讀。漢妮・布拉克（Hanne Blank）的 *Straight : The Surprisingly Short History of Heterosexuality*（2012）其中對性傾向本質的哲學思考，著實讓我大開眼界、腦袋炸裂。關於這主題的另一本優秀讀物為喬納森・內德・卡茨（Jonathan Ned Katz）的 *The Invention of Heterosexuality*（1995）。如果要更深入了解女性之間的同性愛情史，我推薦萊拉・J・拉普（Leila J. Rupp）的 *Sapphistries*（2009）。跨性別歷史是我嚴重不足的知識盲區，更多相關詳細資訊請拜讀蘇珊・斯特雷克（Susan Stryker）的 *Transgender History*（2017）、萊利・斯諾頓（C. Riley Snorton）的 *Black on Both Sides : A Racial History of Trans Identity*（2017），以及珍・曼尼昂（Jen Manion）的 *Female Husbands : A Trans History*（2020）。

　　我在無性戀的主題上甚少自以為是地發表意見，我希望無性戀的讀者們不要誤以為我沒有把無性戀看在眼裡。寫書最令人沮喪的其中一個問題就是一本書不可能涵蓋所有主題，我選擇在本書中著重性行為的歷史，而非不從事性行為的人們和他們的生活經歷。幸運的是，安吉拉・張（Angela Chen）的 *Ace : What Asexuality Reveals About Desire, Society, and the Meaning of Sex* 巧妙地涵括了我缺少的基礎知識。對於部分讀者來說，「性作為一個複雜的生物學連續體」的概

念可能較為陌生，生物學家法斯托・絲達琳（Anne Fausto-Sterling）在 2000 年的 Sexing the Body : Gender Poli- tics and the Construction of Sexuality back 一書將這個概念呈現為可以幫助科學研究的工具，書中詳細討論了一種悲慘且常見的習俗：對嬰兒進行生殖器殘割以「糾正」雙性人症狀。卡特里娜・卡卡齊斯（Katrina Karkazis）的 Fixing Sex : Intersex, Medical Authority, and Lived Experience（2009）是關於這些主題的另一本好書。莫伊拉・韋格爾（Moira Weigel）的 Labor of Love（2016）對交往約會的慣例提出了有趣的看法。Virgin : The Untouched History（2007）則是漢妮・布拉克的另一本精彩著作。

我引用了哈莉・李伯曼（Hallie Lieberman）的學術著作來打破大眾對自慰按摩棒歷史的誤解。想要尋求更多有關自慰的資訊，李伯曼所寫的 Buzz : The Stimulating History of the Sex Toy（2017）是非常有用的。凱特・利斯特（Kate Lister）的 A Curious History of Sex（2020）出版時，我的書還在難產中，但兩本書共享了很多相同的 DNA。對於想要了解更多性知識的人來說，利斯特的部落格 Whores of Yore 和她的推特帳號都是相當棒的資源。

想要深入（真的很深入地）研究「製作嬰兒」主題的讀者，請一定要看 Reproduction : Antiquity to the Present Day（2018），由尼克・霍普伍德（Nick Hopwood）、雷貝嘉・費林明（Rebecca Flemming）和勞倫・卡塞爾（Lauren Kassell）共同編輯，這本書就像我這本書的學術界邪惡雙胞胎（也有可能是我這本更壞更淘氣呢），充滿了豐富的歷史見解，我有次讀到差點拿它砸破了玻璃咖啡桌。這裡我也想向瑪麗・

羅區（Mary Roach）所寫的《一起搞吧！科學與性的奇異交配》(Bonk: The Curious Coupling of Science and Sex，2008）表達敬意，雖然這本書和《性為什麼存在》沒有直接關係，但是它深深影響了我整個職涯的發展軌跡。

想要了解更多性無能歷史和相關治療方法的人，應該查看安格斯・麥克拉倫（Angus McLaren）所著的 Impotence: A Cultural History（1992）。我也必須感謝彭妮・連恩（Penny Lane）所製作的歡樂紀錄片〈沉默的羃羊 Nuts!〉（2016），該紀錄片讓我開始研究約翰・R・布林克利醫生（John Romulus Brinkley），他是位傑出的山羊睪丸推銷員。

莉・考沃特（Leigh Cowart）的 Hurts So Good: The Science and Culture of Pain on Purpose（2021）雖然因為出版時間較晚，沒能影響到本書的內容，但我衷心推薦。哪怕是對於受虐狂（masochism）只有一點點興趣，無論是作為一種性癖，還是一種抽象概念，這都是一本徹頭徹尾的必讀之書。傑西・白令（Jesse Bering）所著的 Perv: The Sexual Deviant in All of Us（2013）也是一本關於性癖主題的好書。

參考文獻

引言：所有奇怪都是正常的，所有正常都是奇怪的

1. Paul R. Ehrlich, David S. Dobkin, and Darryl Wheye, "Copulation," Stanford University, accessed October 10, 2021, https://web.stanford.edu/group/stanfordbirds/text/essays/Copulation.html.
2. Carl Zimmer, "The Sex Life of Birds, and Why It's Important," New York Times, June 6, 2013, www.nytimes.com/2013/06/06/science/the-sex-life-of-birds-and-why-its-important.html.
3. Jason G. Goldman, "Duck Penises Grow Bigger Among Rivals," National Geographic, May 3, 2021, www.nationalgeographic.com/animals/article/duck-penis-size-social-group-study.
4. Pierre Mineau, Frank McKinney, and Scott R. Derrickson, "Forced Copulation in Waterfowl," Behaviour 86, nos. 3–4 (1983): 250–293, https://doi.org/10.1163/156853983x00390; Carl Zimmer, "In Ducks, War of the Sexes Plays Out in the Evolution of Genitalia," New York Times, May 1, 2007, www.nytimes.com/2007/05/01/science/01duck.html.
5. Matt Kaplan, "The Sex Wars of Ducks," Nature, 2009, https://doi.org/10.1038/news.2009.1159.
6. Patricia L. R. Brennan et al., "Coevolution of Male and Female Genital Morphology in Waterfowl," PLoS ONE 2, no. 5 (2007), https://doi.org/10.1371/journal.pone.0000418.

1. 性到底是什麼？

1. S. Otto, "Sexual Reproduction and the Evolution of Sex," Nature Education 1, no. 1 (2008): 182.
2. M. A. O'Malley et al., "Concepts of the Last Eukaryotic Common Ancestor," Nature Ecology & Evolution 3 (2019): 338–344, https://doi.org/10.1038/s41559-019-0796-3.
3. Michelle Starr, "Your Body Makes 3.8 Million Cells Every Second. Most of Them Are Blood," ScienceAlert, January 23, 2021, www.sciencealert.com/your-body-makes-4-million-cells-a-second-and-most-of-them-are-blood.

4. Christie Wilcox, "Researchers Rethink the Ancestry of Complex Cells,"Quanta, April 9, 2019, www.quantamagazine.org/rethinking-the-ancestry-of-the-eukaryotes-20190409.
5. Nicholas J. Butterfield, "Bangiomorpha Pubescensn. Gen., n. Sp.: Implicationsfor the Evolution of Sex, Multicellularity, and the Mesoproterozoic/ Neoproterozoic Radiation of Eukaryotes," Paleobiology 26, no. 3 (2000):386–404, https://doi.org/10.1666/0094-8373(2000)026<0386:bpngns>2.0.co;2.
6. "Origins of Sex Discovered: Side-by-Side Copulation in Distant Ancestors,"ScienceDaily, October 20, 2014, https://www.sciencedaily.com/releases/2014/10/141020103840.htm.
7. "Flinders Scientist Discovers Origins of Sex," Flindersblogs, October19, 2014, https://news.flinders.edu.au/blog/2014/10/20/flinders-scientist-discovers-origins-of-sex.
8. A. S. Kondrashov, "Classification of Hypotheses on the Advantage of Amphimixis," Journal of Heredity 84, no. 5 (1993): 372–387, https://pubmed.ncbi.nlm.nih.gov/8409359.
9. Abigail J. Lynch, "Why Is Genetic Diversity Important?," US GeologicalSurvey, April 26, 2016, www.usgs.gov/center-news/why-genetic-diversity-important.
10. Randy C. Ploetz, "Panama Disease: A Classic and Destructive Disease of Banana," Plant Health Progress 1, no. 1 (December 4, 2000): 10, https://doi.org/10.1094/php-2000-1204-01-hm.
11. "Research Affirms Sexual Reproduction Avoids Harmful Mutations,"Phys.org, January 12, 2015, https://phys.org/news/2015-01-affirms-sexualreproduction-mutations.html.
12. Nina Gerber et al., "Daphnia Invest in Sexual Reproduction When Its Relative Costs Are Reduced," Proceedings of the Royal Society B: Biological Sciences 285, no. 1871 (2018): 20172176, https://doi.org/10.1098/rspb.2017.2176.
13. Alan W. Gemmill, Mark E. Viney, and Andrew F. Read, "Host Immune Status Determines Sexuality in a Parasitic Nematode," Evolution 51, no.2 (1997): 393, https://doi.org/10.2307/2411111.
14. Rachel Feltman, "A Female Shark Had a Bunch of Babies Without Male Contact," Popular Science, January 18, 2018, www.popsci.com/parthenogenesis-shark-reproduction-without-males.
15. Rachel Feltman, "Scientists Examine Why Men Even Exist," Washington

Post, May 18, 2015, www.washingtonpost.com/news/speaking-of-science/wp/2015/05/18/scientists-examine-why-men-even-exist.

2. 異性戀本位主義有多正常？

1. M. Scott Taylor, "Buffalo Hunt: International Trade and the Virtual Extinction of the North American Bison," National Bureau of Economic Research, March 2007, https://doi.org/10.3386/w12969.
2. H. Vervaecke and C. Roden, "Going with the Herd: Same-Sex Interaction and Competition in American Bison," in Homosexual Behaviour in Animals: An Evolutionary Perspective, ed. V. Sommer. and P. Vasey, 131–153(Cambridge: Cambridge University Press, 2006), www.researchgate.net/publication/272832692_Vervaecke_H_Roden_C_2006_Going_with_the_herd_same-sex_interaction_and_competition_in_American_bison_In_Homosexual_Behaviour_in_Animals_An_Evolutionary_Perspective_Ed_V_Sommer_P_Vasey_Cambridge_Univers.
3. Jana Bommersbach, "Homos on the Range," True West Magazine, November 1, 2005, https://truewestmagazine.com/old-west-homosexuality-homos-on-the-range.
4. Trudy Ring, "Merriam-Webster Updates Definition of 'Bisexual,'"Advocate, September 24, 2020, www.advocate.com/media/2020/9/23/merriam-webster-updates-definition-bisexual.
5. Grace Wade, "Why Do Some Animals Engage in Same-Sex Sexual Behavior?,"Popular Science, December 2, 2019, www.popsci.com/story/animals/same-sex-sexual-behavior-evolution.
6. Jeremy Yoder, "The Intelligent Homosexual's Guide to Natural Selection and Evolution, with a Key to Many Complicating Factors," Scientific American, June 21, 2011, https://blogs.scientificamerican.com/guest-blog/the-intelligent-homosexuals-guide-to-natural-selection-and-evolution-with-a-key-to-many-complicating-factors.
7. Mwenza Blell, "Grandmother Hypothesis, Grandmother Effect, and Residence Patterns," International Encyclopedia of Anthropology, 2017, 1–5,https://doi.org/10.1002/9781118924396.wbiea2162.
8. Paul L. Vasey and Doug P. VanderLaan, "An Adaptive Cognitive Dissociation Between Willingness to Help Kin and Nonkin inSamoan

9. Fa'afafine," Psychological Science 21, no. 2 (2010): 292–297, https://doi.org/10.1177/0956797609359623.
9. Andrew B. Barron and Brian Hare, "Prosociality and a Sociosexual Hypothesis for the Evolution of Same-Sex Attraction in Humans," Frontiers in Psychology 10 (2020), https://doi.org/10.3389/fpsyg.2019.02955.
10. Robin McKie, "'Sexual Depravity' of Penguins That Antarctic Scientist Dared Not Reveal," Guardian, June 9, 2012, www.theguardian.com/world/2012/jun/09/sex-depravity-penguins-scott-antarctic.
11. Dr. George Murray Levick, "Unpublished Notes on the Sexual Habits of the Adelie Penguin," Research Gate, October 2012,www.researcgate.net/publication/259425517_Dr_George_Murray_Levick_1876-1956_Unpublished_notes_on_the_sexual_habits_of_the_Adelie_penguin.
12. Dinitia Smith, "Love That Dare Not Squeak Its Name," New York Times, February 7, 2004, www.nytimes.com/2004/02/07/arts/love-that-dare-not-squeak-its-name.html.
13. "Cockchafer," Wikipedia, https://en.wikipedia.org/wiki/Cockchafer.
14. Marco Riccucci, "Same-Sex Sexual Behaviour in Bats," Hystrix, the Italian Journal of Mammalogy, 2011, https://doi.org/10.4404/Hystrix-22.1-4478.
15. V. Wai-Ping and M. B. Fenton, "Nonselective Mating in Little Brown Bats (Myotis lucifugus)," Journal of Mammalogy 69, no. 3 (1988): 641–645,https://doi.org/10.2307/1381364.
16. L. W. Braithwaite, "Ecological Studies of the Black Swan III. Behaviour and Social Organisation," Wildlife Research 8 (1981): 135–146, https://doi.org/10.1071/WR9810135.
17. Yvette Tan, "New Zealand Goose: How One Blind Bisexual Bird Became an Icon," BBC News, February 17, 2018, www.bbc.com/news/world-asia-43054363.
18. David M. Halperin, "Is There a History of Sexuality?," History and Theory 28, no. 3 (1989): 257, https://doi.org/10.2307/2505179.
19. Leila J. Rupp, "Toward a Global History of Same-Sex Sexuality," Journal of the History of Sexuality 10, no. 2 (April 2001): 287–302, www.jstor.org/stable/3704817.
20. Catherine S. Donnay, "Pederasty in Ancient Greece: A View of a Now Forbidden Institution," EWU Masters Thesis Collection 506, EWU Digital Commons, 2018, https://dc.ewu.edu/theses/506.

21. "Symposium by Plato," Internet Classics Archive, accessed October 10, 2021, http://classics.mit.edu/Plato/symposium.html.
22. Sarah Prager, "In Han Dynasty China, Bisexuality Was the Norm," JSTOR Daily, June 10, 2020, https://daily.jstor.org/in-han-dynasty-china-bisexuality-was-the-norm.
23. Steven Dryden, "A Short History of LGBT Rights in the UK," British Library, www.bl.uk/lgbtq-histories/articles/a-short-history-of-lgbt-rights-in-the-uk.
24. Anne Lister, www.annelister.co.uk; "Anne Lister and Shibden Hall," Historic England, https://historicengland.org.uk/research/inclusive-heritage/lgbtq-heritage-project/love-and-intimacy/anne-lister-and-shibden-hall; "Same-Sex Marriages," Historic England, https://historicengland.org.uk/research/inclusive-heritage/lgbtq-heritage-project/love-and-intimacy/same-sex-marriages.
25. Sean Coughlan, "The 200-Year-Old Diary That's Rewriting Gay History," BBC News, February 10, 2020, www.bbc.com/news/education-51385884.
26. "Boston Marriages," National Park Service, www.nps.gov/articles/000/boston-marriages.htm.
27. Kasey Edwards, "A Boston Marriage: When You're More Than Friends but Less Than Lovers," Sydney Morning Herald, February 25, 2020, www.smh.com.au/lifestyle/life-and-relationships/a-boston-marriage-when-youre-more-than-friends-but-less-than-lovers-20200224-p543ri.html.
28. Alex Ross, "Berlin Story," New Yorker, January 19, 2015, www.newyorker.com/magazine/2015/01/26/berlin-story.
29. "The First Institute for Sexual Science (1919–1933)," Magnus-Hirschfeld-Gesellschaft e.V., https://magnus-hirschfeld.de/ausstellungen/institute.
30. John Broich, "How the Nazis Destroyed the First Gay Rights Movement," The Conversation, July 5, 2017, https://theconversation.com/how-the-nazis-destroyed-the-first-gay-rights-movement-80354.
31. Samantha Schmidt, "1 in 6 Gen Z Adults Are LGBT. And This Number Could Continue to Grow," Washington Post, February 24, 2021, www.washingtonpost.com/dc-md-va/2021/02/24/gen-z-lgbt.
32. Samantha Allen, "Millennials Are the Gayest Generation," Daily Beast, updated April 14, 2017, www.thedailybeast.com/millennials-are-the-gayest-generation.

3. 到底有多少種性別？

1. Logan D. Dodd et al., "Active Feminization of the Preoptic Area Occurs Independently of the Gonads in Amphiprion Ocellaris," Hormones and Behavior 112 (2019): 65–76, https://doi.org/10.1016/j.yhbeh.2019.04.002.
2. Rachel Feltman, "What Has Hundreds of Sexes and Excels at Math? This Is Slime Molds 101," Popular Science, October 17, 2019, www.popsci.com/the-blob-slime-mold.
3. Erika Kothe, "Mating Types and Pheromone Recognition in the Homobasidiomycete Schizophyllum Commune," Fungal Genetics and Biology 27, nos. 2–3 (1999): 146–152, https://doi.org/10.1006/fgbi.1999.1129.
4. Jacqueline Jacob and F. Ben Mather, "Sex Reversal in Chickens," University of Florida Extension, accessed October 10, 2021, https://ufdcimages.uflib.ufl.edu/IR/00/00/30/37/00001/PS05000.pdf.
5. "Episode 018: Spontaneous Sex Reversal in Chickens—My Hen Just Became a Rooster!," Urban Chicken Podcast, www.urbanchickenpodcast.com/ucp-episode-018.
6. "Hyena," Medieval Bestiary, http://bestiary.ca/beasts/beast153.htm.
7. Stephen Jay Gould, "Hyena Myths and Realities," University of British Columbia, Department of Zoology, www.zoology.ubc.ca/~bio336/Bio336/Readings/GouldHyena1981.pdf.
8. Holger Funk, "R. J. Gordon's Discovery of the Spotted Hyena's Extraordinary Genitalia in 1777," Journal of the History of Biology 45, no. 2 (summer 2012): 301–328, www.jstor.org/stable/41488454?seq=1.
9. Marion L. East, Heribert Hofer, and Wolfgang Wickler, "The Erect'Penis' Is a Flag of Submission in a Female-Dominated Society: Greetings in Serengeti Spotted Hyenas," Behavioral Ecology and Sociobiology 33, no. 6(1993), https://doi.org/10.1007/bf00170251.
10. Carrie Arnold, "The Sparrow with Four Sexes," Nature 539 (2016): 482–484, www.nature.com/articles/539482a.
11. M. Elaina et al., "Divergence and Functional Degradation of a Sex Chromosome–Like Supergene," Current Biology 26, no. 3 (2016): 344–350, https://doi.org/10.1016/j.cub.2015.11.069.

12. N. Uma Maheswari et al., "'Early Baby Teeth': Folklore and Facts,"Journal of Pharmacy and Bioallied Sciences 4, no. 6 (2012): 329, https://doi.org/10.4103/0975-7406.100289.
13. Melanie Blackless et al., "How Sexually Dimorphic Are We? Review and Synthesis," American Journal of Human Biology 12, no. 2 (2000): 151–166,https://doi.org/10.1002/(sici)1520-6300(200003/04)12:2<151:aid-ajhb1>3.0.co;2-f.
14. Mary Garcia-Acero et al., "Disorders of Sexual Development: Current Status and Progress in the Diagnostic Approach," Current Urology 13, no. 4(2020): 169–178, https://doi.org/10.1159/000499274.
15. Minghao Liu, Swetha Murthi, and Leonid Poretsky, "Polycystic Ovary Syndrome and Gender Identity," Yale Journal of Biology and Medicine 93, no. 4(2020): 529–537, www.ncbi.nlm.nih.gov/pmc/articles/PMC7513432.
16. Chandra S. Pundir et al., "The Prevalence of Polycystic Ovary Syndrome:A Brief Systematic Review," Journal of Human Reproductive Sciences 13,no. 4 (2020): 261, https://doi.org/10.4103/jhrs.jhrs_95_18.
17. Judson J. Van Wyk and Ali S. Calikoglu, "Should Boys with Micropenis Be Reared as Girls?," Journal of Pediatrics 134, no. 5 (1999): 537–538, https://doi.org/10.1016/S0022-3476(99)70236-2.
18. Karen Lin-Su and Maria I. New, "Ambiguous Genitalia in the Newborn," Avery's Diseases of the Newborn, 2012, 1286–1306, https://doi.org/10.1016/b978-1-4377-0134-0.10092-7.
19. John Colapinto, As Nature Made Him: The Boy Who Was Raised a Girl(New York: HarperCollins Publishers, 2006).
20. John Colapinto, "Why Did David Reimer Commit Suicide?," Slate,June 3, 2004, https://slate.com/technology/2004/06/why-did-david-reimer-commit-suicide.html.
21. John Colapinto, "The True Story of John/Joan," Rolling Stone, December 11, 1992, https://web.archive.org/web/20000815095602/http://www.pfc.org.uk/news/1998/johnjoan.htm.
22. Associated Press, "David Reimer, 38, Subject of the John/Joan Case (Published 2004)," New York Times, May 12, 2004, www.nytimes.com/2004/05/12/us/david-reimer-38-subject-of-the-john-joan-case.html.
23. "'I Want to Be like Nature Made Me,'" Human Rights Watch, December 15, 2020, www.hrw.org/report/2017/07/25/i-want-be-nature-made-me/medically-unnecessary-surgeries-intersex-children-us.

24. Emilienne Malfatto and Jelena Prtoric, "Last of the Burrnesha:Balkan Women Who Pledged Celibacy to Live as Men," Guardian,August 5, 2014, www.theguardian.com/world/2014/aug/05/women-celibacy-oath-men-rights-albania.
25. "The Third Gender and Hijras: Hinduism Case Study, 2018," Harvard Divinity School: Religion and Public Life, https://rpl.hds.harvard.edu/religion-context/case-studies/gender/third-gender-and-hijras.
26. Jon Letman, "'Mahu' Demonstrate Hawaii's Shifting Attitudes Toward LGBT Life," Al Jazeera, January 9, 2016, http://america.aljazeera.com/articles/2016/1/9/mahu-hawaii-gender-LGBT-acceptance.html.
27. Alan Weedon, "Fa'afafine, Fakaleitī, Fakafifine—Understanding the Pacific's Alternative Gender Expressions," ABC News, August 30, 2019,www.abc.net.au/news/2019-08-31/understanding-the-pacifics-alternative-gender-expressions/11438770.
28. "Inqueery: Indigenous Identity and the Significance of the Term'Two-Spirit,'" Them, December 12, 2018, www.them.us/story/inqueery-two-spirit.
29. "Native Identity and Tribal Sovereignty," Funders for LGBTQ Issues,www.lgbtracialequity.org/perspectives/perspective.cfm?id=20.
30. J. P. Bogart et al., "Sex in Unisexual Salamanders: Discovery of a New Sperm Donor with Ancient Affinities," Heredity 103, no. 6 (2009): 483–493,https://doi.org/10.1038/hdy.2009.83.
31. J. P. Bogart, "Unisexual Salamanders in the Genus Ambystoma,"Herpetologica 75, no. 4 (2019): 259, https://doi.org/10.1655/herpetologica-d-19-00043.1.

4. 我們是怎麼「做」的？

1. Justin R. Garcia et al., "Sexual Hook-Up Culture: A Review," Review of General Psychology 16, no 2 (2012): 161–176, www.apa.org/monitor/2013/02/ce-corner.
2. Marten Stol, Women in the Ancient Near East (Berlin: Gruyter, Walter de,& Co., 2016).
3. W. Haak et al., "Ancient DNA, Strontium Isotopes, and Osteological Analyses Shed Light on Social and Kinship Organization of the Later Stone Age," Proceedings of the National Academy of Sciences 105, no. 47 (2008): 18226–18231, https://doi.org/10.1073/pnas.0807592105.
4. M. Dyblc et al., "Sex Equality Can Explain the Unique Social Structure of Hunter-Gatherer Bands," Science 348, no. 6236 (2015): 796–798, https://doi.org/10.1126/science.aaa5139.

5. S. Beckerman and P. Valentine, "Introduction: The Concept of Partible Paternity Among Native South Americans," in Cultures of Multiple Fathers: The Theory and Practice of Partible Paternity in Lowland South America, ed. S. Beckerman and P. Valentine, 1–13 (Gainesville: University Press of Florida, 2002), http://radicalanthropologygroup.org/sites/default/files/pdf/class_text_050.pdf.
6. Robert S. Walker, Mark V. Flinn, and Kim Hill, "Evolutionary History of Partible Paternity in South America," Proceedings of the National Academy of Sciences of the United States of America 107, no. 45 (October 2010): 19195–19200, www.researchgate.net/publication/47544385_Evolutionary_History_of_Partible_Paternity_in_South_America.
7. Alexandra Genova, "Where Women Reign: An Intimate Look Inside a Rare Kingdom," National Geographic, August 14, 2017, www.nationalgeographic.com/photography/article/portraits-of-chinese-Mosuo-matriarchs.
8. For more on polyandry, see Laura A. Benedict, "Polyandry Around the World," Digital Scholarship@UNLV, 2017, https://digitalscholarship.unlv.edu/cgi/viewcontent.cgi?article=1139&context=award.
9. Julian H. Steward, "Shoshoni Polyandry," American Anthropologist 38, no.4 (1936): 561–564, https://doi.org/10.1525/aa.1936.38.4.02a00050.
10. Martin Surbeck et al., "Male Reproductive Skew Is Higher in Bonobos Than Chimpanzees," Current Biology 27, no. 13 (2017), https://doi.org/10.1016/j.cub.2017.05.039.
11. Martin Surbeck et al., "Males with a Mother Living in Their Group Have Higher Paternity Success in Bonobos but Not Chimpanzees," Current Biology 29, no. 10 (2019), https://doi.org/10.1016/j.cub.2019.03.040.
12. Paul Cartledge, "Spartan Wives: Liberation or Licence?," Classical Quarterly, New Series 31, no. 1 (1981): 84–105, https://faculty.uml.edu//ethan_spanier/teaching/documents/cartledgespartanwomen.pdf.
13. M. C. Andrade, "Risky Mate Search and Male Self-Sacrifice in Redback Spiders," Behavioral Ecology 14, no. 4 (2003): 531–538, https://doi.org/10.1093/beheco/arg015.
14. Matthias W. Foellmer and Daphne J. Fairbairn, "Spontaneous Male Death During Copulation in an Orb-Weaving Spider," Proceedings of the Royal Society of London. Series B: Biological Sciences 270, suppl. 2 (2003), https://doi.org/10.1098/rsbl.2003.0042.

15. Jeremy B. Swann et al., "The Immunogenetics of Sexual Parasitism," Science 369, no. 6511 (2020): 1608–1615, www.science.org/lookup/doi/10.1126/science.aaz9445.
16. Katherine J. Wu, "How the Ultimate Live-In Boyfriend Evolved His Way Around Rejection," New York Times, July 30, 2020, www.nytimes.com/2020/07/30/science/anglerfish-immune-rejection.html.
17. William Keener et al., "The Sex Life of Harbor Porpoises (Phocoena phocoena): Lateralized and Aerial Behavior," Aquatic Mammals 44 (2018):620–632, www.researchgate.net/publication/328966249_The_Sex_Life_of_Harbor_Porpoises_Phocoena_phocoena_Lateralized_and_Aerial_Behavior.
18. Laura Marjorie Miller, "The Biomechanics of Sex," UMASS, Summer 2017, www.umass.edu/magazine/summer-2017/biomechanics-sex.
19. Eldon Greij, "Manakins' Wild Courtship Rituals Explained," Bird-Watching, October 4, 2018, www.birdwatchingdaily.com/news/science/manakins-wild-courtship-rituals-explained.
20. "Pheromones in Insects," Smithsonian, www.si.edu/spotlight/buginfo/pheromones.
21. D. Trotier, "Vomeronasal Organ and Human Pheromones," European Annals of Otorhinolaryngology, Head and Neck Diseases 128, no. 4 (2011): 184–190, https://doi.org/10.1016/j.anorl.2010.11.008.
22. Agata Groyecka et al., "Attractiveness Is Multimodal: Beauty Is Also in the Nose and Ear of the Beholder," Frontiers in Psychology 8 (May 2017), www.frontiersin.org/article/10.3389/fpsyg.2017.00778.
23. Bob Yirka, "Evidence That Humans Prefer Genetically Dissimilar Partners Based on Scent," Phys.org, March 20, 2019, https://phys.org/news/2019-03-evidence-humans-genetically-dissimilar-partners.html.
24. Samantha Joel et al., "Machine Learning Uncovers the Most Robust Self-Report Predictors of Relationship Quality Across 43 Longitudinal Couples Studies," Proceedings of the National Academy of Sciences 117, no. 32 (2020):19061–19071, https://doi.org/10.1073/pnas.1917036117.
25. Erin Blakemore, "What's the Secret to Sexiness?," Popular Science, September 15, 2021, www.popsci.com/science/human-attraction-hotness.
26. Natalie Zarrelli, "The Awkward 17th-Century Dating Practice That Saw Teens Get Bundled into Bags," Atlas Obscura, January 26, 2017, www.atlasobscura.com/articles/the-awkward-17thcentury-dating-practice-that-saw-teens-get-bundled-into-bags.
27. "The Victorian Craze That Sparked a Mini–Sexual Revolution," BBC News Magazine, April 6, 2015, www.bbc.com/news/magazine-31831110.

28. Holly Furneaux, "Victorian Sexualities," British Library, May 15, 2014, www.bl.uk/romantics-and-victorians/articles/victorian-sexualities.
29. "Cherry Picking: A History of Testing Virginity," Whores of Yore, August 21, 2017, www.thewhoresofyore.com/katersquos-journal/cherry-picking-a-history-of-testing-virginity.
30. Moira Weigel, Labor of Love: The Invention of Dating (New York: Farrar, Straus and Giroux, 2017).
31. Linton Weeks, "When 'Petting Parties' Scandalized the Nation," NPR, May 26, 2015, www.npr.org/sections/npr-history-dept/2015/05/26/409126557/when-petting-parties-scandalized-the-nation.
32. "Infographic: A History of Love and Technology," POV, http://archive.pov.org/xoxosms/infographic-technology-dating.
33. "'Bohemian, Broad-Minded, Unconventional.' What Was It like to Be Queer in the 1920s?," National Archives, November 15, 2019, https://blog.nationalarchives.gov.uk/bohemian-broad-minded-unconventional-what-was-it-like-to-be-queer-in-the-1920s.
34. Christine Foster, "Punch-Card Love," Stanford Magazine, March 2007, https://stanfordmag.org/contents/punch-card-love; Alicia M. Chen, "Operation Match," Harvard Crimson, February 16, 2018, www.thecrimson.com/article/2018/2/16/operation-match.
35. Michael Rosenfeld, Reuben J. Thomas, and Sonia Hausen, "Disintermediating Your Friends: How Online Dating in the United States Displaces Other Ways of Meeting," Proceedings of the National Academy of Sciences of the United States of America 116, no. 36 (July 15, 2019), https://doi.org/10.1073/pnas.1908630116.
36. Eli J. Finkel et al., "Online Dating," Psychological Science in the Public Interest 13, no. 1 (2012): 3–66, https://doi.org/10.1177/1529100612436522.
37. Maddie Holden, "Gen Z Are 'Puriteens,' but Not for the Reasons You Think," GQ, July 30, 2021, www.gq.com/story/gen-z-puriteens.

5. 自慰是怎麼一回事？

1. Sarah Laskow, "Everything You've Heard About Chastity Belts Is a Lie," Atlas Obscura, July 12, 2017, www.atlasobscura.com/articles/everything-youve-heard-about-chastity-belts-is-a-lie.

2. "Genesis," Bonobo Sexuality and Behavior, Reed College, www.reed.edu/biology/courses/BIO342/2011_syllabus/2011_websites/subramanian_jaime/genesis.html.
3. Ben G. Blount, "Issues in Bonobo (Pan Paniscus) Sexual Behavior," American Anthropologist 92, no. 3 (1990): 702–714, https://doi.org/10.1525/aa.1990.92.3.02a00100.
4. Randall L. Susman, The Pygmy Chimpanzee: Evolutionary Biology and Behavior (New York: Plenum Press, 1984).
5. "Pre-copulatory Ejaculation Solves Time Constraints During Copulations in Marine Iguanas," Proceedings of the Royal Society of London. Series B: Biological Sciences 263, no. 1369 (1996): 439–444, https://doi.org/10.1098/rspb.1996.0066.
6. N. Gunst, P. L. Vasey, and J. B. Leca, "Deer Mates: A Quantitative Study of Heterospecific Sexual Behaviors Performed by Japanese Macaques Toward Sika Deer," Archives of Sexual Behavior 47 (2018): 847–856, https://link.springer.com/article/10.1007/s10508-017-1129-8.
7. Christian Tighe, "Masturbation Has Evolved for the Better," Vice, July 17, 2017, www.vice.com/en/article/evdm8m/masturbation-has-evolved-for-the-better.
8. Yao-Hua Law, "Masturbating Macaques Give Scientists a Hand with Semen Collection," Earth Touch News Network, May 26, 2014, www.earthtouchnews.com/natural-world/animal-behaviour/masturbating-macaques-give-scientists-a-hand-with-semen-collection.
9. Vern L. Bullough, "Masturbation," Journal of Psychology & Human Sexuality 14, nos. 2–3 (2003): 17–33, www.tandfonline.com/doi/abs/10.1300/J056v14n02_03.
10. Bullough, "Masturbation."
11. A. Walthall, "Masturbation and Discourse on Female Sexual Practices in Early Modern Japan," Gender & History 21 (2009): 1–18, https://onlinelibrary.wiley.com/doi/abs/10.1111/j.1468-0424.2009.01532.x.
12. Paige Donaghy, "Lascivious Virgins and Lustful Itches: Women's Masturbation in Early England," Conversation, March 24, 2019, https://theconversation.com/lascivious-virgins-and-lustful-itches-womens-masturbation-in-early-england-101260.
13. "Masculinity, Pornography, and the History of Masturbation," Sexuality & Culture 16 (2012): 306–320, https://link.springer.com/article/10.1007/s12119-011-9125-y; "Onanism, or, a Treatise upon the Disorders Produced by Masturbation: Or, the Dangerous Effects of Secret and Excessive Venery / by M. Tissot; Translated from the Last Paris Edition, by A. Hume," Wellcome Collection, accessed October 10,

2021, https://wellcomecollection.org/works/y7fcmq69/items?canvas=57.

14. J. Mortimer Granville, "Nerve-Vibration and Excitation as Agents in the Treatment of Functional Disorder and Organic Disease [1883]," Hathi-Trust, accessed October 10, 2021, https://babel.hathitrust.org/cgi/pt?id=nnc2.ark%3A%2F13960%2Ft29890j4d&view=1up&seq=61&skin=2021.
15. Hallie Lieberman and Eric Schatzberg, "A Failure of Academic Quality Control: The Technology of Orgasm," Journal of Positive Sexuality 4, no. 2(2018): 24–47, https://doi.org/10.51681/1.421.
16. Ashley Fetters and Robinson Meyer, "Victorian-Era Orgasms and the Crisis of Peer Review," Atlantic, September 7, 2018, www.theatlantic.com/health/archive/2018/09/victorian-vibrators-orgasms-doctors/569446.
17. Hallie Lieberman, "(Almost) Everything You Know About the Invention of the Vibrator Is Wrong," New York Times, January 23, 2020, www.nytimes.com/2020/01/23/opinion/vibrator-invention-myth.html.
18. Adee Braun, "Looking to Quell Sexual Urges? Consider the Graham Cracker," Atlantic, January 15, 2014, www.theatlantic.com/health/archive/2014/01/looking-to-quell-sexual-urges-consider-the-graham-cracker/282769.
19. Kyla Wazana Tompkins, "Sylvester Graham's Imperial Dietetics," Gastronomica 9, no. 1 (2009): 50–60, https://doi.org/10.1525/gfc.2009.9.1.50.
20. Danny Lewis, "American Vegetarianism Has a Religious Past," Smithsonian Magazine, August 20, 2015, www.smithsonianmag.com/smart-news/american-vegetarianism-had-religious-upbringing-180956346.
21. Dan MacGuill, "Were Kellogg's Corn Flakes Created as an 'Anti-masturbatory Morning Meal'?," Snopes.com, accessed October 11, 2021,www.snopes.com/fact-check/kelloggs-corn-flakes-masturbation.
22. Howard Markel, "The Secret Ingredient in Kellogg's Corn Flakes Is Seventh-Day Adventism," Smithsonian Magazine, July 28, 2017, www.smithsonianmag.com/history/secret-ingredient-kelloggs-corn-flakes-seventh-day-adventism-180964247.

6. 為什麼我們如此害怕性傳播感染？

1. Katherine E. Dahlhausen et al., "Characterization of Shifts of Koala(Phascolarctos Cinereus) Intestinal Microbial Communities Associated with Antibiotic Treatment," PeerJ 6 (2018), https://doi.org/10.7717/peerj.4452.

2. Amy Robbins et al., "Longitudinal Study of Wild Koalas (Phascolarctos Cinereus) Reveals Chlamydial Disease Progression in Two Thirds of Infected Animals," Scientific Reports 9, no. 1 (2019), https://doi.org/10.1038/s41598-019-49382-9.
3. Ville Pimenoff et al., "The Role of Adna in Understanding the Coevolutionary Patterns of Human Sexually Transmitted Infections," Genes 9, no. 7(2018): 317, https://doi.org/10.3390/genes9070317.
4. R. Eberle and L. Jones-Engel, "Understanding Primate Herpesviruses,"Journal of Emerging Diseases and Virology 3, no. 1 (2017), https://doi.org/10.16966/2473-1846.127.
5. Simon J. Underdown, Krishna Kumar, and Charlotte Houldcroft, "Network Analysis of the Hominin Origin of Herpes Simplex Virus 2 from Fossil Data," Virus Evolution 3, no. 2 (2017), https://doi.org/10.1093/ve/vex026.
6. Houssein H. Ayoub, Hiam Chemaitelly, and Laith J. Abu-Raddad,"Characterizing the Transitioning Epidemiology of Herpes Simplex Virus Type 1 in the USA: Model-Based Predictions," BMC Medicine 17, no. 1(2019), https://doi.org/10.1186/s12916-019-1285-x.
7. Jason Daley, "Neanderthals May Have Given Us Both Good Genes and Nasty Diseases," Smithsonian Magazine, October 20, 2016, www.smithsonianmag.com/smart-news/new-studies-show-neanderthals-gave-us-some-good-genes-and-nasty-diseases-180960870.
8. Simon Szreter, "Chapter One: (The Wrong Kind of) Gonorrhea in Antiquity,"in The Hidden Affliction: Sexually Transmitted Infections and Infertility in History (Woodbridge, UK: Boydell & Brewer Ltd., 2019), www.ncbi.nlm.nih.gov/books/NBK547155.
9. F. Gruber, J. Lipozenčić, and T. Kehler, "History of Venereal Diseases from Antiquity to the Renaissance," Acta Dermatovenerologica Croatica: ADC 23, no. 1 (2015): 1–11.
10. Kachiu C. Lee, "The Clap Heard Round the World," Archives of Dermatology 148, no. 2 (2012): 223, https://doi.org/10.1001/archdermatol.2011.2716.
11. Kate Lister, "The Bishop's Profitable Sex Workers," Wellcome Collection, June 5, 2018, https://wellcomecollection.org/articles/WxEniCQAACQAvmUE.
12. John Frith, "Syphilis—Its Early History and Treatment Until Penicillin and the Debate on Its Origins," Journal of Military and Veteran Health 20,no. 4, https://

jmvh.org/article/syphilis-its-early-history-and-treatment-until-penicillin-and-the-debate-on-its-origins.

13. Sonny Maley, "Syphilis—What's in a Name?," University of Glasgow Library, September 12, 2014, https://universityofglasgowlibrary.wordpress.com/2014/09/12/syphilis-whats-in-a-name.
14. S. Szreter, "Treatment Rates for the Pox in Early Modern England: A Comparative Estimate of the Prevalence of Syphilis in the City of Chester and Its Rural Vicinity in the 1770s," Continuity and Change 32, no. 2 (2017):183–223, https://doi.org/10.1017/S0268416017000212.
15. Manjunath M. Shenoy, Amina Asfiya, and Malcolm Pinto, "'A Night with Venus, a Lifetime with Mercury': Insight into the Annals of Syphilis,"Archives of Medicine and Health Sciences 6, no. 2 (2018): 290, https://doi.org/10.4103/amhs.amhs_131_18.
16. John Frith, "Syphilis—Its Early History and Treatment Until Penicillin,"JMVH 20, no. 4 (November 2012), https://jmvh.org/article/syphilis-its-early-history-and-treatment-until-penicillin-and-the-debate-on-its-origins.
17. Linda Geddes, "The Fever Paradox," New Scientist (1971) 246, no. 3277(2020): 39–41, www.ncbi.nlm.nih.gov/pmc/articles/PMC7195085.
18. I. M. Daey Ouwens et al., "Malaria Fever Therapy for General Paralysis of the Insane: A Historical Cohort Study," European Neurology 78 (2017):56–62, www.karger.com/Article/FullText/477900#.
19. Matthew Gambino, "Fevered Decisions: Race, Ethics, and Clinical Vulnerability in the Malarial Treatment of Neurosyphilis, 1922–1953,"Hastings Center Report 45, no. 4 (2015): 39–50, https://doi.org/10.1002/hast.451.
20. Predesh Parasseril Jose, Vatsan Vivekanandan, and Kunjumani Sobhanakumari, "Gonorrhea: Historical Outlook," Journal of Skin and Sexually Transmitted Diseases 2, no. 2 (2020): 110–114, https://jsstd.org/gonorrhea-historical-outlook.
21. Thomas Benedek, "History of the Medical Treatment of Gonorrhea,"Antimicrobe, www.antimicrobe.org/h04c.files/history/Gonorrhea.asp.
22. J. L. Milton, On the Pathology and Treatment of Gonorrhoea and Spermatorrhoea(New York: William Wood & Company, 1887).
23. Jay Gladstein, "Hunter's Chancre: Did the Surgeon Give Himself Syphilis?," Clinical Infectious Diseases 41, no. 1 (2005): 128, https://doi.org/10.1086/430834.

24. George Qvist, "John Hunter's Alleged Syphilis," Annals of the Royal College of Surgeons of England 59, no. 3 (May 1977): 205–209.
25. Shane Seger, "Malarial Fever as Neurosyphilis Treatment: A Historical Case Study in Medical Ethics," Yale School of Medicine, April 7, 2015, https://medicine.yale.edu/news-article/malarial-fever-as-neurosyphilis-treatment-a-historical-case-study-in-medical-ethics.
26. Jason Daley, "Why the Skeleton of the 'Irish Giant' Could Be Buried at Sea," Smithsonian Magazine, June 26, 2018, www.smithsonianmag.com/smart-news/why-skeleton-irish-giant-could-be-buried-sea-180969443.
27. "5 Things You Didn't Know About Burke & Hare," University of Edinburgh, January 14, 2021, www.ed.ac.uk/medicine-vet-medicine/postgraduate/postgraduate-blog/things-you-didnt-know-burke-hare.
28. A. W. Bates, "Dr Kahn's Museum: Obscene Anatomy in Victorian London," Journal of the Royal Society of Medicine 99, no. 12 (2006), www.ncbi.nlm.nih.gov/pmc/articles/PMC1676337.
29. Alex Schwartz, "What It Means to Have 'Undetectable' HIV—and Why You Need to Know," Popular Science, December 2, 2019, www.popsci.com/story/health/hiv-drugs-undetectable-status.
30. Laura Accinelli, "Where'd All Those Darn Hot Tubs Go?," Los Angeles Times, August 4, 1996, www.latimes.com/archives/la-xpm-1996-08-04-tm-31049-story.html.
31. Alex Schwartz, "How a Victorian Heart Medicine Became a Gay Sex Drug," Popular Science, June 28, 2019, www.popsci.com/wake-up-smell-the-poppers.
32. Chad C. Smith and Ulrich G. Mueller, "Sexual Transmission of Beneficial Microbes," Trends in Ecology & Evolution 30, no. 8 (June 27, 2015): 438–440, https://doi.org/10.1016/j.tree.2015.05.006.
33. Nancy A. Moran and Helen E. Dunbar, "Sexual Acquisition of Beneficial Symbionts in Aphids," Proceedings of the National Academy of Sciences of the United States of America 103, no. 34 (2006): 12803–12806, www.pnas.org/content/103/34/12803.
34. Claudia Damiani et al., "Paternal Transmission of Symbiotic Bacteria in Malaria Vectors," Current Biology 18, no. 23 (2008): R1087–R1088, https://doi.org/10.1016/j.cub.2008.10.040.
35. Nirjal Bhattarai and Jack T Stapleton, "GB Virus C: The Good Boy Virus?," Trends in Microbiology 20, no. 3 (2012): 124–130, www.ncbi.nlm.nih.gov/pmc/articles/PMC3477489.

36. Ernest T. Chivero et al., "Human Pegivirus (HPgV; Formerly Known as GBV-C) Inhibits IL-12 Dependent Natural Killer Cell Function," Virology 485 (2015): 116–127, https://doi.org/10.1016/j.virol.2015.07.008.

7. 嬰兒是怎麼形成的？

1. Selena Simmons-Duffin, "The Texas Abortion Ban Hinges on 'Fetal Heartbeat.' Doctors Call That Misleading," NPR, September 3, 2021, www.npr.org/sections/health-shots/2021/09/02/1033727679/fetal-heartbeat-isnt-a-medical-term-but-its-still-used-in-laws-on-abortion.
2. "Ovism," Embryo Project Encyclopedia, accessed October 11, 2021, https://embryo.asu.edu/pages/ovism.
3. "Spermism," Embryo Project Encyclopedia, accessed October 11, 2021,https://embryo.asu.edu/pages/spermism.
4. "Aretaiou Kappadokou Ta sozomena = The Extant Works of Aretaeus,the Cappadocian," Internet Archive, https://archive.org/details/aretaioukappadok00aret.
5. "Works by Plato Circa 360 BC," JSTOR, www.jstor.org/stable/10.1525/CA.2011.30.1.1.
6. Jen-Der Lee, "Childbirth in Early Imperial China," Institute of History and Philology, www2.ihp.sinica.edu.tw/file/2202dixRkWT.pdf.
7. "First English Book on Hysteria, 1603," British Library, www.bl.uk/collection-items/first-english-book-on-hysteria-1603.
8. "Conception and Childbirth," Encyclopedia.com, www.encyclopedia.com/history/news-wires-white-papers-and-books/conception-and-childbirth.
9. "Manuscript for the Health of Mother and Child," UCL, www.ucl.ac.uk/museums-static/digitalegypt/med/birthpapyrus.html.
10. Erin Beresini, "The Myth of the Falling Uterus," Outside, March 25,2013, www.outsideonline.com/health/wellness/myth-falling-uterus.
11. Joseph Stromberg, "'Bicycle Face': A 19th-Century Health Problem Made Up to Scare Women Away from Biking," Vox, March 24, 2015, www.vox.com/2014/7/8/5880931/the-19th-century-health-scare-that-told-women-to-worry-about-bicycle.
12. "Uterine Prolapse," Cleveland Clinic, https://my.clevelandclinic.org/health/diseases/16030-uterine-prolapse.

13. "The Life and Works of Hildegard von Bingen (1098–1179)," Kenyon, www2.kenyon.edu/projects/margin/hildegar.htm.
14. Jen Gunter, "7 Fertility Myths That Belong in the Past," New York Times, April 15, 2020, www.nytimes.com/2020/04/15/parenting/fertility/trying-to-conceive-myths.html.
15. Jenny Morder, "What Science Says About Arousal During Rape," Popular Science, May 31, 2013, www.popsci.com/science/article/2013-05/science-arousal-during-rape.
16. "The Curious Case of Mary Toft," University of Glasgow, www.gla.ac.uk/myglasgow/library/files/special/exhibns/month/aug2009.html.
17. Sabrina Imbler, "Why Historians Are Reexamining the Case of the Woman Who Gave Birth to Rabbits," Atlas Obscura, July 3, 2019, www.atlasobscura.com/articles/mary-toft-gave-birth-to-rabbits.
18. "1.5 The Theory of Maternal Impression," OpenLearn, www.open.edu/openlearn/ocw/mod/oucontent/view.php?id=65962&section=1.5.
19. F. Serpeloni et al., "Grandmaternal Stress During Pregnancy and DNA Methylation of the Third Generation: An Epigenome-Wide Association Study," Translational Psychiatry 7 (2017): e1202, https://doi.org/10.1038/tp.2017.153.
20. C. Trompoukis et al., "Semen and the Diagnosis of Infertility in Aristotle," Andrologia 39, no. 1 (February 2007): 33–37, https://doi.org/10.1111/j.1439-0272.2006.00757.x.
21. Rebecca Flemming, "The Invention of Infertility in the Classical Greek World: Medicine, Divinity, and Gender," Bulletin of the History of Medicine 87, no. 4 (2013): 565–590, www.ncbi.nlm.nih.gov/pmc/articles/PMC3904772.
22. J. K. Amory, "George Washington's Infertility: Why Was the Father of Our Country Never a Father?," Fertility and Sterility 81, no. 3 (2004): 495–499, https://pubmed.ncbi.nlm.nih.gov/15037389.
23. Fernando Tadeu Andrade-Rocha, "On the Origins of the Semen Analysis: A Close Relationship with the History of the Reproductive Medicine," Journal of Human Reproductive Sciences 10, no. 4 (2017): 242–255, www.ncbi.nlm.nih.gov/pmc/articles/PMC5799927.
24. J. Barkay and H. Zuckerman, "The Role of Cryobanking in Artificial Insemination," in Human Artificial Insemination and Semen Preservation, ed. Georges Davis and Wendel S. Price (New York: Plenum Press, 1980), https://link.springer.com/chapter/10.1007/978-1-4684-8824-1_26.

8. 我們一直都有使用避孕措施嗎？

1. Craig A. Hill, "The Distinctiveness of Sexual Motives in Relation to Sexual Desire and Desirable Partner Attributes," Journal of Sex Research 34, no. 2 (1997): 139–153, www.jstor.org/stable/3813561.
2. Janaka Bowman Lewis, Freedom Narratives of African American Women: A Study of 19th Century Writings (Jefferson, NC: McFarland & Company, Inc., 2017).
3. Fahd Khan et al., "The Story of the Condom," Indian Journal of Urology 29, no. 1 (2013): 12, https://doi.org/10.4103/0970-1591.109976.
4. "Charles Nelson Goodyear (1800–1860)," Museum of Contraception and Abortion, accessed October 11, 2021, https://muvs.org/en/topics/pioneers/charles-goodyear-1800-1860-en.
5. "Anthony Comstock's 'Chastity' Laws," PBS, accessed October 11, 2021, www.pbs.org/wgbh/americanexperience/features/pill-anthony-comstocks-chastity-laws.
6. Julie Morse, "Why Douching Won't Die," Atlantic, April 21, 2015, www.theatlantic.com/health/archive/2015/04/why-douching-wont-die/390198.
7. Amanda Jenkins, Deborah Money, and Kieran C. O'Doherty, "Is the Vaginal Cleansing Product Industry Causing Harm to Women?," Expert Review of Anti-infective Therapy 19, no. 3 (2020): 267–269, https://doi.org/10.1080/14787210.2020.1822166.
8. "Can Coca-Cola Prevent Pregnancy?," Snopes.com, accessed October 11, 2021, www.snopes.com/fact-check/coca-cola-spermicide.
9. Ken Parejko, "Pliny the Elder's Silphium: First Recorded Species Extinction," Conservation Biology 17, no. 3 (2003): 925–927, https://doi.org/10.1046/j.1523-1739.2003.02067.x.
10. Zaria Gorvett, "The Mystery of the Lost Roman Herb," BBC, September 7, 2017, www.bbc.com/future/article/20170907-the-mystery-of-the-lost-roman-herb.
11. John M. Riddle, Contraception and Abortion from the Ancient World to the Renaissance (Cambridge, MA: Harvard University Press, 1994), www.hup.harvard.edu/catalog.php?isbn=9780674168763; Helen King, "Eve's Herbs: A History of Contraception and Abortion in the West," Medical History 42, no. 3 (1998): 412–414, www.ncbi.nlm.nih.gov/pmc/articles/PMC1044062.
12. E. R. Plunkett and R. L. Noble, "The Effects of Injection of Lithospermum Ruderale on the Endocrine Organs of the Rat," Endocrinology 49, no. 1 (1951): 1–7, https://doi.org/10.1210/endo-49-1-1.

13. "Medicinal Uses of Plants by Indian Tribes of Nevada," US National Library of Medicine, http://resource.nlm.nih.gov/10730550R; Ron D. Stubbs, "An Investigation of the Edible and Medicinal Plants Used by the Flathead Indians" (1966), Graduate Student Theses, Dissertations, and Professional Papers 6674, University of Montana ScholarWorks, https://scholarworks.umt.edu/cgi/viewcontent.cgi?article=7709&context=etd&httpsredir=1&referer=.

14. G. C. Jansen and Hans Wohlmuth, "Carrot Seed for Contraception: A Review," Australian Journal of Herbal Medicine 26 (2014): 10–17, www.research gate.net/publication/289343049_Carrot_seed_for_contraception_A_review.

15. R. Maurya et al., "Traditional Remedies for Fertility Regulation," Current Medicinal Chemistry 11, no. 11 (2004): 1431–1450, https://pubmed.ncbi.nlm.nih.gov/15180576.

16. Philippa Roxby, "Plant Chemicals Hope for 'Alternative Contraceptives,'" BBC, May 16, 2017, www.bbc.com/news/health-39923293.

17. Nadja Mannowetz et al., "Steroids and Triterpenoids Affect Sperm Fertility," Proceedings of the National Academy of Sciences of the United States of America 114, no. 22 (May 2017): 5743–5748, www.pnas.org/content/114/22/5743.full.

18. "Wishbone Stem Pessary (Intracervical Device), Europe, 1880–1940," Science Museum Group, https://collection.sciencemuseumgroup.org.uk/objects/co96426/wishbone-stem-pessary-intracervical-device-europe-1880-1940-intra-uterine-device.

19. "Stem Pessary, Germany, 1925–1935," Wellcome Collection, https://wellcomecollection.org/works/xkv7b3cb.

20. "Contraceptive Use in the United States by Method," Guttmacher Institute, May 2021, www.guttmacher.org/fact-sheet/contraceptive-method-use-united-states.

21. "The Dalkon Shield," Embryo Project Encyclopedia, https://embryo.asu.edu/pages/dalkon-shield.

22. David Hubacher, "The Checkered History and Bright Future of Intrauterine Contraception in the United States," Perspectives on Sexual and Reproductive Health 34, no. 2 (March/April 2002), www.guttmacher.org/journals/psrh/2002/03/checkered-history-and-bright-future-intrauterine-contraception-united-states.

23. Kai Bühling et al., "Worldwide Use of Intrauterine Contraception: A Review," Contraception 89 (2013), www.researchgate.net/publication/259086240_Worldwide_use_of_Intrauterine_Contraception_a_review.

24. "Mirena Lawsuits," Drugwatch, www.drugwatch.com/mirena/lawsuits.
25. Megan K. Donovan, "The Looming Threat to Sex Education: A Resurgence of Federal Funding for Abstinence-Only Programs?," Guttmacher Institute, August 30, 2018, www.guttmacher.org/gpr/2017/03/looming-threat-sex-education-resurgence-federal-funding-abstinence-only-programs.
26. Anthony Paik, Kenneth J. Sanchagrin, and Karen Heimer, "Broken Promises: Abstinence Pledging and Sexual and Reproductive Health," Journal of Marriage and Family 78, no. 2 (2016): 546–561, https://doi.org/10.1111/jomf.12279.
27. Nikita Stewart, "Planned Parenthood in N.Y. Disavows Margaret Sanger over Eugenics," New York Times, July 21, 2020, www.nytimes.com/2020/07/21/nyregion/planned-parenthood-margaret-sanger-eugenics.html.
28. William Brangham, "How a Coney Island Sideshow Advanced Medicine for Premature Babies," PBS, July 21, 2015, www.pbs.org/newshour/health/coney-island-sideshow-advanced-medicine-premature-babies.
29. Amita Kelly, "Fact Check: Was Planned Parenthood Started to 'Control' the Black Population?," NPR, August 14, 2015, www.npr.org/sections/itsallpolitics/2015/08/14/432080520/fact-check-was-planned-parenthood-started-to-control-the-black-population.
30. Andrea DenHoed et al., "The Forgotten Lessons of the American Eugenics Movement," New Yorker, April 27, 2016, www.newyorker.com/books/page-turner/the-forgotten-lessons-of-the-american-eugenics-movement.
31. Pamela Verma Liao and Janet Dollin, "Half a Century of the Oral Contraceptive Pill: Historical Review and View to the Future," Canadian Family Physician 58, no. 12 (2012): e757–e760.
32. G. van N. Viljoen, "Plato and Aristotle on the Exposure of Infants at Athens," Acta Classica 2 (1959): 58–69, www.jstor.org/stable/24591098.
33. "Fact Check: Most Americans Do Not Oppose Abortion," Reuters, November 2, 2020, www.reuters.com/article/uk-factcheck-most-americans-not-anti-abo/fact-check-most-americans-do-not-oppose-abortion-idUSKBN27I2C0; "Food Security Status of U.S. Households with Children in 2020," Economic Research Service, US Department of Agriculture, www.ers.usda.gov/topics/food-nutrition-assistance/food-security-in-the-us/key-statistics-graphics.aspx#children.
34. Joan Alker and Alexandra Corcoran, "Children's Uninsured Rate Rises by Largest Annual Jump in More Than a Decade," Center for Children and Families, Georgetown University Health Policy Institute, October 8, 2020,

https://ccf.georgetown.edu/2020/10/08/childrens-uninsured-rate-rises-by-largest-annual-jump-in-more-than-a-decade-2.

35. P. Wilson-Kastner and B. Blair, "Biblical Views on Abortion: An Episcopal Perspective," Conscience 6, no. 6 (1985): 4–8, https://pubmed.ncbi.nlm.nih.gov/12178933.

36. Rachel Mikva, "There Is More Than One Religious View on Abortion—Here's What Jewish Texts Say," Conversation, updated September 7,2021, https://theconversation.com/there-is-more-than-one-religious-viewon-abortion-heres-what-jewish-texts-say-116941.

37. Malcolm Potts, Maura Graff, and Judy Taing, "Thousand-Year-Old Depictions of Massage Abortion," Bixby Center, 2007, http://bixby.berkeley.edu/wp-content/uploads/2015/03/Thousand-year-old-depictions-of-massage-abortion.pdf.

38. Andrea Zlotucha Kozub, "To Married Ladies It Is Peculiarly Suited': Nineteenth-Century Abortion in an Archaeological Context,"Historical Archaeology 52, no. 2 (April 2018), www.researchgate.net/publication/324514590_To_Married_Ladies_It_Is_Peculiarly_Suited_Nineteenth-Century_Abortion_in_an_Archaeological_Context.

39. "Selling Sex," Capitalism by Gaslight: The Shadow Economies of 19th-Century America, https://librarycompany.org/shadoweconomy/section4_13.htm.

40. Ryan Johnson, "A Movement for Change: Horatio Robinson Storer and Physicians' Crusade Against Abortion," James Madison Undergraduate Research Journal 4, no. 1 (2017): 13–23, http://commons.lib.jmu.edu/jmurj/vol4/iss1/2.

41. Kristina Killgrove, "Aborted Fetus and Pill Bottle in 19th Century New York Outhouse Reveal History of Family Planning," Forbes, April 28, 2018,www.forbes.com/sites/kristinakillgrove/2018/04/20/aborted-fetus-and-pill-bottle-in-19th-century-new-york-outhouse-reveal-history-of-family-planning/?sh=6315ba5575a1.

42. "A Study of Abortion in Primitive Societies: A Typological, Distributional,and Dynamic Analysis of the Prevention of Birth in 400 Preindustrial Societies by Devereux, George, 1908–1985," Internet Archive, https://archive.org/details/studyofabortioni00deve/page/n15/mode/2up.

9. 為什麼身體總是不配合色色的慾望？

1. Caroline Moreau, Anna E Kågesten, and Robert Wm Blum, "Sexual Dysfunction Among Youth: An Overlooked Sexual Health Concern," BMC Public Health 16, no. 1 (2016), https://doi.org/10.1186/s12889-016-3835-x.

2. Mats Holmberg, Stefan Arver, and Cecilia Dhejne, "Supporting Sexuality and Improving Sexual Function in Transgender Persons," Nature Reviews Urology 16, no. 2 (2018): 121–139, https://doi.org/10.1038/s41585-018-0108-8.
3. J. Shah, "Erectile Dysfunction Through the Ages," BJU International 90(2002): 433–441, https://doi.org/10.1046/j.1464-410X.2002.02911.x.
4. A. A. Shokeir and M. I. Hussein, "Sexual Life in Pharaonic Egypt: Towards a Urological View," International Journal of Impotence Research 16, no. 5(2004): 385–388, https://doi.org/10.1038/sj.ijir.3901195.
5. Candida Moss, "From Foods That Make You Fart to Bull Urine Ointment,How the Ancients Dealt with Man's Struggle to Get It Up," Daily Beast, July 14, 2019, www.thedailybeast.com/impotency-how-the-ancient-world-dealt-with-mans-struggle-to-get-it-up.
6. Aslam Farouk-Alli and Mohamed Shaid Mathee, "The Tombouctou Manuscript Project: Social History Approaches," in The Meanings of Timbuktu, ed. Shamil Jeppie and Souleymane Bachir Diagne (Cape Town:HSRC Press in association with CODESRIA, 2008), https://codesria.org/IMG/pdf/The_Meanings_of_Timbuktu_-_Chapter_12_-_The_Tombouctou_Manuscript_Project__social_history_approaches.pdf.
7. Jacqueline Murray, "On the Origins and Role of 'Wise Women' in Causes for Annulment on the Grounds of Male Impotence," Journal of Medieval History 16, no 3 (1990): 235–249, www.sciencedirect.com/science/article/abs/pii/030441819090004K.
8. "Between a Rock and a Hard Place: Impotence Tests in the Middle Ages,"Whores of Yore, July 25, 2017, www.thewhoresofyore.com/katersquos-journal/between-a-rock-and-a-hard-place-impotence-tests-in-the-middle-ages.
9. "St. Albertus Magnus," Encyclopaedia Britannica, accessed October 11,2021, www.britannica.com/biography/Saint-Albertus-Magnus.
10. "John R. Brinkley," Kansas Historical Society, April 2014, www.kshsorg/kansapedia/john-r-brinkley/11988.
11. Matthew Wills, "This Doc Was Really Nuts," JSTOR Daily, July 28,2016, https://daily.jstor.org/this-doc-was-really-nuts.
12. Eric Grundhauser, "The True Story of Dr. Voronoff's Plan to Use Monkey Testicles to Make Us Immortal," Atlas Obscura, February 29, 2016,www.atlasobscura.com/articles/the-true-story-of-dr-voronoffs-plan-to-use-monkey-testicles-to-make-us-immortal.
13. M. A. Buchholz and M. Cervera, "Radium Historical Items Catalog:Final Report," US Nuclear Regulatory Commission, August 2008, www.nrc.gov/docs/ML1008/ML100840118.pdf.

14. Jacob Kan et al., "Biographical Sketch: Giles Brindley, FRS," British Journal of Neurosurgery 28, no. 6 (2017): 704–706, www.tandfonline.com/doi/full/10.3109/02688697.2014.925085.

15. Laurence Klotz, "How (Not) to Communicate New Scientific Information:A Memoir of the Famous Brindley Lecture," BJU International,October 13, 2005, https://bjui-journals.onlinelibrary.wiley.com/doi/abs/10.1111/j.1464-410X.2005.05797.x.

16. G. S. Brindley, "The Fertility of Men with Spinal Injuries," Spinal Cord 22 (1984): 337–349, www.nature.com/articles/sc198456.

17. Ian Osterloh, "How I Discovered Viagra: Drug for Heart Disease Revealed an Unrelated Side Effect," Cosmos, April 27, 2015, https://cosmosmagazine.com/biology/how-i-discovered-viagra.

18. Alex Schwartz, "How a Victorian Heart Medicine Became a Gay Sex Drug," Popular Science, June 28, 2019, www.popsci.com/wake-up-smell-the-poppers.

19. Deborah Netburn, "Viagra for Women? Blue Pills May Help Alleviate Menstrual Cramps," Los Angeles Times, December 9, 2013, www.latimes.com/science/sciencenow/la-sci-sn-viagra-for-women-menstrual-cramps-20131209-story.html.

20. Christopher Ingraham, "The Military Spends Five Times As Much on Viagra as It Would on Transgender Troops' Medical Care," Washington Post, July 26, 2017, www.washingtonpost.com/news/wonk/wp/2017/07/26/the-military-spends-five-times-as-much-on-viagra-as-it-would-on-transgender-troops-medical-care.

21. "Addyi Is Not a 'Female Viagra,' but It Can Open an Important Discussion," Harvard Health Publishing, October 21, 2015, www.health.harvard.edu/womens-health/addyi-is-not-a-female-viagra-but-it-can-open-an-important-discussion.

22. Angela Chen, "'Female Viagra' Is Back and Easily Available Online—Which Means It Could Be More Harmful Than Ever,"The Verge, June 13, 2018, www.theverge.com/2018/6/13/17458608/female-viagra-addyi-flibanserin-sex-fda-health.

23. Nicole Blackwood, "FDA Approves Vyleesi, a New 'Female Viagra.' What Issues Can It Actually Solve?," Chicago Tribune, June 24, 2019, www .chicagotribune.com/lifestyles/health/ct-life-female-viagra-fda-tt-20190624-20190624-76yhvyznpjbhtoydiygalx32g4-story.html.

10. 到底什麼是「色情作品」？

1. "The Earliest Pornography?," Science, May 13, 2009, www.sciencemagorg/news/2009/05/earliest-pornography.

2. A. Verit, "Recent Discovery of Phallic Depictions in Prehistoric Cave Art in Asia Minor," European Urology Supplements 16, no. 3 (2017), https://doi.org/10.1016/s1569-9056(17)30572-9.
3. Ogden Goelet, "Nudity in Ancient Egypt," Source: Notes in the History of Art 12, no. 2 (1993): 20–31, https://doi.org/10.1086/sou.12.2.23202932.
4. Gay Robins, Women in Ancient Egypt (Cambridge, MA: Harvard University Press, 1993), https://archive.org/details/womeninancienteg00robi.
5. Ann Babe, "Object of Intrigue: Moche Sex Pots," Atlas Obscura, March 8, 2016, www.atlasobscura.com/articles/object-of-intrigue-moche-sex-pots.
6. Mary Weismantel, "Moche Sex Pots: Reproduction and Temporality in Ancient South America," American Anthropologist 106, no. 3 (2004): 495–505,www.faculty.fairfield.edu/dcrawford/weismantel.pdf.
7. Isaac Stone Fish, "Does Japan's Conservative Shinto Religion Support Gay Marriage?," Foreign Policy, June 29, 2015, https://foreignpolicy.com/2015/06/29/what-does-japan-shinto-think-of-gay-marriage; Brian Ashcraft,"Vagina Artist Arrested in Japan," Kotaku, July 14, 2014, https://kotaku.com/vagina-artist-arrested-in-japan-1604550217.
8. David Mikkelson, "The Love Machine," Snopes.com, www.snopes.com/fact-check/the-love-machine.
9. Ian Buruma, "The Joy of Art: Why Japan Embraced Sex with a Passion,"Guardian, September 27, 2013, www.theguardian.com/artanddesign/2013/sep/27/joy-art-japan-sex-passion.
10. Alastair Sooke, "Sexually Explicit Japanese Art Challenges Western Ideas," BBC, October 10, 2014, www.bbc.com/culture/article/20131003-filth-or-fine-art.
11. "Japan: Possession of Child Pornography Finally Punishable," Library of Congress, August 4, 2014, www.loc.gov/item/global-legal-monitor/2014-08-04/japan-possession-of-child-pornography-finally-punishable.
12. Cameron W. Barr, "Why Japan Plays Host to World's Largest Child Pornography Industry," Christian Science Monitor, April 2, 1997, www.csmonitor.com/1997/0402/040297.intl.intl.1.html.
13. Annetta Black, "Gabinetto Segreto," Atlas Obscura, February 14, 2011,www.atlasobscura.com/places/gabinetto-segreto.
14. ohn R. Clarke, "Before Pornography: Sexual Representation in Ancient Roman Visual Culture," in Pornographic Art and the Aesthetics of Pornography,ed.

Hans Maes (London: Palgrave Macmillan, 2013), https://link.springer.com/chapter/10.1057%2F9781137367938_8.

15. "29 Things You (Probably) Didn't Know About the British Museum," British Museum, September 7, 2021, https://blog.britishmuseum.org/29-things-you-probably-didnt-know-about-the-british-museum.
16. Joseph Price et al., "How Much More XXX Is Generation X Consuming? Evidence of Changing Attitudes and Behaviors Related to Pornography Since 1973," Journal of Sex Research 53, no. 1 (2015): 12–20, https://doi.org/10.1080/00224499.2014.1003773.
17. Ralph Blumenthal, "'Hard-Core' Grows Fashionable—and Very Profitable," New York Times, January 21, 1973, www.nytimes.com/1973/01/21/archives/pornochic-hardcore-grows-fashionableand-very-profitable.html.

11. 爲什麼很多人喜歡「不正常」的性行爲？

1. Christian Joyal and Julie Carpentier, "The Prevalence of Paraphilic Interests and Behaviors in the General Population: A Provincial Survey," Journal of Sex Research 54 (2017): 161–171, www.researchgate.net/publication/289368254_The_Prevalence_of_Paraphilic_Interests_and_Behaviors_in_the_General_Population_A_Provincial_Survey.
2. Adee Braun, "The Once-Common Practice of Communal Sleeping," Atlas Obscura, June 26, 2017, www.atlasobscura.com/articles/communal-sleeping-history-sharing-bed.
3. Harry Oosterhuis, Stepchildren of Nature: Krafft-Ebing, Psychiatry, and the Making of Sexual Identity (Chicago: University of Chicago Press, 2000).
4. Sarah J. Jones, Caoilte Ó Ciardha, and Ian A. Elliott, "Identifying the Coping Strategies of Nonoffending Pedophilic and Hebephilic Individuals from Their Online Forum Posts," Sexual Abuse 33, no. 7 (2021): 793–815, https://journals.sagepub.com/doi/full/10.1177/1079063220965953; Luke Malone, "You're 16. You're a Pedophile. You Don't Want to Hurt Anyone. What Do You Do Now?," Medium, August 11, 2014, https://medium.com/matter/youre-16-youre-a-pedophile-you-dont-want-to-hurt-anyone-what-do-you-do-now-e11ce4b88bdb.

5. Shayla Love, "Pedophilia Is a Mental Health Issue. It's Still Not Treated as One," Vice, August 24, 2020, www.vice.com/en/article/y3zk55/pedophilia-is-a-mental-health-issue-its-still-not-treated-as-one.

6. Neuroskeptic, "The Erogenous Zones of the Brain," Discover, September 7,2013, www.discovermagazine.com/mind/the-erogenous-zones-of-the-brain.

7. Daniil Ryabko and Zhanna Reznikova, "On the Evolutionary Origins of Differences in Sexual Preferences," Frontiers in Psychology 6 (2015), https://doi.org/10.3389/fpsyg.2015.00628..org/10.3389/fpsyg.2015.00628.

8. J. Bivona and J. Critelli, "The Nature of Women's Rape Fantasies: An Analysis of Prevalence, Frequency, and Contents," Journal of Sex Research 46,no. 1 (2009): 33–45, https://pubmed.ncbi.nlm.nih.gov/19085605.

9. Mark Hay, "Fantasies of Forced Sex Are Common. Do They Enable Rape Culture?," Aeon, June 3, 2019, https://aeon.co/ideas/fantasies-of-forced-sex-are-common-do-they-enable-rape-culture.

10. Matt Lebovic, "When Israel Banned Nazi-Inspired 'Stalag' Porn," Times of Israel, November 17, 2016, www.timesofisrael.com/when-israel-banned-nazi-inspired-stalag-porn.

11. Andrew O'Hehir, "Israel's Nazi-Porn Problem," Salon, April 11, 2008,www.salon.com/2008/04/11/stalags.

12. "National Library of Israel's Hidden 'Stalag' Collection," Atlas Obscura,www.atlasobscura.com/places/national-library-of-israel-s-hidden-stalag-collection.

13. Samir S. Patel, "How the Leatherdykes Helped Change Feminism,"Atlas Obscura, May 1, 2017, www.atlasobscura.com/articles/leather-feminism-lesbian-leatherdyke-bdsm.

14. Nadja Spiegelman, "James Joyce's Love Letters to His 'Dirty Little Fuckbird,'" Paris Review, February 2, 2018, www.theparisreview.org/blog/2018/02/02/james-joyces-love-letters-dirty-little-fuckbird.

15. M. D. Griffiths, "Eproctophilia in a Young Adult Male," Archives of Sexual Behavior 42 (2013): 1383–1386, https://doi.org/10.1007/s10508-013-0156-3.

16. "Ancient History Sourcebook: Suetonius: De Vita Caesarum—Nero,c. 110 C.E.," Fordham University, https://sourcebooks.fordham.edu/ancient/suet-nero-rolfe.asp.

17. Leo Damrosch, "Friends of Rousseau," Humanities 33, no. 4 (July/August2012), www.neh.gov/humanities/2012/julyaugust/feature/friends-rousseau.

國家圖書館出版品預行編目 (CIP) 資料

性為什麼存在？：那些性事的奇怪冷知識，比你想像還要獵奇得多 / 瑞秋．費爾特曼 (Rachel Feltman) 著；林安琪譯. -- 初版. -- 臺中市：晨星出版有限公司，2024.10
288 面；公分. -- (健康 sex；3)
譯自：Been there done that : a rousing history of sex.
ISBN 978-626-320-941-1(平裝)

1.CST: 性學 2.CST: 歷史

544.709　　　　　　　　　　　　　　　　113013012

健康 sex 03

性為什麼存在？
那些性事的奇怪冷知識，比你想像還要獵奇得多
BEEN THERE, DONE THAT: A ROUSING HISTORY OF SEX

作者	瑞秋・費爾特曼（Rachel Feltman）
譯者	林安琪
主編	莊雅琦
執行編輯	張雅棋
校對	張雅棋、林宛靜
網路編輯	林宛靜
美術排版	張新御
封面設計	張新御

創辦人	陳銘民
發行所	晨星出版有限公司 407 台中市西屯區工業 30 路 1 號 1 樓 TEL：04-23595820　FAX：04-23550581 行政院新聞局局版台業字第 2500 號
法律顧問	陳思成律師
初版	西元 2024 年 10 月 15 日
讀者服務專線	TEL：02-23672044 / 04-23595819#212
讀者傳真專線	FAX：02-23635741 / 04-23595493
讀者專用信箱	service@morningstar.com.tw
網路書店	http://www.morningstar.com.tw
郵政劃撥	15060393（知己圖書股份有限公司）
印刷	上好印刷股份有限公司

定價 450 元
ISBN 978-626-320-941-1
Copyright: © 2022 by Rachel Feltman
This edition arranged with The Curious Minds Agency GmbH and Louisa Pritchard Associates
through BIG APPLE AGENCY, INC. LABUAN, MALAYSIA.
Traditional Chinese edition copyright:
2024 MORNING STAR PUBLISHING INC.

All rights reserved.City.
版權所有，翻印必究
（缺頁或破損的書，請寄回更換）